¿POR QUÉ LOS MATAN?

Ariel Ávila

¿POR QUÉ LOS MATAN?

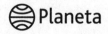

© Ariel Ávila, 2020
© Editorial Planeta Colombiana S. A.
Calle 73 n.º 7-60, Bogotá
www.planetadelibros.com.co

Primera edición: agosto de 2020
ISBN 13: 978-958-42-8847-9
ISBN 10: 958-42-8847-4

Impresión: Editorial Nomos S.A.
Impreso en Colombia – *Printed in Colombia*

A los miles de líderes y lideresas sociales que entregaron sus vidas por un mejor país. Escribiendo estas páginas recordé un hecho que marcó este baño de sangre: cuando apenas comenzaba mi trabajo de investigador, asesinaron a Ana Fabricia Córdoba. A ella la violencia la persiguió de manera implacable. A su memoria.

CONTENIDO

INTRODUCCIÓN

Las cifras oficiales de la Defensoría del Pueblo indican que cada dos días es asesinado un líder social en Colombia; al sumar amenazas, atentados, desapariciones forzadas y otro tipo de ataques, se podría decir que diariamente se cometen dos victimizaciones. Entre 2016 y 2019 fueron asesinados alrededor de seiscientos líderes sociales. Departamentos como Cauca, Antioquia y Valle del Cauca han sufrido un verdadero baño de sangre. Se podría decir que se está masacrando la democracia colombiana.

La particularidad de este fenómeno es que la mortandad parece invisible. Si bien es clara la sensibilidad que despiertan los casos, pareciera que la mayoría de la población ve la victimización como una tragedia de alguien ajeno a nuestra sociedad, es decir, muchos lamentan los homicidios, pero piensan que al final no los afectan. Incluso, la mayoría de los colombianos creen que la democracia no tiene problemas y que, aunque hay corrupción, los problemas en general son 'normales'. De hecho, buena parte de los ciudadanos creen que los problemas reales están en Venezuela o en naciones abiertamente dictatoriales. No aquí. Me atrevo a decir que la principal conclusión del libro es que la victimización a un líder social es una herida profunda para la democracia. Es como si la estuviéramos matando.

El presente libro intenta responder tres preguntas. Por un lado, las cuestiones obvias: quién está matando los líderes sociales y por qué. Pero hay una inquietud adicional: qué pasa en las zonas o territorios donde estos líderes fueron asesinados o amedrentados. Los hallazgos son increíbles.

En general se puede decir que la destrucción de los liderazgos y de los movimientos sociales está llevando a la creación en Colombia de autoritarismos subnacionales, unos enclaves autoritarios donde no hay oposición, nadie hace control político y en general se da una situación de homogeneización política en la que el disenso es castigado con la muerte o el desplazamiento.

Estas formas de gobierno son controladas por clanes políticos, algunos con abiertos vínculos ilegales y otros con la imagen ya lavada, según la zona. Lo cierto es que la victimización a líderes lleva a la instauración de esos enclaves. Dichos sistemas de facto funcionan bajo la modalidad de autoritarismos competitivos porque participan en las elecciones y aparentan respetar el sistema democrático, pero en el fondo no existe oposición ni control político y en consecuencia las elecciones no son equitativas.

Otra idea interesante es que la violencia procesa la dinámica política. Durante las elecciones de 2019 se produjo un aumento importante de hechos violentos contra candidatos. Igualmente, en muchos casos se detectó que los líderes afectados eran aquellos que presentaban denuncias o simplemente enviaban derechos de petición para obtener información sobre contratación o inversión pública. A nivel local se ven como personas que cuestionan la estructura de poder dominante y automáticamente son víctimas de agresiones. Estas disputas son palpables en los niveles municipal, departamental y nacional, pero también se registraron numerosos episodios de violencia por el poder en niveles micro, como en las Juntas de Acción Comunal.

Así, la utilización de la violencia se convirtió en una costumbre para tramitar disputas políticas. A esta práctica se suma la disponibilidad de un mercado criminal bastante amplio en Colombia. Es lo que se podría denominar el reciclaje de una guerra. Producto de las décadas de conflicto armado y de la economía de guerra, en muchos lugares de Colombia existe un "ejército de reserva criminal", es decir, mercenarios que venden servicios de seguridad al mejor postor. Un alcalde, un político, un empresario, un compañero de una Junta de Acción Comunal o cualquier ciudadano puede contratar sicarios y mandar a asesinar líderes sociales.

Luego de la revisión de datos, el análisis geográfico, versiones de organizaciones sociales y autoridades, es posible llegar a **cinco grandes conclusiones.**

La principal es que el que mata no es el mismo y en eso el Gobierno tiene razón, pero la sistematicidad pareciera estar desde el perfil de la víctima. No mata el mismo, pero matan a los mismos. Los perfiles de los asesinados son muy parecidos. Esto plantea una diferencia sustancial entre autores materiales de los asesinatos, en su mayoría sicarios, y los determinadores o autores intelectuales.

Pareciera que el Estado colombiano se concentra en los primeros para negar la sistematicidad. A los sicarios los contratan actores legales e ilegales y muchas veces no saben quién les pagó.

De fondo, esta conclusión resuelve el debate eterno entre la sistematicidad y la no sistematicidad de las agresiones. De hecho, hay una notable concentración geográfica en la victimización a líderes sociales. Los peores índices están registrados en los departamentos de Antioquia, Valle del Cauca y Cauca. Es decir, matan perfiles similares y en los mismos sitios. Por tanto, decir que este fenómeno es aleatorio e imposible de prevenir resulta a todas luces falso. Hay un argumento adicional, como se verá en el primer capítulo: estas concentraciones son muy parecidas a las que se dieron durante la época de la guerra sucia contra la Unión Patriótica. Durante más de treinta años se ha asesinado en las mismas zonas y es como si no hubiera pasado nada.

La segunda conclusión es que, al revisar los datos históricos, pareciera que la actual victimización a líderes sociales es una fase dentro de muchas otras en una historia larga de destrucción de la democracia. El primer estadio de esta situación se da con la violencia generalizada, donde ocurren muchos homicidios, masacres y desplazamientos forzados. Esta ola de violencia es corta y no dura más de unos cuantos años, hasta cuando se produce la homogeneización política, pues miles de personas salen de un territorio y en la zona sólo queda un grupo poblacional sometido a una estructura armada ilegal. Esto provoca modificaciones en el censo electoral, en la propiedad agraria y en el aparato productivo de la región. Los mejores ejemplos de esta situación son la costa caribe hace veinte años o en la actualidad el Bajo Cauca antioqueño.

Luego viene un segundo escenario, el de la violencia selectiva, que llama la atención porque los niveles de violencia generalizada descienden, pero la mayoría de los disensos han sido doblegados. Parecen territorios pacificados, pero en el fondo, las estructuras políticas beneficiadas de la ola de violencia avanzan en un proceso de consolidación y blanqueo de imagen que puede tardar varios años. El mejor ejemplo de este tipo de territorios es la región del Urabá, tanto antioqueño como chocoano.

Un tercer escenario se da cuando ya existe el autoritarismo: no hay oposición, los niveles de violencia generalizada y selectiva son muy bajos y la clase política beneficiada por la homogeneización está libre de apremios judiciales. El mejor ejemplo de este fenómeno es lo que actualmente sucede en la costa caribe colombiana.

El silenciamiento de los líderes sociales no se logra únicamente con el homicidio. Esto quiere decir que la reducción de los homicidios no es necesariamente una victoria de la política pública o de la estrategia de seguridad de un Estado. Esto podría depender de varios factores.

Los homicidios de líderes sociales se pueden tomar como casos ejemplarizantes. Las organizaciones criminales y los autores intelectuales o determinadores ya no asesinan treinta o cuarenta personas, sino que matan un líder y con ello desestructuran un movimiento social. El crimen racionaliza la violencia. La investigación encontró que la reducción de homicidios de líderes sociales en algunas zonas entre 2018 y 2019 obedeció a tres razones:

Control hegemónico por parte de alguna organización criminal. El mejor ejemplo, como lo veremos en el capítulo cuatro, es que algún actor criminal ganó la disputa, sometió a toda una población y en consecuencia se redujeron los homicidios.

Se ha asesinado a la mayoría de los líderes y el movimiento social está desestructurado. Es decir, ya no hay más a quién matar. Efectividad de la política pública. La disuasión juega un papel importante en algunos casos. Por ejemplo, luego del asesinato de María del Pilar Hurtado en el sur de Córdoba en 2019, el impacto mediático fue tan grande, que por varios meses los asesinatos se detuvieron. Las autoridades judiciales y policiales se volcaron a la zona y por ende muchos determinadores disminuyeron los niveles de intimidación.

La siguiente gráfica muestra la evolución del asesinato de líderes sociales según la Defensoría del Pueblo entre 2016 y 2019. Nótese la reducción entre 2018 y 2019.

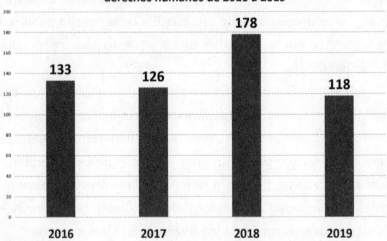

Número de homicidios de líderes sociales y defensores de derechos humanos de 2016 a 2019

Defensoría del Pueblo. Enero de 2020.

La siguiente gráfica muestra los datos anuales de homicidios de líderes y lideresas sociales, según Somos Defensores. Se debe tener en cuenta que la cifra es parcial, pues al cierre del presente libro, aún había procesos de verificación.

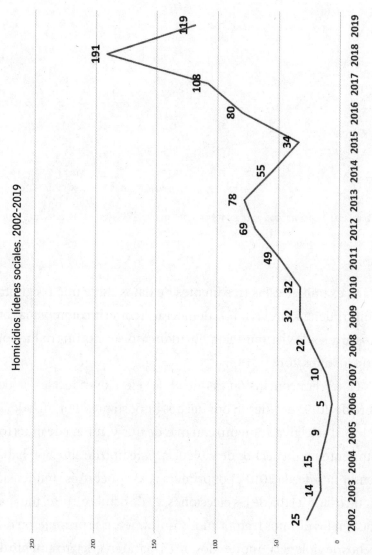

Homicidios líderes sociales. 2002-2019

Base de datos Somos defensores.

La siguiente gráfica muestra el asesinato de líderes sociales, según el Centro Nacional de Memoria Histórica.

Homicidios líderes sociales. 2002-2018

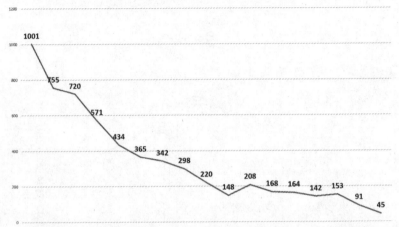

Centro Nacional de Memoria Histórica.

Al examinar estas tres fuentes de datos surge una pregunta: ¿Cómo puede sobrevivir una democracia como la colombiana con estos niveles de victimización? En todo caso, se nota una reducción entre los años 2018 y 2019.

La tercera conclusión es que en las elecciones locales de octubre de 2019 sucedieron dos hechos importantes. Por un lado, la violencia selectiva aumentó con más de una veintena de muertos y un centenar de hechos de violencia. Este tipo de agresión había disminuido desde 2010 y por primera vez se quebró esa tendencia. Por otro lado, el día de las elecciones, 27 de octubre, fue el más pacífico en los últimos treinta años y únicamente se produjeron dos hechos de violencia, uno de ellos, en La Macarena, departamento de

Meta, que obligó al traslado de un puesto de votación donde podían sufragar 186 personas. Hace veinte o 25 años eran centenares de puestos trasladados. Este tipo de violencia del día D era realizado principalmente por grupos guerrilleros. Así las cosas, aumentó la violencia selectiva electoral y disminuyó el saboteo electoral.

Por tanto, se puede concluir que la violencia electoral fue ejercida como mecanismo de competencia política y afectó principalmente a liderazgos y actores políticos de carácter local. Como se verá más adelante, los candidatos y precandidatos a alcaldías, los concejales electos y los candidatos a concejos fueron las víctimas más comunes de la violencia electoral, con el 62,7 % de las víctimas registradas en las bases de datos de PARES. Es decir, fue una violencia planeada e instigada por competidores políticos y no por grupos armados ilegales.

Llama la atención que, según la Fundación Paz y Reconciliación, en 2019 fueron agredidas personas de todos los espectros políticos. Los sectores más victimizados fueron las coaliciones de oposición y de gobierno, justamente las de mayor potencial en las elecciones nacionales.

La cuarta conclusión es que un análisis geográfico de la victimización contra líderes sociales y de la violencia política permite hacer dos tipos de interpretaciones. Por un lado, la violencia atraviesa zonas de posconflicto y zonas que no tienen esa característica. Es decir, no resulta del todo sostenible interpretar que estas situaciones son normales por el reacomodamiento criminal derivado del proceso de transición. Si bien pareciera que la violencia se centró en este tipo de territorios durante algunos años, en un análisis de largo plazo la situación no es tan clara. Principalmente en lo que tiene que ver con la violencia política, una buena parte de este tipo de violencia ocurrió en zonas donde no hay un vacío de poder dejado por la extinta guerrilla de las FARC y donde además no habían operado durante los diez años anteriores al proceso de paz. El norte del Valle o algunas zonas de la costa atlántica son un buen ejemplo de ello. Por otro lado, existen constantes geográficas en las victimizaciones. Son los mismos departamentos y regiones afectadas por décadas con este tipo de violencia selectiva.

La última conclusión se refiere al papel del Estado. Nuevamente en este punto habría tres líneas de análisis. Por un lado, se equivocan aquellos que dicen que el Estado no ha hecho nada. De hecho, hay acciones importantes realizadas, incluso por recomendación de organizaciones sociales. Sin embargo, el impacto ha sido bastante bajo. Pero se ha intentado hacer cosas. En segundo lugar, la mayoría de las medidas son leyes y decretos que crean numerosas instancias institucionales inoperantes y hasta contradictorias. Ante cada crisis se emite un nuevo decreto y se crea una nueva instancia. Por último, el gobierno del presidente Iván Duque creó el PAO o Plan de Acción Operativa, que estableció nuevas instancias en un claro retroceso frente a lo logrado en el Acuerdo de Paz. Aun con este panorama, el papel del Cuerpo Élite de la Policía y la Defensoría del Pueblo han sido destacados porque han liderado procesos de protección individual y colectiva en todo el país.

Este libro fue dividido en cuatro capítulos. El primero es un diagnóstico pormenorizado de la victimización a líderes sociales con base en datos de Somos Defensores, la Defensoría del Pueblo, el Centro Nacional de Memoria Histórica y Naciones Unidas. El análisis cubre el período 2010-2019. El segundo capítulo aborda la violencia política ocurrida en 2019 y contrasta lo sucedido en jornadas electorales anteriores. En estos dos capítulos iniciales se intentará responder las preguntas de quién asesina a los líderes sociales, por qué los matan y dónde ocurren las victimizaciones.

El tercer capítulo aborda la pregunta de qué hace el Estado. Allí se realiza un análisis minucioso de instancias, decretos, leyes y acciones que ha desarrollado el Estado colombiano en los últimos tres períodos presidenciales. Además, se estudian los efectos de estas medidas sobre el terreno. Por último, el capítulo cuarto responde la pregunta de qué pasa en las zonas donde han victimizado a líderes sociales. Para hacerlo se apela a estudios regionales con análisis comparativos.

***

En las primeras semanas de 2020 avanzaba en el cierre del presente libro, pero sucedió que cada día que pasaba los asesinatos continuaban, cada día había un caso nuevo. Desde el primero de marzo -cuando varias ciudades se preparaban para el simulacro de aislamiento y mientras el Gobierno anunciaba el confinamiento forzoso-, y hasta la tercera semana de mayo de 2020, se registraron veinticinco asesinatos selectivos contra estas personas –dos mujeres y 23 hombres, según el Sistema de Información de la Fundación Paz & Reconciliación (SIPARES).

A partir de la información compilada por el SIPARES, cerca de la mitad de los casos de asesinatos selectivos se registraron en los departamentos de Cauca, Antioquia y Norte de Santander.

La crítica situación de agresiones a los líderes y las lideresas se debía, en parte, a factores de inhabilidad en materia de autoprotección que impuso el aislamiento social y obligatorio decretado en los niveles nacional y local, dado que la mayoría de estos hechos violentos fueron cometidos en las viviendas de los líderes y lideresas asesinados. Esta situación anormal ha llegado al extremo de que ocurran hechos atroces, como la masacre del 29 de abril en el municipio de Mercaderes, Cauca, donde fueron baleados el líder comunal Álvaro Narváez, sus hijos y su compañera sentimental.

A pesar de que las zonas críticas donde se está cegando la vida de personas defensoras de los derechos humanos coincide con regiones de disputa de estructuras armadas ilegales (Disidencia de Farc y ELN en el Cauca; EPL y ELN en Catatumbo; EAI La Mafia y Disidencia de las Farc Carolina Ramírez), las razones de las muertes violentas de estas personas no sólo se reducen al mero accionar de grupos criminales y de estructuras armadas ilegales, tal como quieren hacerlo ver altos funcionarios del gobierno nacional.

El problema de fondo radica en que son personas que le apostaron a la defensa de la implementación del Acuerdo de Paz firmado con las Farc, que impulsaron procesos de sustitución de cultivos de uso ilícito, que defendieron territorios colectivos y zonas de gran interés ambiental, y reivindicaron los derechos a la participación de comunidades rezagadas del amparo institucional.

Tal vez, el caso más doloroso, porque conocí a la víctima, sucedió en Putumayo. Marco Rivadeneira, un viejo líder agrario que fungía como presidente de una asociación campesina en Puerto Asís y lideraba un proceso de sustitución de cultivos de su núcleo veredal, fue secuestrado en el corredor vial del municipio de Puerto Asís y luego asesinado a tiros. Esa es una de las zonas de ese departamento más castigada por la violencia. Algunos campesinos encontraron su cuerpo, lo cubrieron con una sábana y durante algunas horas lo velaron encima de una mesa. Luego, impotente, el mundo social le rindió un sentido homenaje. El país no se dio por enterado.

En relación con los tipos de líderes asesinados, es de resaltar que quienes se han visto mayormente afectados pertenecían a organismos comunales en su nivel local: las Juntas de Acción Comunal. Esto sin tener en cuenta que no fue posible el desarrollo de las elecciones democráticas de dirigencias comunales en el territorio nacional debido a la emergencia sanitaria.

No obstante, la gran falencia radica en la incapacidad institucional de garantizar el derecho a la protección de quienes ejercen algún liderazgo social, lo cual les significa posicionarse en una situación de riesgo extraordinario ante afectaciones a su vida e integridad por sus labores comunitarias.

También vale la pena resaltar que no hay una fuerza pública en ejercicio del control territorial efectivo, muestra de las falencias de la militarización territorial en zonas como el Catatumbo y Norte de Cauca, donde se han desplegado amplios contingentes militares tecnificados bajo la pretensión de la estabilización del orden y el imperio de la ley. La militarización territorial no ha significado un aumento en la garantía de los derechos a la protección y la vida de quienes ejercen algún liderazgo social.

Cuando creía que había terminado de escribir, un nuevo y doloroso asesinato me obligó a reabrir el texto: Jorge Enrique Oramas, un hombre de setenta años que defendió Los Farallones de Cali y se opuso a la explotación minera en esa zona. Había fundado hace una década la Asociación Biocanto del Milenio. Su prioridad también fue la defensa de las semillas nativas. A Los Farallones llegó el luto.

El autor

PRÓLOGO

Ya faltaban tres días para las fiestas del pueblo y aún estaban pendientes varios asuntos logísticos como la consecución de las sillas, el alquiler de los parlantes para la música, los recursos para transportes varios, quién asumiría la venta de las empanadas, en fin... entonces las horas de María, presidenta de la Junta de Acción Comunal, quedaban cortas para terminar de coordinar los preparativos de la fiesta que, sin duda, invadiría de jolgorio y alegría a los habitantes de la cabecera y el área rural, pero además dejaría los recursos para el arreglo de la escuela veredal.

Los días de María eran tan largos como cortas sus noches. El poco sueño sobre su menudo cuerpo con frecuencia le pasaba factura en su espalda y su cintura. Los ungüentos y aguas de yerbas eran suficientes para seguir orientando y alimentando a su familia y a la comunidad que tanto la necesitaban. Ni la luz ni la sombra impedían avanzar en sus labores propias y ajenas.

No pocas veces debió atender tímidos golpes en la puerta de su casa, cuando vecinos y vecinas, a la luz de la luna, la buscaban para afrontar una calamidad doméstica, el desbordamiento de la quebrada y hasta violencia intrafamiliar. En Colombia, donde el Estado no llega, es decir, a gran parte del territorio nacional, las Juntas de Acción Comunal, las Asociaciones de Juntas, los Consejos Comunitarios, los Cabildos Indígenas y otro tipo organizaciones comunitarias son la autoridad política y administrativa, además de luchar por los derechos y reivindicaciones propias de sus habitantes.

Meses más tarde, cuando la oscuridad de la noche era más densa, los golpes en la puerta de la casa de María volvieron a aparecer, pero esta vez fueron frenéticos y sin candidez. Ah, olvidaba decir que a personas como María también les toca afrontar la llegada de grupos armados. Se levantó con los ojos aún nublados por el sueño y un hijo pegado a sus faldas, y abrió la puerta. Desde entonces, la ausencia de su voz, la falta de su carisma y el silencio de sus pasos dejaron el pueblo como sin alma.

¿Quién es un líder social, quién les da ese "estatus", quién los ubica en ese perfil y cuántos líderes y lideresas sociales hay en el país, por qué los quitan del camino, desde cuándo los agreden...? indagan con frecuencia periodistas e investigadores. Ninguna pregunta tiene una única respuesta. Es más, nadie con solvencia puede disiparlas. Sólo la pluralidad, la diversidad y la multifacética sociedad colombiana pueden dar las pistas para despejarlas. Sin embargo, sí hay algunas certezas indefectibles: por ejemplo, que en Colombia no hay un solo poblado sin líderes sociales, es decir, sin mujeres y hombres que desde que amanece hasta que vuelve a amanecer ayudan a superar la diversidad de problemas de la comunidad, pero también prodigan alegrías y esperanzas. Igualmente, que su criminalización data de tiempos pretéritos, sólo que en el pasado no se analizaba y evidenciaba como ahora. Es cierto que desde entonces se naturalizó su criminalización, especialmente cuando se consideraba el liderazgo social aliado de las guerrillas.

Según el informe *Basta Ya*, del Centro Nacional de Memoria Histórica, entre 1982 y 2012 se cometieron 150.000 asesinatos selectivos. De estos, 1.227 serían líderes comunitarios y 74 defensores de Derechos Humanos. Sin duda, una cifra mínima, pues allí no entraron miles de líderes sindicales, indígenas, afrodescendientes, estudiantiles, ambientalistas, de mujeres, entre otros. Este subregistro es aún más dramático en relación con las masacres, pues según el mismo estudio y el período mencionado, llegarían a 1.982, con más de 11.000 víctimas, de las cuales ni siquiera se tiene un aproximado de cuántos líderes sociales habrían caído en dichas tragedias colectivas.

A pesar de la dimensión del problema, como país, sólo en los últimos años empezamos a hacer conciencia de esta histórica y cruel realidad que nos ubica en un deshonroso primer lugar. Según el Programa Somos Defensores, entre 2010 y 2019 el número de asesinatos de liderazgos sociales supera ochocientos casos. Esto sin contar otro tipo de agresiones como atentados, amenazas, judicializaciones, robo de información sensible, violencia sexual, desapariciones. Sin duda, una vergüenza humana y moral.

Y mientras esto sucede, como si se tratara de un problema menor, las élites económicas y la clase política, sumergida en sus dinámicas de corrupción, miran para otra parte. Sí, muchos dirán que los gobiernos han respondido para contrarrestar el fenómeno con medidas de protección. De acuerdo, pero lo hacen con política pública blanda, sin dientes, no vinculante, para amortiguarlo pero no para resolverlo, la cual en gran medida está dirigida a fortalecer los mecanismos de protección física y material, vía UNP, entidad que desde su génesis tiene problemas de corrupción y cuestionamiento por el manejo de esquemas de seguridad. El Estado no ha querido tocar el problema de fondo, esto es, generar las garantías para el libre ejercicio de la defensa de los Derechos Humanos, por ejemplo, desmantelar el crimen organizado –paramilitarismo–, identificar los agentes e instituciones del Estado que cohonestan y protegen dicha criminalidad, depuración esos estamentos oficiales, particularmente las Fuerzas Militares.

Precisamente el Acuerdo de Paz entre el gobierno de Juan Manuel Santos y la guerrilla de las Farc-EP dejó un marco de política pública para avanzar en ese sentido, con enfoque de seguridad humana. Lamentablemente el gobierno de Iván Duque lo desconoció y a pesar de simular su aplicación, ninguno de los dispositivos acordados se está implementando.

Pues bien, Ariel Ávila recoge parte de ese panorama a lo largo y ancho de las páginas que componen este libro que bien vale la pena recorrer para encontrar algunas claves de cómo, para las castas políticas tradicionales de varias regiones del país –Urabá, Bajo Cauca antioqueño, Cauca y el Caribe colombiano– ha sido funcional la criminalización de los movimientos sociales, en la medida en que al desaparecer éstos, se quitan del camino esas "piedras en el zapato" molestas para posicionarse como actores hegemónicos en las regiones y así avanzar en el despojo de tierras, la construcción de grandes obras de infraestructura, enriquecimiento ilícito, ejercicio libre de la corrupción, el mantenimiento de alianzas con mafias y narcotraficantes altamente poderosos y mutuamente funcionales a sus intereses, en fin, tener el control total de los territorios.

La línea de tiempo, reconstruida en estas páginas, también nos muestra que todos los gobiernos y el Estado en su conjunto han naturalizado el fenómeno a través de diferentes formas de mostrarlo ante la sociedad. Desconociéndolo en toda su dimensión, negando su sistematicidad, atribuyéndolo a "líos de faldas" o problemas de linderos o peleas personales. Hoy, el gobierno nacional lo atribuye sólo a la actuación de Grupos Armados Organizados (GAO), al narcotráfico y a la minería ilegal. Excluye de las causas la lucha por la tierra, la defensa de los territorios, la resistencia ante la explotación de recursos naturales, los monocultivos legales o agroindustriales y obras de megaestructura y la disputa por planes de vida antagónicos al modelo neoliberal impuesto y establecido, desconociendo la diversidad.

A veces pareciera que nada de esto haya existido, que la estela de vidas truncadas a mitad de camino fuera un triste espejismo inventado por fantásticas mentes que quieren hacerle creer al mundo que en Colombia hubo un conflicto armado, pero que no es cierto y por eso hay que modificar la reconstrucción de la Memoria Histórica que se viene haciendo y entregársela a los victimarios para que la cuenten desde la óptica de los vencedores, como hace hoy el director del Centro Nacional de Memoria Histórica.

Por fortuna, el canto y los pasos de tantas Marías en los distintos rincones del país mantienen el camino sembrado de esperanza y algún día en Colombia, como en otros países, la muerte nos sorprenderá en una cama, de puro viejos.

Diana Sánchez Lara
Directora de la Asociación MINGA
Coordinadora del Programa Somos Defensores

CAPÍTULO 1

LA DEMOCRACIA CON SANGRE EN COLOMBIA

LA PROBLEMÁTICA DE VICTIMIZACIÓN A LÍDERES Y LIDERESAS SOCIALES

Los datos más pesimistas hablan de que cada dos días en Colombia es asesinado un líder social, pero los más optimistas dicen que se comete un homicidio cada cuatro días. Algunas cifras hablan de más de seiscientos asesinatos en cuatro años, otros, como los entregados por el Gobierno, hablan de poco más de 350 en ese mismo período. Así que antes de adentrarnos a realizar el diagnóstico sobre asesinatos y victimizaciones de líderes sociales, se deben resolver dos grandes preguntas:

La primera es: ¿Qué es y qué no es un líder social y un defensor de derechos humanos? Nótese que se distingue entre líder social y defensor de derechos humanos.

La segunda es: ¿Cuáles son los mecanismos de recolección de información y datos sobre esas victimizaciones? Esta última hace referencia a los criterios de las autoridades colombianas para filtrar la información sobre estas victimizaciones. Ambas preguntas son importantes para entender la variación en las cifras y las conclusiones que salen de las mismas. Una vez se resuelvan las dos inquietudes, nos adentraremos en el diagnóstico.

Qué es y qué no es un líder social y defensor de derechos humanos: En general hay tres aproximaciones. La primera es la de Naciones Unidas, sistema que además cuenta con un relator especial para los defensores de derechos humanos. Según sus documentos se usa la expresión "defensor de los derechos humanos" para describir a la persona que, individualmente o junto con otras, se esfuerza en promover o proteger esos derechos. Se les conoce sobre todo por lo que hacen y la mejor forma de explicar lo que son consiste en describir sus actividades y algunos de los contextos en que actúan. Los ejemplos que se ofrecen de las actividades de los defensores de derechos humanos no constituyen una lista exhaustiva (Naciones Unidas Derechos Humanos Oficina del Alto Comisionado, 2019).

Por tanto, las actividades de promoción no son homogéneas. Tal vez el mejor ejemplo es que no es lo mismo un activista prodefensa de acceso a la salud de los enfermos de VIH que un activista prodenuncia de casos de tortura y desaparición forzada. "La persona que actúe en favor de un derecho (o varios derechos) humano(s) de un individuo o un grupo será un defensor de los derechos humanos. Estas personas se esfuerzan en promover y proteger los derechos civiles y políticos y en lograr la promoción, la protección y el disfrute de los derechos económicos, sociales y culturales" (Naciones Unidas Derechos Humanos Oficina del Alto Comisionado, 2019).

El ejercicio de la promoción o defensa de derechos variará, igualmente, de acuerdo con el contexto político en que se desenvuelve un defensor. Por ejemplo, defender derechos de minorías sexuales en países donde es ilegal la homosexualidad variará en aquellos países donde es legal el matrimonio entre personas del mismo sexo. Están de por medio factores políticos, religiosos y hasta morales, así como la fortaleza del Estado.

Además, Naciones Unidas agrega: "Los defensores abordan cualquier problema de derechos humanos, que puede comprender desde las ejecuciones sumarias hasta la tortura, la detención y la prisión arbitrarias, la mutilación genital de las mujeres, la discriminación, las cuestiones laborales, las expulsiones forzadas, el acceso a la atención sanitaria o los desechos tóxicos y su impacto en el medio ambiente. Los defensores actúan en favor de derechos humanos tan diversos como los derechos a la vida, la alimentación y el agua, el nivel más alto posible de salud, una vivienda adecuada, un nombre y una nacionalidad, la educación, la libertad de circulación y la no discriminación. Algunas veces defienden los derechos de categorías de personas, por ejemplo, los derechos de las mujeres, los niños, los indígenas, los refugiados y desplazados internos, y de minorías nacionales, lingüísticas o sexuales" (Naciones Unidas Derechos Humanos Oficina del Alto Comisionado, 2019).

Adicional al fenómeno anterior, hay algo interesante en los documentos de la Organización de las Naciones Unidas, ONU. Lo primero es que se entiende que el papel de defensor de derechos humanos se cumple, generalmente, a nivel local, por lo que los factores locales son los que determinan el riesgo de estos defensores: "La mayoría de los defensores de los derechos humanos desarrollan su actividad en el plano nacional o el local, en defensa del respeto de esos derechos en sus propias comunidades y países. En esas situaciones, sus principales homólogos son las autoridades locales encargadas de garantizar el respeto de los derechos humanos en una provincia o el país en su conjunto. Sin embargo, algunos defensores actúan en el plano internacional o el regional" (Naciones Unidas Derechos Humanos Oficina del Alto Comisionado, 2019).

Se debe tener en cuenta que no todas las actividades de un defensor de derechos humanos suponen riesgo y en muchos Estados su activismo es seguro o los niveles de represalia son bastante bajos. En todo caso, Naciones Unidas aprobó su Declaración y se creó la figura del representante especial debido a que en muchos contextos las amenazas eran muy graves y en muchos casos lideradas por agentes estatales.

La última semana de noviembre y la primera de diciembre de 2018 estuvo en Colombia Michel Forst, relator especial para defensores de derechos humanos de Naciones Unidas. En conclusión, él encontró que Colombia es tal vez el país donde los defensores de derechos humanos viven con más zozobra, incluso por encima de países que están en guerra. En su visita manifestó:

> "(...) Tenemos muchos testimonios de diferentes lugares y en la mayor cantidad de partes del país uno ve un gran nivel de riesgo para estas personas. Lo que puedo decir es que es mucho más fácil ser un defensor o defensora en las ciudades capitales, como Bogotá y Medellín. Hay menos peligro. Pero cuando uno va donde viven los defensores y defensoras, en lugares apartados, sólo ahí se entiende cuál es el sufrimiento y el dolor de todos los días" (**Durán, 2018**).

De hecho, en la página oficial de las Naciones Unidas se citó al señor Forst con la siguiente afirmación: "Los defensores y las defensoras de los derechos humanos en Colombia están operando en un entorno coercitivo e inseguro". Más adelante agregó: "No sólo eso, también son estigmatizados por diversos sectores de la sociedad como guerrilleros, el 'enemigo interno', informantes, o personas antidesarrollo".

Otra de las conclusiones es que:

"En las áreas rurales, donde la ausencia del Estado se junta con una numerosa presencia de grupos armados organizados e ilegales, los defensores y defensoras son un blanco fácil para quienes ven en ellos y en su agenda de derechos humanos un obstáculo para sus intereses –advirtió el relator–. Me sorprendió saber que por cien dólares podías 'salirte con la tuya', o al menos contratar un asesino a sueldo (sicario)" (Naciones Unidas Oficina del Alto Comisionado , 2018).

Estas afirmaciones de Forst permiten concluir dos cosas. Por un lado, la victimización y los riesgos en materia de seguridad no sólo provienen de actores ilegales: Tal vez la mayor preocupación se refiere a agentes institucionales. Las lógicas del enemigo interno, la estigmatización o acusaciones por parte de agentes estatales son unos de los principales riesgos. Por otro lado, queda claro que la responsabilidad del Estado está tanto por lo que hace como por lo que deja de hacer. La incapacidad para copar zonas dejadas por la exguerrilla de las Farc dejó a los defensores de derechos humanos muy vulnerables.

Ahora bien, para Naciones Unidas no hay una definición clara de líder social. Su enfoque está en la categoría de defensor de derechos humanos. En todo caso, la definición de la ONU manifiesta que el papel del defensor se da no sólo en la fase de denuncia de violación de algún derecho, sino también en el rol de promotor y defensor de comunidades y derechos. Esto significa que el riesgo no sólo está dado por el papel de denunciar comportamientos o situaciones sociales, sino por el solo hecho de estar en una posición social.

Una segunda definición está dada por la Defensoría del Pueblo. Para ellos no hay una diferenciación entre defensor de derechos humanos y líder social. Igualmente, la identificación de un líder social viene dada por el rol que juega en una comunidad y no por un cargo en una institución u organización social. Al respecto se dice: "Una persona defensora de Derechos Humanos o líder social es en sí misma una persona constructora de paz, democracia, país y sociedad. En Colombia, especialmente en los sectores populares tanto rurales como urbanos, donde la presencia diferenciada del Estado es evidente, el papel de estos liderazgos se torna fundamental en la medida en que hace el puente entre las comunidades y las instituciones estatales y gubernamentales en la reivindicación de sus derechos. Así lo han reconocido en varios documentos la Comisión Interamericana de Derechos Humanos (CIDH) y la Oficina de la Alta Comisionada de las Naciones Unidas para los Derechos Humanos en Colombia (OACNUDH) (Defensoría del Pueblo, 2019).

La Defensoría del Pueblo se apoya en el informe del relator especial de Naciones Unidas de julio de 2018. Manifiesta: "14. Pese a que la Declaración es conocida comúnmente como la Declaración sobre los Defensores de los Derechos Humanos, es importante recordar que la expresión 'defensor de los derechos humanos' no aparece en el texto. Los derechos que figuran en ella corresponden a todos los seres humanos, a todos nosotros, no a una élite o clase profesional privilegiada. Como han puesto de relieve los informes recientes del relator especial, estos derechos corresponden a los individuos, los grupos y los movimientos sociales sin distinciones, independientemente de si las personas deciden registrar una asociación o de si pueden hacerlo o no; de su ubicación urbana o rural; del objeto, público o privado; de sus actividades de promoción; de los asuntos relativos a los derechos humanos que les suscitan interés; de su nacionalidad, su estatus migratorio o su género, entre otros factores. Todas las personas son defensoras de los derechos humanos cuando toman las riendas del proyecto de derechos humanos por medios pacíficos" (Defensoría del Pueblo, 2019).

Por tanto, es claro que no se debe ser representante legal de una fundación, presidente de Junta de Acción Comunal (JAC) o director de una organización para que se considere defensor de derechos humanos o líder social. Al final, la Defensoría del Pueblo dice que para ellos "...una persona defensora de los derechos humanos es alguien que cumple los criterios establecidos en las declaraciones de ONU y OEA (CIDH); adicional a ello hay personas defensoras que además de su activismo, son reconocidas como líderes de una organización, comunidad, colectividad o grupo humano, ya que el acto mismo de defender los derechos de otros, tomar acciones en tal sentido y asumir la vocería por otros pone a esta persona en un lugar de liderazgo, el cual muchas veces dista de la simple designación de un cargo en una organización social. En definitiva, la identificación de una persona defensora de derechos humanos o líder social estará estrictamente ligada con su trabajo verificable en la defensa de uno o varios derechos humanos y/o su liderazgo reconocido por una comunidad, organización, colectivo o institución a favor del acceso a los derechos de dicha comunidad" (Defensoría del Pueblo, 2019).

Un trabajo reconocido por la comunidad y no sólo la membresía institucional es el criterio para considerar a una persona líder social. Pero van un poco más allá, también funcionarios o servidores públicos se consideran dentro de esta categoría, por ejemplo, personeros, defensores comunitarios o investigadores del Sistema de Alertas Tempranas (SAT), o incluso jueces o conciliadores en equidad podrían ser considerados líderes sociales.

Pero no sólo una persona puede ser considerada un defensor de derechos humanos; también grupos de personas o colectivos. Para ello, la Defensoría del Pueblo determina que existen tres tipos de colectivos:

- Organizaciones plenamente constituidas ante la ley colombiana cuya labor sea el trabajo social y/o defensa de los derechos de una comunidad o pueblo.

- Colectivos de personas no constituidos legalmente como organización, pero cuyo ejercicio verificable sea el trabajo social y/o defensa de los derechos de una comunidad o pueblo.

- Comunidades de personas organizadas en torno a la defensa de sus derechos fundamentales (Defensoría del Pueblo, 2019).

En tercer lugar, tal vez, desde la sociedad civil, los que mayor experiencia tienen en el seguimiento a la victimización y la situación de seguridad de líderes sociales es el programa 'Somos Defensores'. El Programa no gubernamental de protección a defensores de derechos humanos 'Somos Defensores' nació de una alianza de organizaciones como Asociación MINGA, Benposta Nación de Muchachos-Colombia, CINEP y Comisión Colombiana de Juristas, teniendo en cuenta la experiencia y las lecciones aprendidas de distintas colectividades que realizaban cabildeo y trabajo de exigencia de garantías políticas al gobierno nacional para defensores de derechos humanos. Esto, con el fin de reafirmar el ejercicio de "procura de mecanismos legales e institucionales que afirmen el derecho a defender –reconocido en la Constitución del 91 y en el derecho internacional público de los derechos humanos–" (Programa Somos Defensores, 2008, pág. 4).

'Somos Defensores' cuenta con un Sistema de Información sobre agresiones contra personas defensoras de derechos humanos en Colombia (SIADDHH) desde el año 2006, cuyo propósito es documentar, investigar y sistematizar los múltiples casos de agresiones contra defensores y defensoras de derechos humanos.

El SIADDHH entiende por defensor y defensora de derechos humanos "cualquier persona o grupo que se dedica a la defensa, la promoción, el respeto y la protección de los derechos humanos en los ámbitos nacional e internacional y que además trabaja por la eliminación efectiva de las violaciones a los derechos humanos en los planos nacional, regional o local, tal como lo reconocen la Declaración de Naciones Unidas sobre Defensores de Derechos Humanos y la Resolución de la Organización de Estados Americanos (OEA)" (Programa Somos Defensores, 2017, pág. 14).

En esta concepción se recogen las categorías de personas defensoras de derechos humanos y con ejercicio de liderazgo social; si bien no todos los defensores son líderes sociales[1], todos los líderes sociales sí son defensores de derechos humanos.

Esta categoría cuenta con distintos tipos de perfiles de liderazgo social:

a. "Defensor(a) o líder(esa) comunal: Directivos(as) de JAC o Juntas Administradoras Locales (JAL) o Asociaciones de JAC".

b. "Defensor(a) o líder(esa) comunitario(a): líderes que trabajan por la promoción, el respeto y la protección de los derechos humanos de comunidades vulnerables, sin pertenecer a JAC o JAL. En muchos casos estos líderes pertenecieron a este tipo de formas organizativas y continúan su ejercicio de liderazgo

---

1   La diferencia radica en que el ejercicio de líder social se debe al arraigo territorial y reconocimiento social de las comunidades.

en la comunidad, así como la vocería de dichas comunidades. Igualmente, directivos(as) y líderes de fundaciones o asociaciones que trabajan a favor de comunidades vulnerables en ámbitos mayormente urbanos".

c. "Defensor(a) o líder campesino o agrario: Líderes que trabajan por la promoción, el respeto y la protección de los derechos humanos de comunidades rurales campesinas y el derecho a defender el territorio; igualmente, líderes que asumen la defensa de sus propios procesos de restitución de tierras (Ley 1448) y además lideran a otras familias o reclamantes en dicha lucha".

d. "Defensor(a) o líder(esa) de mujeres: Líderes de procesos o colectivos de defensa de los derechos de las mujeres. Pueden ser hombres y mujeres".

e. "Defensor(a) o líder(esa) afrodescendiente: Directivos de Consejos comunitarios afrodescendientes, autoridades tradicionales del pueblo afro o líderes que trabajan por la promoción, el respeto y la protección de los derechos de comunidades negras o las negritudes en Colombia; afrodescendientes en proceso de formación para ejercer liderazgo o en prácticas tradicionales para la defensa de la cultura propia y el territorio".

f. "Defensor(a) o líder(esa) indígena: Autoridad Tradicional Indígena de resguardos, cabildos y toda forma de organización indígena; médicos tradicionales; guías, maestros o sacerdotes espirituales indígenas; miembros de la guardia indígena; indígenas en proceso de formación para ejercer liderazgo o en prácticas tradicionales para la defensa de la cultura propia y el territorio".

g. "Defensor(a) o líder(esa) sindical: Directivos(as) de cualquier tipo de asociación sindical".

h. "Defensor(a) o líder(esa) DESCA: Líderes que trabajan por la promoción, el respeto y la protección de los derechos ambientales; activistas ambientales asociados o no a organizaciones de tal fin, pero con reconocimiento de comunidades en resistencia. Ambientalistas con trabajo autónomo en la defensa del medio ambiente con trabajo reciente y corroborable. Líderes que trabajan por la promoción, el respeto y la protección de los derechos culturales de cualquier pueblo o comunidad en Colombia. Líderes que trabajan por la promoción, el respeto y la protección de los derechos de las poblaciones que practican la minería artesanal y que no afecta el medio ambiente".

i. "Defensor(a) o líder(esa) de víctimas o desplazados: Líderes que trabajan por la promoción, el respeto y la protección de los derechos de las víctimas del conflicto armado inscritas o no en registros estatales".

j. "Defensor(a) o líder(esa) LGBTI: Líderes que trabajan por la promoción, el respeto y la protección de los derechos de lesbianas, gais, transexuales, bisexuales, intersexuales o cualquier otra orientación de género".

k. "Defensor(a) o líder(esa) juvenil o de la infancia: Líderes que trabajan por la promoción, el respeto y la protección de los derechos de los niños, niñas, jóvenes y adolescentes".

l. "Defensor(a) o líder(esa) estudiantil o educador(a): Líderes que trabajan por la promoción, el respeto y la protección del derecho a la educación".

m. Comunicador(a) defensor(a) de derechos humanos: Comunicador social, periodista (graduado o no) que mediante su trabajo periodístico contribuye consciente y premeditadamente a la promoción, el respeto y la protección de los derechos humanos.

n. Abogado(a) defensor(a) de derechos humanos: Abogado (en ejercicio) que mediante su trabajo contribuye consciente y premeditadamente a la promoción, el respeto y la protección de los derechos humanos.

o. Activista de derechos humanos: Activista en derechos humanos que con su trabajo diario en una ONG de derechos humanos contribuye a la promoción, el respeto y la protección de los derechos humanos.

Tras un nuevo análisis y ajuste conceptual realizado durante el año 2019, el número de perfiles se redujo a once, a saber:

- Líder comunal
- Líder comunitario
- Líder campesino
- Líder de mujeres
- Líder afrodescendiente
- Líder indígena
- Líder sindical
- Líder ambiental
- Líder de víctimas
- Líder LGBTI
- Líder académico
- Activista de derechos humanos

Resuelto entonces el concepto de defensor de derechos humanos y líder social en Colombia, ahora se debe resolver la pregunta sobre la forma como en general son recogidos los datos. La variación en los números puede ser producto de la metodología utilizada para la recolección de datos, o también de diferencias conceptuales.

La Defensoría del Pueblo tiene, tal vez, el mecanismo más sólido de recolección de información basado en todas las regionales de la entidad. En lo fundamental en el interior de la institución se dan tres mecanismos de recolección de información. En primer lugar, el SAT, que en el país tiene 47 investigadores que diligencian unos instrumentos internos. Cada uno de ellos no sólo debe dar cuenta de todas las circunstancias que determinaron un hecho, sino que debe existir una triangulación en tiempo real para garantizar la objetividad de lo comunicado. Se monitorean hechos y conductas que configuren una amenaza a la población civil.

Así, los miembros del SAT hacen visitas en terreno, están en permanente comunicación con las comunidades y en caso de que la información llegue vía telefónica, triangulan la información y luego del reporte deben volver al territorio. Hay un reporte inicial y luego con visita confirman la información.

Además, existe un segundo instrumento de informe de comisión misional en el que no se trata de referenciar las entrevistas sino de hacer análisis de contexto del territorio, de grupos poblacionales, de dinámica institucional y contexto de dominio o disputa entre ilegales, entre otras.

Con la información disponible y luego de un análisis, se identifican las tendencias territoriales a nivel de macrorregión. La Defensoría del Pueblo con sus 38 regionales, una por departamento más las de Apartadó –que cobija la zona del Urabá–, Barrancabermeja –para la región del Magdalena Medio–, Bogotá –para la región centro–, así como las de Tumaco, Buenaventura y Ocaña, ha creado una distribución nacional de siete macrorregiones para cada una de las cuales hay un diagnóstico de dinámicas. De ahí salen las advertencias y posteriormente las alertas.

Se debe señalar que desde la firma del Acuerdo de Paz, a finales de 2016, la Defensoría del Pueblo tiene autonomía para emitir las Alertas Tempranas tramitadas por la comisión Intersectorial.

Para finalizar, luego de cada Alerta existe la denominada Acción de seguimiento, que evalúa la evolución del riesgo y la respuesta estatal respecto de las recomendaciones de las Alertas Tempranas. En fin, la recolección de información es un mecanismo bastante sólido.

Por su parte, 'Somos Defensores' tiene el otro mecanismo más robusto de recolección de datos. Al principio, en los albores de su creación, la fuente de información eran los casos reportados y atendidos por el propio Programa, por la revista *Noche y Niebla* del Banco de datos del CINEP y por la base de datos de la Comisión Colombiana de Juristas.

Posteriormente, en 2008, se inició un ajuste metodológico en cuanto a la conceptualización, que tuvo en cuenta que "el perfil de los defensores ha cambiado de acuerdo con: los derechos que defienden, las actividades que desarrollan, los procesos colectivos que integran y la temporalidad en el trabajo de defensa". Para 2011, el SIADDHH ya era una fuente sólida de información y un referente nacional luego de que en 2009 se incluyeron distintas tipologías y definiciones para complementar el marco conceptual construido.

Según lo presenta el mismo Programa, en 2017 el Sistema ya era reconocido como uno de los principales acervos de información referente a la victimización contra defensoras y defensores de derechos humanos, contando con alianzas con observatorios y plataformas de la sociedad civil, así como instituciones del Estado para el contraste y la confirmación de datos.

Al igual que otras instituciones, el Programa tiene unos protocolos metodológicos y conceptuales para el registro y la sistematización de la información recabada, la cual tiene un paso a paso, a saber:

- El equipo del Programa realiza una consulta a fuentes abiertas como son la prensa y comunicados de las organizaciones, sobre todo para casos de asesinatos, que es de los tipos de victimización que más se conocen. No obstante, el Programa cuenta con alianzas estratégicas con organizaciones territoriales que permiten contrastar esta información y también dar a conocer casos de victimización.

- Además, a partir de un trabajo mancomunado con organizaciones que hacen parte del CINEP, para el registro de las agresiones distintas al asesinato, que generalmente son los casos a los que no se tienen acceso de información. Estos datos se incluyen en un Excel y de ahí pasa al sistema de información SIVEL propio del CINEP, que cuenta con categorías más amplias sobre Derechos Humanos y Derecho Internacional Humanitario.

- Posteriormente se contrastan los datos. Gracias a una alianza del Programa con la Defensoría del Pueblo y la Oficina del Alto Comisionado de Naciones Unidas para los Derechos Humanos, es posible entablar espacios de encuentro donde se revisa cada uno de los casos, se discute y revisa la información existente al respecto. De ahí se alimentan las bases de datos de las tres instituciones y se contrasta la información de terreno provista por esas entidades que cuentan con un gran despliegue a nivel regional.

- Así mismo, la verificación que realiza el Programa se da por vía telefónica con las organizaciones sociales y durante todo el año el equipo viaja a los diferentes municipios para realizar la confirmación de casos mediante el diálogo con las organizaciones y personas del territorio, escuchando distintas versiones para así lograr la verificación de que la persona agredida ejerciera un rol de liderazgo social y de defensa de derechos.

- Luego se hace la depuración, que para el caso de asesinatos consiste en incluir en un memorándum las fotografías y datos básicos de las personas asesinadas. Antes se trabajaba el móvil del homicidio, pero ahora el énfasis está en la actividad de liderazgo que desarrollaba en vida.

Con este acervo de datos, el Programa puede generar boletines trimestrales que evidencian la situación en cifras sobre las agresiones. Por otra parte, los informes semestrales y anuales dan cuenta del contexto nacional, de la política en materia de protección y los memorándums construidos.

Las agresiones que registra el Programa son asesinatos, amenazas, robo de información, atentados, detención arbitraria, hostigamiento, judicialización, violencia sexual y desaparición, a personas defensoras de derechos humanos y en ejercicio de algún liderazgo social.

Naciones Unidas, como se mencionó anteriormente, tiene mecanismos bastante fuertes, pero su alcance territorial es limitado. Por eso, ellos hablan de alcances parciales y de información parcial. El problema, en este punto, es que el gobierno colombiano toma las cifras de Naciones Unidas como absolutas y reconoce únicamente dichos datos y nunca advierten que son parciales.

EL DIAGNÓSTICO

Estos tres mecanismos de recolección de información son lo que explica la variación en los datos. Nótese que el tema de fondo es el alcance territorial, no se trata de una exclusión de perfiles o tipos de personas.

50

Como se mencionó antes, Somos Defensores tiene los datos más sólidos y tradicionales a la hora de hablar de asesinatos y victimizaciones a líderes sociales. A continuación, se ve la evolución anual de los asesinatos a líderes sociales.

Datos anuales de asesinatos a líderes sociales[2]

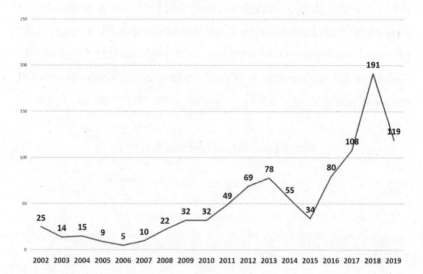

Somos defensores. Base de datos. (Los datos e 2019 son preliminares)

Partiendo de 2011, hay tres posibles conclusiones iniciales sobre estos datos. Por un lado, con el inicio de las negociaciones de paz se generó una apertura de liderazgos en los niveles local y regional que defendían el proceso y coincidió con un aumento en el número de homicidios. No se debe olvidar que la segunda fase de las negociaciones de paz, es decir, la fase abierta, comenzó en 2012. También se debe tener en cuenta que por esas fechas del

_____

2   Los datos de 2019 van hasta primer semestre.

aumento fue aprobada la Ley 148 o Ley de víctimas, que incluía un componente de restitución de tierras, que produjo, como lo veremos más adelante, un aumento de la victimización a los reclamantes de tierra.

En segundo lugar, en 2014 y 2015 se observa una disminución de la victimización, que coincide con los ceses unilaterales de las Farc y la reducción de la violencia asociada al conflicto armado. En esos años, la disminución de la violencia fue notable y se produjo un efecto contagio en todo el país y en la mayoría de indicadores de violencia. En la siguiente gráfica se ve la tasa de homicidio a nivel nacional entre 2012 y 2018.

Tasa de homicidios en Colombia 2012-2018

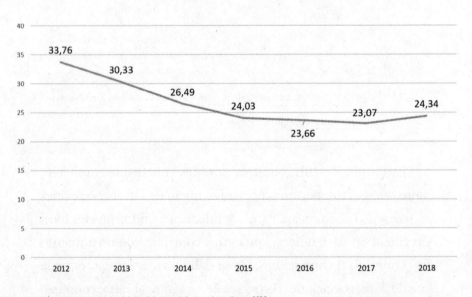

Datos del Instituto Nacional de Medicina Legal. Procesado por Pares. 2019.

La reducción también se dio en desplazamientos forzados, secuestros, desaparición forzada, afectados por minas antipersonal y municiones sin explotar. Cobijó las zonas de posconflicto, pero también las grandes ciudades, por ello se habla de efecto contagio.

La tercera conclusión de la gráfica de la victimización a líderes sociales es que cuando ya era inminente la firma del Acuerdo de Paz en 2015 y sobre todo con la firma en 2016, comenzó a aumentar de forma vertiginosa la victimización. La apertura democrática que trajo el Acuerdo fue cobrada con sangre por parte de sectores que se resisten a la democratización nacional. Además, los meses preelectorales fueron terribles. Es decir, los meses previos a los días electorales tienden a ser violentos. Ya sean elecciones nacionales o locales y regionales, los años electorales se han caracterizado por altos niveles de victimización.

De hecho, la Fundación Paz y Reconciliación hizo un ejercicio de analizar la victimización a líderes sociales desagregando por mes. Resulta interesante el análisis de 2018, año en el cual se dio el calendario nacional de elecciones. En marzo para Congreso, en mayo para primera vuelta presidencial y en junio para segunda vuelta o *ballotage*. En la siguiente página se ve la gráfica.

Entre la segunda quincena de enero y los primeros días de febrero de 2018 la situación fue atroz porque prácticamente hubo un asesinato por día. Las elecciones a Congreso de la República se desarrollaron el 11 de marzo. Luego de elecciones la situación descendió a los niveles de diciembre de 2017. Nuevamente, comenzó a ascender previo a la primera vuelta presidencial, pero el otro pico se dio luego de la segunda vuelta o *ballotage*.

Una de las preguntas centrales es por qué en julio de 2018 la violencia fue superior incluso a la de mayo y junio, es decir, los días poselectorales fueron aún más altos que los días preelectorales. A través de entrevistas y seguimiento de casos se logró elaborar

Homicidios a líderes(as) sociales y defensores/as de DD. HH.

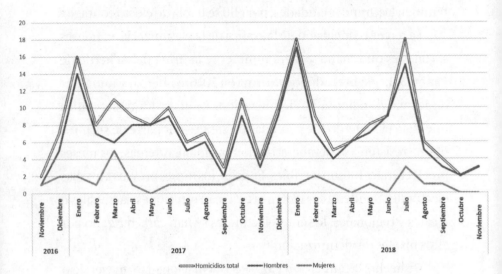

dos hipótesis importantes. La primera es lo que se podría denominar una situación de envalentonamiento. En lo fundamental la victoria de Iván Duque llevó a sectores de ultraderecha a sentirse autorizados a agredir a sus contradictores, muchos de ellos líderes sociales.

No se trata de que el gobierno de Duque hubiera ordenado esto o de que exista una política desde el Ejecutivo, eso no se logró demostrar. Pero sí es evidente que en algunas regiones del país sectores que se beneficiaron de la guerra sintieron un alivio al proceso de apertura que trajo el proceso de paz.

La otra hipótesis de lo ocurrido en julio de 2018 es que ese aumento de la violencia fue producto de procesos de reorganización criminal luego de la salida de las Farc de algunos territorios que para ese momento estaban envueltos en disputas criminales. Sobre este tema, como se verá en un capítulo más adelante, cabe decir que el proceso de paz generó una situación contradictoria. ¿Por qué? Porque se dio la victimización de líderes y lideresas sociales, que aumentó luego de la firma del Acuerdo de Paz y se dio en medio de una significativa reducción en los índices de violencia generalizada como fueron homicidios, masacres, secuestros, afectaciones por minas antipersonal y municiones sin explotar (MAP/MUSE).

Antes se vio la gráfica de la tasa de homicidios, que pasó de 34 por 100.000 habitantes a 24, entre los años 2012 y 2018. A continuación se muestra la evolución del desplazamiento forzado en el país. La reducción entre 2012 y 2018 es en realidad impresionante, aunque, como se ve, entre 2017 y 2018 hay un leve aumento, tal vez producto del reacomodamiento criminal que se dio en algunas regiones del país luego de la salida de las Farc de sus antiguos territorios.

Desplazamiento forzado (Expulsión) (2000 - 2018)

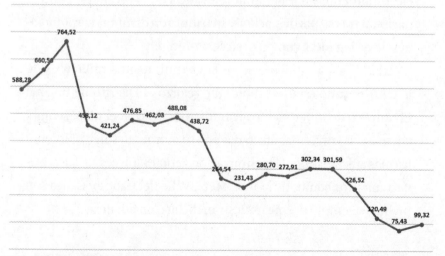

Fuente: SIPARES. Datos de la Unidad de Víctimas (Cifras en Miles)

Así las cosas, la violencia generalizada disminuyó como consecuencia del Acuerdo de Paz y todo parece indicar que la violencia selectiva tendió a aumentar en ese mismo período histórico. Además, también se puede decir que el descenso de la violencia general tuvo sus excepciones, pues en algunas regiones se deterioró la situación de seguridad luego de la concentración de la exguerrilla de las Farc.

Esta situación tampoco es nueva en el país. La manifestación de este fenómeno silencioso de violencia ya se había presentado en algunas coyunturas en la historia reciente. Por ejemplo, cuando agentes legales e ilegales enfilaron baterías para el exterminio de quienes se oponían a sus intereses; la violencia selectiva contra distintos tipos de líderes y lideresas sociales no es algo nuevo. Uno de los casos más representativos fue el genocidio de la Unión Patriótica (UP). Cuando este movimiento político comenzó a crecer electoralmente y a tener gran relevancia en el escenario político nacional tras su participación y su triunfo en distintas corporaciones de orden local, comenzó su exterminio.

En el mapa siguiente se ve la victimización a militantes de la UP, derivado de un estudio que realizó el Distrito de Bogotá. El número de muertos fue gigantesco. Nótese en el mapa, cómo, además, las zonas más afectadas en ese momento son igualmente las más afectadas por la victimización actual a líderes sociales. Departamentos como Antioquia, Meta, Valle del Cauca y Cauca son un buen ejemplo porque muestran dicha coincidencia.

El genocidio político de la UP asesinatos

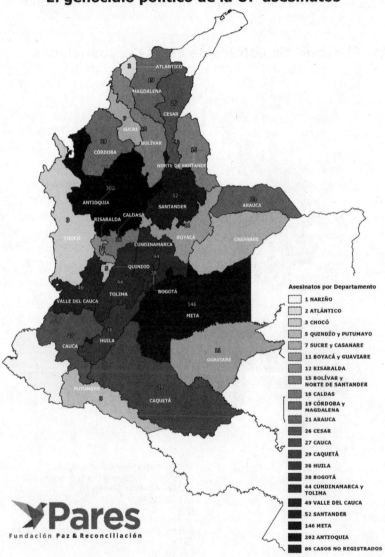

Asesinatos por Departamento

- 1 NARIÑO
- 2 ATLÁNTICO
- 3 CHOCÓ
- 5 QUINDÍO y PUTUMAYO
- 7 SUCRE y CASANARE
- 11 BOYACÁ y GUAVIARE
- 12 RISARALDA
- 15 BOLÍVAR y NORTE DE SANTANDER
- 16 CALDAS
- 19 CÓRDOBA y MAGDALENA
- 21 ARAUCA
- 26 CESAR
- 27 CAUCA
- 29 CAQUETÁ
- 36 HUILA
- 38 BOGOTÁ
- 44 CUNDINAMARCA y TOLIMA
- 49 VALLE DEL CAUCA
- 52 SANTANDER
- 146 META
- 302 ANTIOQUIA
- 86 CASOS NO REGISTRADOS

Pares
Fundación Paz & Reconciliación

A continuación, se muestra el mapa de desapariciones forzadas para el caso de los militantes de la UP. Nuevamente Antioquia, Valle del Cauca, Cauca y Meta encabezan las cifras de desaparecidos.

El genocidio político de la UP desapariciones

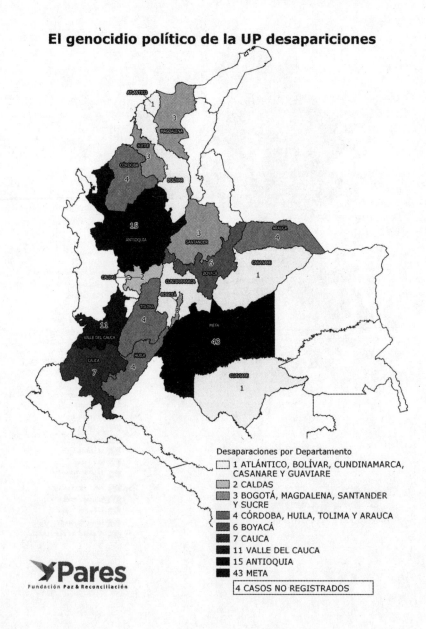

Desaparaciones por Departamento
- ☐ 1 ATLÁNTICO, BOLÍVAR, CUNDINAMARCA, CASANARE Y GUAVIARE
- ▨ 2 CALDAS
- ▨ 3 BOGOTÁ, MAGDALENA, SANTANDER Y SUCRE
- ■ 4 CÓRDOBA, HUILA, TOLIMA Y ARAUCA
- ■ 6 BOYACÁ
- ■ 7 CAUCA
- ■ 11 VALLE DEL CAUCA
- ■ 15 ANTIOQUIA
- ■ 43 META

4 CASOS NO REGISTRADOS

Pares
Fundación Paz & Reconciliación

Así que generalmente los procesos de apertura democrática traen el aumento de una violencia selectiva contra los nuevos jugadores en la arena política. Una vez las Farc comenzaron el proceso de concentración a finales de 2016 y principio de 2017, se dieron cuatro escenarios territoriales (Fundació Paz y Reconciliación, 2017).

a. Hubo territorios de donde salieron las Farc y no existían otros actores armados, tampoco economías ilegales. Por ende, si bien el Estado no estableció un proceso de copamiento territorial, la situación de seguridad mejoró y en los meses posteriores a la concentración no hubo copamientos criminales. El mejor ejemplo fue el sur de Tolima y el departamento de Huila. Lo único que aumentó fue la delincuencia común.

b. Hubo zonas donde la salida de las Farc produjo un copamiento criminal casi que inmediato. En estos casos no hubo aumento vertiginoso de la violencia, pero sí de la violencia selectiva. Arauca, algunas zonas de Cauca y la sierra de Nariño son un buen ejemplo. El copamiento fue hecho por el ELN o el Clan del Golfo.

c. En otras zonas, llenas de economías ilegales pero donde sólo operaban las Farc, hubo una ventana de oportunidad de cerca de 18 meses porque las Farc salieron y nadie llegó. La región del bajo Putumayo, ubicada al sur de dicho departamento, es el mejor ejemplo. Allí operaba el frente 48, y una vez se concentró, ningún narcotraficante se atrevió a entrar a las zonas cocaleras como el sector de Piñuña Negro o Piñuña Blanco, veredas ubicadas entre los municipios de Puerto Asís y Puerto Leguízamo. Los narcos inicialmente no creyeron en la dejación de armas y la concentración de la entonces guerrilla. Luego, cuando se dieron cuenta de que cumplieron, por miedo no entraron a comprar pasta base de coca. A pesar del precio alto a nivel internacional, en dicha zona el gramo de pasta base cayó de 1.400 a 900 pesos. Luego de 18 meses comenzaron a llegar disidencias, al tiempo que los narcos armaron ejércitos propios y la guerra comenzó a finales de 2018. La parte más fuerte se vive desde septiembre de 2019. El Estado nunca llegó.

d. También se presentaron otras zonas de economías ilegales y con presencia de otros actores criminales donde la guerra estalló al otro día. Fue, literalmente, cuestión de días para que se presentara un copamiento criminal. En varias de estas zonas es como si todo hubiese sido coordinado. Allí se vivieron las peores batallas por el dominio de dichos territorios. El Pacífico colombiano es el mejor ejemplo, o municipios como Tumaco y en general la costa pacífica nariñense.

Hasta el momento surgen varias hipótesis: Uno, resistencia a la democratización por parte de algunos sectores sociales; dos, violencia selectiva producto del copamiento criminal, lo cual incluye control de economías ilegales.

Así, en lo que sigue intentaremos ver cuál de estas dos hipótesis se aproxima más o si surgen otras. Para ello, deberemos ver la concentración geográfica de la violencia y la tipología o caracterización de las víctimas. Comenzaremos desde el año 2011.

El siguiente mapa muestra la intensidad de los homicidios de líderes sociales ocurridos en el año 2011. Un año antes del inicio de las negociaciones de paz en La Habana y cuando la desmovilización del aparato paramilitar completaba cinco años. Los departamentos de Antioquia, Cauca y Valle del Cauca concentraban la mayor intensidad. En total 49 víctimas. A continuación, el mapa de intensidad de dichos homicidios.

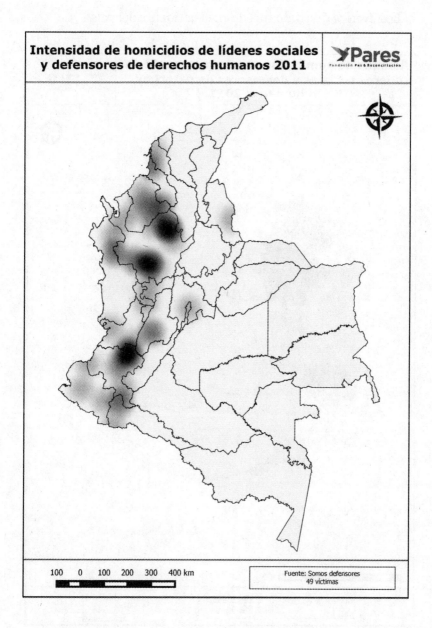

Intensidad de homicidios de líderes sociales y defensores de derechos humanos 2011

100   0   100   200   300   400 km

Fuente: Somos defensores
49 víctimas

El siguiente mapa muestra la concentración de dichos homicidios. Nótese que todo sucede en el occidente del país.

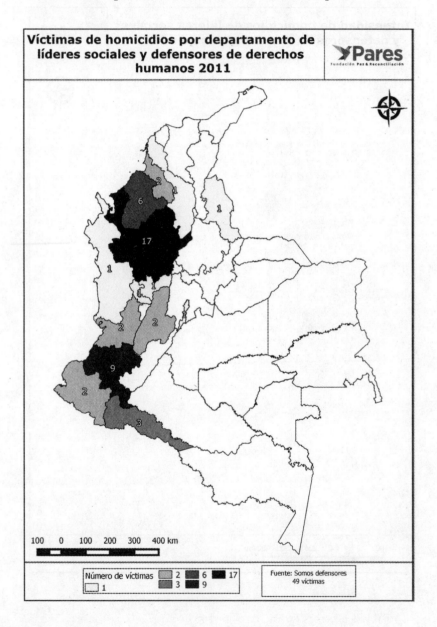

Víctimas de homicidios por departamento de líderes sociales y defensores de derechos humanos 2011

Número de víctimas: 1, 2, 3, 6, 9, 17

Fuente: Somos defensores
49 víctimas

Nótese Antioquia y Córdoba: "...sólo entre estos dos departamentos (geográficamente limítrofes) fueron asesinados 23 defensores y defensoras de derechos humanos. Particularmente señalamos el caso de Córdoba, el cual reportó sólo seis agresiones en 2011, pero todas ellas referidas a asesinatos" (Programa Somos Defensores, 2012).

El 2011 mostró además dos datos interesantes a la hora de analizar las victimizaciones. "En cuanto a la presunta responsabilidad en las muertes de estos 49 defensores(as), podemos señalar un incremento desmedido en la participación de grupos paramilitares en comparación con los casos registrados en 2010, así como el incremento de responsables desconocidos en estos hechos" (Programa Somos Defensores, 2012).

Como se verá más adelante, a medida que pasa el tiempo la participación de actores desconocidos comenzó a aumentar hasta llegar a más del 60 % en la actualidad.

Igualmente, ese año estaba en pleno debate la ley de víctimas y restitución de tierras. Al respecto los datos de victimización decían: "Señalamos la gravedad de que exista un elevado número de defensores y defensoras asesinados en 2011; dentro de ellos, aquellos que pertenecen a grupos o comunidades indígenas, con 19 muertos, seguido de defensores y líderes campesinos, comunales, de víctimas y de restitución de tierras, que en los casos conocidos por el Programa Somos Defensores suman 21 muertos en 2011. Durante 2011, en promedio cada ocho días fue asesinado un defensor o defensora de derechos humanos en Colombia" (Programa Somos Defensores, 2012).

El siguiente mapa muestra la intensidad para 2012, cuando arrancó la fase pública de las negociaciones de La Habana y la Ley 148 llevaba algunos meses de funcionamiento. Esto es importante

Intensidad de homicidios de líderes sociales y defensores de derechos humanos 2012

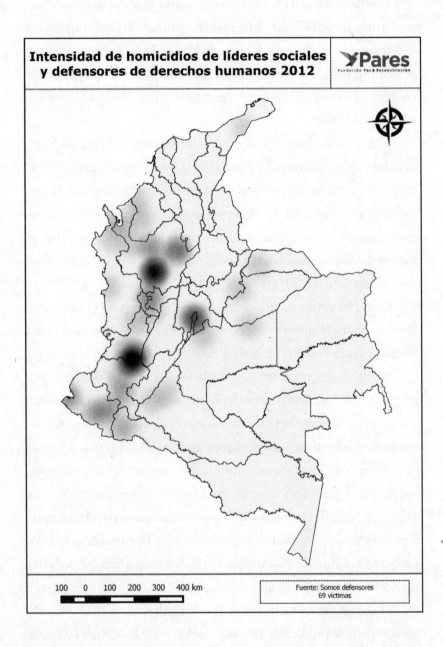

100 0 100 200 300 400 km

Fuente: Somos defensores
69 víctimas

para entender las dinámicas de las diferentes victimizaciones. Un informe de ese año decía: "Este año de la implementación de la Ley de víctimas trajo consigo un incremento significativo de agresiones contra organizaciones de víctimas y contra los hombres y mujeres que emprendieron el arduo camino de solicitar la restitución de tierras usurpadas violentamente. Hay que recordar las acciones violentas de los autodenominados "Ejércitos Antirrestitución", que tuvieron su primer brote en el departamento de Cesar y luego se propagaron a otras zonas como Sucre, Córdoba, Antioquia, Valle del Cauca, Cauca, Nariño y Putumayo. De estos grupos no se conocen resultados de investigaciones adelantadas por entidades judiciales" (Programa Somos Defensores, 2013).

El aumento en 2011 y 2012 fue importante y todo indica que la cifra más alta fue puesta por los reclamantes de tierras. "El Programa Somos Defensores registra un incremento del 49 % en las agresiones individuales contra defensores(as) en 2012 en relación con 2011. Entre enero y diciembre de 2011, el Sistema de Información reportó 239 defensores agredidos; en 2012, en el mismo período, son 357 los casos" (Programa Somos Defensores, 2013).

Igualmente, al desagregar los datos por mes, es notorio que el más violento fue octubre, es decir, los días previos a elecciones locales. "Al referirnos a la ocurrencia de estas agresiones por mes, vemos que el mayor número de casos registrados se presentaron en octubre, con el 14 % (51 casos), y noviembre, con el 13 % (46 casos); seguidos de mayo, con el 12 % (43 casos); julio, con el 10 % (36 casos), y enero, con el 9 % (33 casos), respectivamente" (Programa Somos Defensores, 2013).

El siguiente mapa muestra la concentración de estos homicidios por departamento.

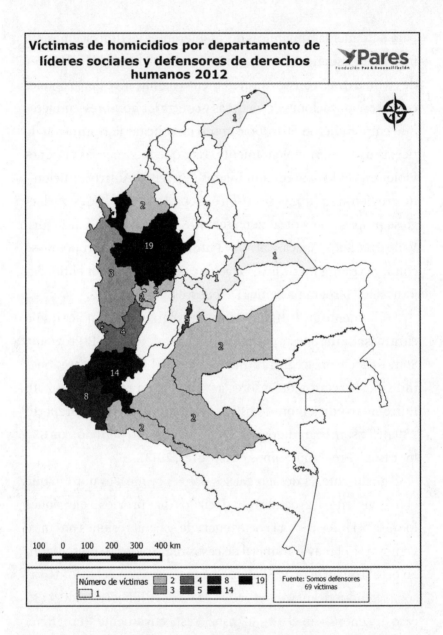

Víctimas de homicidios por departamento de líderes sociales y defensores de derechos humanos 2012

Número de víctimas: 1, 2, 3, 4, 5, 8, 14, 19

Fuente: Somos defensores
69 víctimas

100 0 100 200 300 400 km

Un informe de la Corporación Nuevo Arco Iris para mediados de 2012 decía que "en lo corrido del año 2012 han sido asesinadas tres personas: Manuel Ruiz y su hijo, así como Jairo Martínez, quienes representaban a comunidades en procesos de restitución de tierras. Los datos indican que Antioquia, particularmente el Urabá, así como la Costa Atlántica, son las zonas más afectadas. El siguiente cuadro muestra las zonas donde han sido asesinadas estas personas" (Corporación Nuevo Arcoiris, 2011).

Cuadro N° 1

Líderes reclamantes de tierras asesinados por dpto. 2005 – 2012 (Jun.)		
Subregión	Departamento	Número de Victimas
Antioquia y Eje Cafetero	Antioquia	16
	Risaralda	1
Subtotal		16
Costa	Atlántico	1
	Bolívar	4
	Cesar	1
	Córdoba	9
	La Guajira	2
	Sucre	6
Subtotal		22
Llanos Orientales	Arauca	2
Subtotal		2
Santanderes	Norte de Santander	1
	Santander	1
Subtotal		2
Pacífico	Cauca	2
	Chocó	6
	Nariño	3
	Valle	9
Subtotal		20
Tolima	Tolima	3
Subtotal		3
Sin Identificar		1
TOTAL		**68**

A medida que las víctimas de despojo de tierras enviaban solicitudes de restitución, los despojadores crearon escuadrones de sicarios. Además de los asesinatos que cometían, se hicieron conocer por medio de panfletos con el nombre de Ejército Antirrestitución.

La Corporación Nuevo Arco Iris encontró dos modalidades: por un lado, una buena cantidad de testaferros de las antiguas AUC, y en general personas que se vincularon y beneficiaron con la expansión y la consolidación de las AUC, acudieron a los Urabeños, hoy llamados Clan del Golfo, para que torpedeen el proceso de restitución y actúen contra lo que ellos dicen que son guerrilleros disfrazados de víctimas.

Las amenazas de este grupo se han extendido por seis zonas del país, siendo las más complicadas el Urabá chocoano y el antioqueño, así como Córdoba. En este último departamento sólo se han presentado quinientas reclamaciones de predios, cuando los desplazamientos superaron 50.000 familias. El miedo es prácticamente generalizado. Adicional a las amenazas de los Urabeños, en algunas regiones del país han sido creados ejércitos antirrestitución, que en realidad no son ejércitos, sino más bien grupos de sicarios al servicio de agentes supuestamente legales (Corporación Nuevo Arcoiris, 2011).

Algo interesante es que las zonas donde mayor número de asesinatos se cometieron contra reclamantes de tierra son aquellas donde el Gobierno manifestaba que las guerrillas habían sido derrotadas y obligadas a abandonar el territorio, y además donde se notaba un avance en términos de seguridad derivado en gran parte del supuesto éxito de la desmovilización paramilitar. Además de los 69 asesinatos de 2012, también se presentaron otros tipos de agresiones. A continuación se muestra el cuadro.

Tipo de agresiones	Número
Amenazas	202
Asesinatos	69
Atentados	50
Detenciones arbitrarias	26
Desapariciones	5
Uso arbitrario del sistema penal	1
Hurto de información	3
Violencia sexual	1
Total, agresiones individuales	357

En el caso particular de reclamantes de tierra hay que entender que si se pregunta quiénes fueron los grandes beneficiados con el despojo y el abandono de predios que se produjo durante los años más intensos del conflicto armado, llama la atención que no fueron ni comandantes guerrilleros, ni comandantes paramilitares e incluso el número de testaferros es bajo comparado con la magnitud del despojo: Por el contrario, se ha encontrado que la mayoría de tierra despojada está en manos de los llamados "terceros de buena fe", es decir, algunos palmeros, ganaderos, entre otros, todos ellos agentes que se encuentran en la legalidad (Corporación Nuevo Arcoiris, 2011).

A finales de 2012, los grupos denominados "ejércitos antirrestitución" operaron en tres departamentos del país. En primer lugar, en el departamento de Cesar, el 7 de diciembre de 2011, se produjo un retén de diez minutos sobre la carretera entre el corregimiento de Casacará y el municipio de Becerril, donde miembros del frente 41 de las FARC-EP incineraron tres vehículos de carga pesada y ocasionaron daños a otros automotores particulares.

El segundo hecho está relacionado con la incursión del frente 41 de las FARC, el 10 de diciembre de 2011, a la finca 'Buenos Aires', en el corregimiento de Casacará, jurisdicción del municipio de Codazzi, propiedad del ganadero y comerciante Luis Ernesto Araújo. Allí dinamitaron parte del predio y repartieron propaganda del grupo guerrillero.

Alarmados por la situación de seguridad y el aumento de las acciones armadas de las Farc-EP en el departamento, algunos ganaderos y políticos locales tomaron medidas rápidas: aceptaron la convocatoria y se reunieron días después, el sábado 17 de diciembre, en una finca próxima al municipio de Becerril, donde acordaron financiar un ejército privado que los protegiera de los ataques de las FARC-EP y les permitiera dejar de pagar las extorsiones que dicho grupo les cobraba mensualmente.

Este primer encuentro contó con la participación de grandes terratenientes de Cesar, de familias políticas influyentes y de algunos funcionarios de anteriores gobiernos regionales, quienes pactaron la realización de un segundo encuentro para establecer la estrategia de financiación del nuevo grupo armado.

En un segundo encuentro, el 13 de enero de 2012 en el corregimiento de Casacará, surgió la propuesta de buscar el respaldo de empresarios y políticos prestantes; además estuvieron de acuerdo en que dicha estructura armada debía "combatir a los guerrilleros que se disfrazan de víctimas y desplazados y no nos quieren dejar trabajar"[3], es decir, se opondrían a la restitución de tierras. Así, de esta reunión salió la idea de formar un grupo contrainsurgente y antirrestitución de tierras.

Obviamente la pregunta es por qué estos grupos de inconformes no acudieron a los Urabeños o Clan del Golfo, que controlaban

---

3 Uno de los asistentes

gran parte del departamento y se habían encargado de la defensa de varios de los testaferros que dejó el jefe paramilitar Jorge 40, sino que prefirieron crear una estructura armada propia. La respuesta es que estos sectores sienten desconfianza de los Urabeños, ya que ven con recelo la intención de retaliación de algunos Urabeños contra el gobierno nacional. Además, de haber contratado a los Urabeños, habrían quedado en medio de su guerra con Los Rastrojos y cada vez sería más grande el aporte de dinero a dicha estructura.

La última reunión se produjo el 4 de febrero de 2012 en una residencia cercana a Valledupar y acudieron personas de La Guajira y Magdalena, así como algunos pocos miembros de la región de los Montes de María, particularmente de San Onofre.

De forma simultánea, este tipo de estructuras sicariales nacieron en Urabá, el sur de Córdoba y el Magdalena Medio. A esta violencia selectiva se sumó la que en ese momento muchos denominaban guerra jurídica, según la cual empresarios y latifundistas contratan cuatro o cinco abogados, en contraste con las víctimas, que no tienen para un pasaje en transporte público.

A esta guerra jurídica se añadió la guerra organizativa, que en general tiene tres aspectos. Por un lado, bajo la premisa de que el Gobierno dialoga directamente con la víctima y no busca intermediarios, decenas de organizaciones sociales se vieron obligadas a cerrar debido a la falta de recursos financieros porque muchas de ellas asistían jurídicamente a las víctimas, realizaban talleres de inducción y socialización de normatividad, y en general eran un apoyo para la visibilidad de las víctimas.

Por otro lado, aunque las organizaciones sociales que existieron y existen agrupaban una buena cantidad de víctimas, en realidad la mayoría de estas no estaban adscritas a organizaciones sociales, y en muchos casos no se sabe dónde están. A pesar de esta realidad, son inexistentes las campañas realizadas para buscarlas o para que se asocien.

Por último, en varias regiones del país, pero sobre todo en los Montes de María, hubo casos en los que empresarios agrarios comenzaron a dividir el movimiento social mediante la cooptación de los líderes, a quienes les ofrecen empleos o los sobornan para que controlen a las comunidades. Por esa razón los conflictos dentro de esos grupos humanos se han multiplicado.

Por si fuera poco, a estos conflictos internos se han sumado choques generacionales donde las disputas familiares y vecinales son comunes por el retorno a los predios y la reparación. En fin, para 2012, el informe de Somos Defensores sentenció que en promedio cada cinco días fue asesinado un defensor y cada veinte horas fue agredido uno (Programa Somos Defensores, 2013).

Para 2013, las cifras de victimización aumentaron. "El Programa Somos Defensores registra un incremento del 2,4 % en las agresiones individuales contra defensores(as) en 2013 en relación con 2012. Entre enero y diciembre de 2013, el Sistema de Información reportó 366 defensores agredidos; en 2012, en el mismo período, son 357 los casos" (Programa Somos Defensores, 2014).

Entre estas victimizaciones hubo 78 asesinatos y su intensidad se muestra en el mapa de la siguiente página.

Sobre el tipo de líder asesinado en 2013 señala que "por tercer año consecutivo los defensores y líderes adscritos o pertenecientes a JAC son de los más golpeados, junto con los líderes indígenas. Los líderes campesinos aparecen también en 2013 con alto número de homicidios; estos últimos en 2012 tan solo reportaron tres casos y pasaron a quince casos en 2013" (Programa Somos Defensores, 2014).

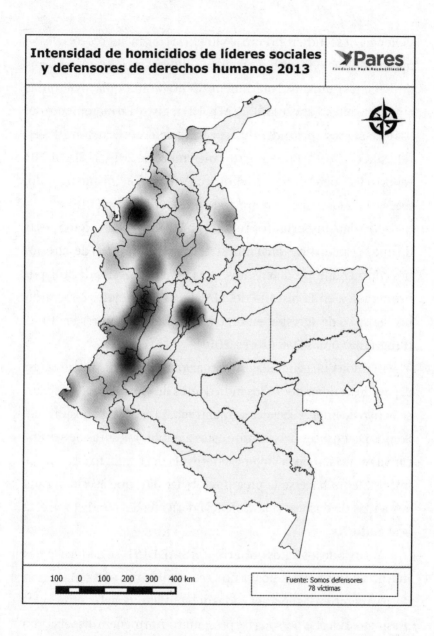

Intensidad de homicidios de líderes sociales y defensores de derechos humanos 2013

100   0   100   200   300   400 km

Fuente: Somos defensores
78 víctimas

Para 2014, los homicidios de líderes bajaron a 55 casos. Para 2015, el proceso de paz era irreversible y se suscitaron varios ceses unilaterales de las Farc. Producto de ello todos los indicadores de violencia descendieron. Pero la violencia contra líderes sociales se mantuvo estable. Fueron asesinados 63 líderes sociales y defensores de derechos humanos. Nuevamente Cauca y Antioquia tuvieron las cifras más altas. Para 2015 "El SIADDHH registró un incremento del 9 % en las agresiones individuales contra defensores(as) en 2015 en relación con 2014. Entre enero y diciembre de 2014, el SIADDHH reportó 626 defensores agredidos; en 2015, en el mismo período, fueron 682 los casos" (Programa Somos Defensores, 2016).

Otro dato importante a resaltar en 2015 es "señalar que a pesar de que la estadística anual muestre un mayor número de agresiones contra hombres defensores, en el tercer trimestre de 2015 por primera vez en la historia del SIADDHH las mujeres superaron los registros de agresión en un trimestre a los hombres en 30 %" (Programa Somos Defensores, 2016).

La duda que generaba esta situación era por qué mientras en el país descendían todos los indicadores de violencia, el asesinato selectivo de líderes sociales se mantenía. La respuesta no era fácil. Somos Defensores decía: "Ante estas alentadoras cifras de significativa reducción en la violencia derivada del conflicto armado, es imposible no hacerse la pregunta obvia: ¿Por qué asesinan cada vez a más defensores si la violencia derivada del conflicto se está acabando?"

A partir de los datos que arroja el SIADDHH "se deduce que la mayoría de los homicidios ya no se concentran en una zona región del país como en las épocas álgidas del conflicto; por el contrario, los asesinatos de estas personas se presentaron de manera dispersa y en casi todos los departamentos; de igual manera y preliminarmente se puede deducir que estas muertes no se derivan directamente del conflicto armado 'convencional' y, por el contrario, son producto de nuevas violencias que aún están por estudiarse" (Programa Somos Defensores, 2016, pág. 27).

Dos cosas del informe de 2015 son importantes en este punto. Por un lado, la dispersión de esta violencia. No se trataba sólo de violencia en zonas de conflicto o las que más tarde serían zonas de posconflicto. Este panorama cuestionaba aquella teoría de que se trataba de un reacomodamiento criminal en las zonas que eran de las Farc. Ahora bien, respecto de los móviles de los hechos, se concluía: "Al referirnos al lugar donde se cometieron estos crímenes, la mayor proporción corresponde a la vivienda o a los alrededores de la vivienda del defensor(a) (26 casos); esto indica la premeditación y el seguimiento que precede al homicidio de los defensores(as) en Colombia ya que sólo producto de estas acciones es posible dar con las rutinas, caminos transitados y hogares de los defensores para asesinarlos. Por otra parte, es importante ver en detalle, en comparación con 2014, que aumentaron los casos en que los defensores fueron asesinados en espacios públicos mediante la modalidad de sicariato; preocupa este incremento de asesinatos en vías o sitios públicos, pues denota la ausencia de la Policía Nacional y otras instituciones responsables de proteger a la ciudadanía" (Programa Somos Defensores, 2016, pág. 28). Estos datos desechaban aquella teoría de que los crímenes eran motivados por tomatas de licor, infidelidades o asuntos pasionales.

En 2016, la situación fue la misma: descenso de indicadores de violencia general y aumento de la violencia contra líderes sociales. "Muy a pesar de que durante el año 2016 han surgido de manera paralela distintas cifras acerca del número de defensores asesinados, lo cierto es que el porcentaje de estas muertes se incrementó de manera significativa frente a los asesinatos de años anteriores y también a pesar del descenso histórico de homicidios y acciones violentas producto del cese al fuego entre las FARC y el gobierno de Colombia" (Programa Somos Defensores, 2016).

El siguiente mapa muestra la concentración de los homicidios para 2016. En total 125 líderes sociales fueron asesinados, pero sólo en ochenta se logró recopilar el perfil del líder.

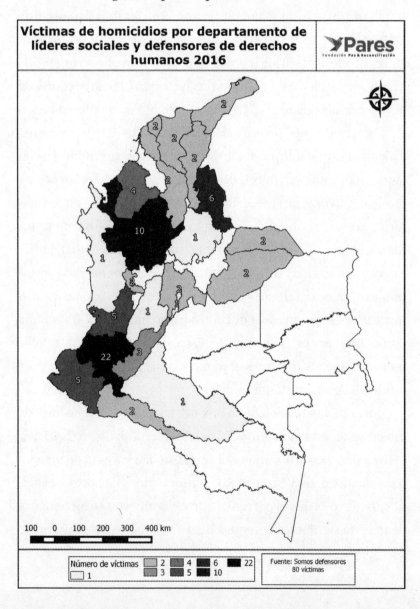

Víctimas de homicidios por departamento de líderes sociales y defensores de derechos humanos 2016

Fuente: Somos defensores
80 víctimas

A continuación se ve la intensidad para 2016. Nótese cómo Cauca, Valle del Cauca, Antioquia y Córdoba tuvieron la mayor intensidad de estos homicidios.

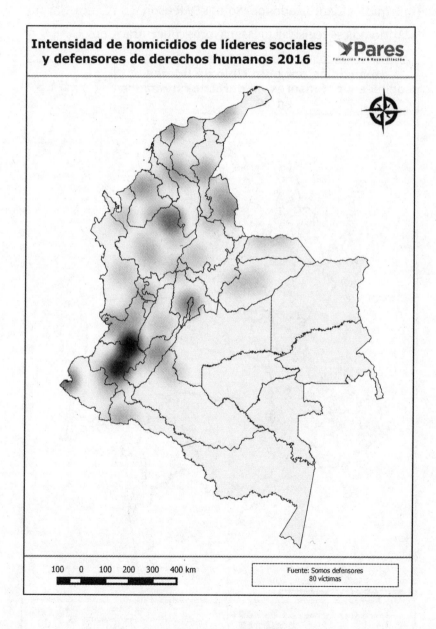

En el mismo 2016, la Defensoría comenzó a seguir de cerca las victimizaciones a líderes sociales. El siguiente mapa muestra los homicidios y según esa entidad hubo 133 homicidios, bastante más que los identificados por Somos Defensores. En Cauca, Nariño y Antioquia se registraron las mayores concentraciones.

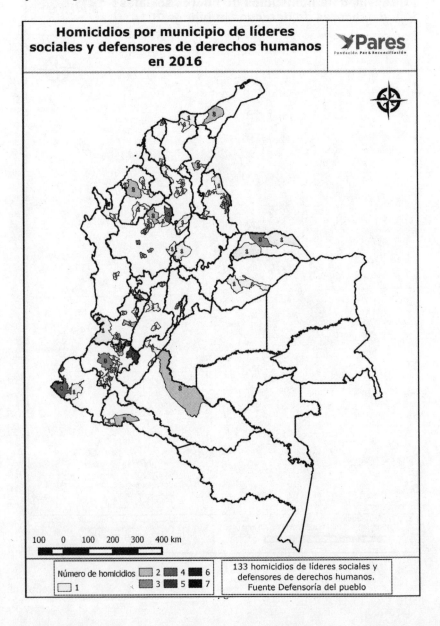

Homicidios por municipio de líderes sociales y defensores de derechos humanos en 2016

100   0   100   200   300   400 km

Número de homicidios   2   4   6
1   3   5   7

133 homicidios de líderes sociales y defensores de derechos humanos. Fuente Defensoría del pueblo

Cuatro cosas llamaron la atención de 2016. Por un lado, uno de los movimientos sociales y políticos más victimizados ese año fue Marcha Patriótica, que tiene un amplio respaldo en comunidades rurales y campesinas y sus integrantes abogan por los derechos del campesinado. Es importante señalar que Marcha Patriótica ha reportado en sus informes y denuncias el asesinato no sólo de líderes sociales, sino también de miembros no directivos de JAC, campesinos pertenecientes a movimientos sociales sin roles directivos e igualmente el asesinato de hijos de líderes.

A pesar de no ser líderes o defensores, estas denuncias deben ser investigadas con el mismo rigor por parte de las autoridades y son un indicador de que la violencia sociopolítica en Colombia continúa con un peligroso vigor. De no detenerse esta ola de asesinatos, podríamos estar ad portas de un nuevo genocidio, como ocurrió en la década de los 1980 con la UP.

El asunto de Marcha Patriótica es relevante porque se trataba del movimiento social más cercano a la entonces guerrilla de las Farc. Desde ese momento parecía que su reincorporación no sería fácil y tampoco su aceptación en el mundo político.

No se debe olvidar, igualmente, que en 2016 se llevó a cabo el Plebiscito por la Paz y en los meses previos a las votaciones del 2 de octubre la violencia contra líderes sociales fue intensa. En agosto de 2016 se presentaron 32 agresiones contra líderes sociales, en octubre, 21, y en noviembre la cifra se elevó a 35 agresiones. Según el programa Somos Defensores, en 2016 hubo "Estigmatización y polarización: durante la campaña se hizo evidente cómo se elevaron al máximo las ideas y mensajes extremistas y estigmatizadores que generaron en la ciudadanía una polarización evidente reflejada incluso en los porcentajes finales de la votación (el NO ganó por sólo

53.000 votos). En este ejercicio de señalar y estigmatizar volvió a aparecer el mensaje de que los defensores de derechos humanos eran aliados de la guerrilla y que todo activista por la paz estaba en contra del Estado social de derecho y, por ende, era comunista. Otro de los conceptos que hicieron carrera en la campaña y que polarizaron aún más la elección fue el que con los acuerdos Colombia se convertiría al Castrochavismo. La idea de que Colombia pudiera sufrir las mismas crisis económicas que ha vivido Venezuela en los últimos años producto de los malos manejos de sus gobiernos de izquierda obligó a que los ciudadanos tuvieran que tomar un 'bando', profundizando las diferencias y alejándose precisamente del espíritu de los acuerdos: reconciliar nuestras diferencias" (Programa Somos Defensores, 2017, pág. 10).

En 2016 parecía que se imponía la estrategia de la estigmatización y el inicio del exterminio contra todo lo que fuera cercano a las Farc. En 2016 cada día fue agredido un líder social y los homicidios pasaron de 63 en 2015 a ochenta en 2016, o 125 sumando aquellos a los que no se les logró hacer perfil.

Lo tercero que llama la atención de lo ocurrido ese año es que las amenazas disminuyeron significativamente –539 a 317 casos–, mientras el resto de las agresiones se mantuvieron en los mismos niveles o descendieron ligeramente (Programa Somos Defensores, 2017, pág. 29). Este dato es importante, pues desde 2013 se habían disparado las amenazas con panfletos a nombre de diversos grupos, entre ellos Águilas Negras, Bloque Capital, Autodefensas Unidas de Colombia y luego otra serie de nombres de carácter regional. En 2016 el país vio reducir las amenazas y aumentar los homicidios, pero desde el siguiente año ambos aumentarían vertiginosamente.

También, como cuarto hecho importante, Somos Defensores encontró que "... al revisar el tipo de defensor(a) asesinado(a) es alarmante el incremento de homicidios de líderes comunales (cargos directivos de JAC, o JAL), que pasaron de seis casos en 2015 a veinte en 2016, al igual que los líderes campesinos, que pasaron de cuatro casos en 2015 a trece en 2016 y junto con ellos los líderes comunitarios, que también saltaron de seis casos a diez en el año anterior; denotar también que los crímenes contra líderes campesinos se presentaron mayoritariamente en zonas de alta presencia de las fuerzas militares y guerrillas. Los líderes indígenas siguen estando en la cabeza de la lista este año y mantienen, infortunadamente, los mismos índices de homicidio, con quince casos en 2016" (Programa Somos Defensores, 2017).

Así las cosas, parecía que en las zonas de conflicto la violencia se ensañaba contra cualquier organización social, particularmente las de base. Las JAC en las zonas de conflicto fueron las principales articuladoras de la resistencia social. Además, se convirtieron en las administradoras de las zonas que iban dejando las Farc, donde eran la autoridad desde hacía varios años.

En departamentos como Caquetá, Guaviare y Putumayo, las JAC eran un pilar fundamental de la administración de justicia. Por ejemplo, regulaban los horarios de toma de licor, resolvían riñas familiares o problemas de deudas, e incluso ayudaban a resolver problemas de linderos (Ávila & Londoño, Seguridad y Justicia en Tiempos de Paz, 2017). En alrededor de 281 municipios del país la labor de las JAC era compartida con las Farc. De hecho, en muchas zonas había tensiones entre ellas.

Cuando el proceso de paz fue avanzando, las Farc comenzaron a delegar sus funciones de administración de justicia en las JAC, cuyo papel empezó a abarcar más y más. Por ende, frente a este tipo de organización social comenzó a crecer la incomodidad de otros grupos armados ilegales, mineros ilegales, narcotraficantes y políticos.

Por último, en 2016 quedó claro que el móvil de los hechos en la mayoría de los casos fue planeado, hubo seguimientos y lo hicieron sicarios. Ese año quedó claro que los asesinos materiales eran sicarios, mercenarios a sueldo, contratados por diferentes actores legales e ilegales. El informe de Somos Defensores al respecto dice: "Es preocupante que más del 90 % de los crímenes son perpetrados por sicarios que se movilizan en vehículos y motocicletas que interceptan al defensor(a) y le causan la muerte con armas de fuego; en cuatro casos se pudo conocer de manera preliminar que fueron usadas armas largas" (Programa Somos Defensores, 2017, pág. 42). Nuevamente la teoría de que los homicidios ocurrían en tomatas de trago y derivados de los malos manejos de las pasiones humanas era la causante de esta masacre quedaba por el suelo. Había mucha planeación.

Lo que sí se puede decir es que "... hay varios casos en los que estos líderes fueron asesinados durante sus actividades laborales que muchas veces no corresponde al ejercicio de defensa de los derechos humanos; esta situación merece un análisis particular. Los defensores y defensoras de derechos humanos, en su gran mayoría no perciben un reconocimiento económico por sus labores de liderazgo y por ello deben emplearse de diversas formas para mantener a sus familias; ante esta situación, en ocho casos el líder fue asesinado mientras trabajaba. Otra situación particular es que los líderes están siendo asesinados mientras se dedican a sus actividades familiares, como recoger a sus hijos de la escuela o mientras departen con sus familias. Por otra parte, en al menos tres casos los defensores fueron asesinados cuando salían o se dirigían a reuniones relacionadas con su actividad de liderazgo" (Programa Somos Defensores, 2017).

En muchos casos fueron asesinados cuando salían de sus casas o de las casas de familiares, lo que confirma la teoría de la existencia de seguimientos e inteligencia previos al atentado o asesinato. Finalmente, 2016 cerró con el inicio de la concentración de las Farc y el balance de que cada cuatro días un líder social fue asesinado.

Los datos desagregados de la Defensoría del Pueblo, igualmente, coinciden en mostrar que los meses previos al plebiscito fueron particularmente violentos. Nótese en la siguiente gráfica los meses de agosto y septiembre.

Número de homicidios de líderes sociales y defensores de derechos humanos por mes en 2016

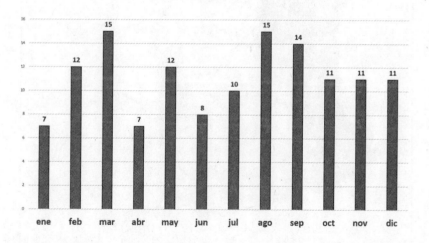

Para 2017, la situación siguió en aumento: fueron asesinados 108 líderes y por primera vez se rompía la barrera de cien por año. De los 108 casos, en 106 fue posible recoger el perfil del asesinado.

El siguiente mapa muestra la concentración de los homicidios a líderes sociales. Dos cosas son importantes: la coincidencia de la concentración de los homicidios con las zonas de posconflicto con las zonas de economías ilegales, y que la parte central del país no tuvo homicidios.

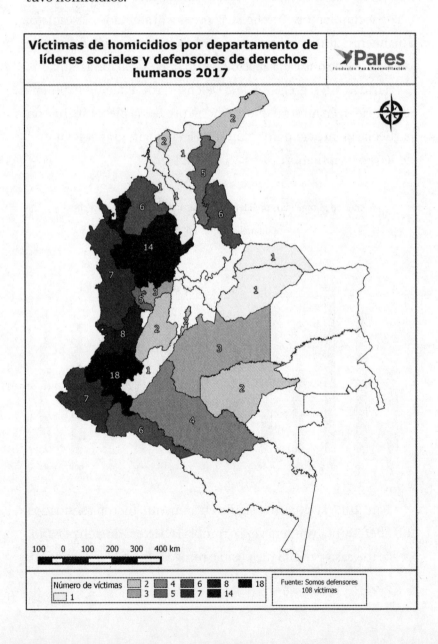

Víctimas de homicidios por departamento de líderes sociales y defensores de derechos humanos 2017

Número de víctimas

Fuente: Somos defensores
108 víctimas

Al revisar la intensidad de los homicidios, el resultado que muestra el mapa es el siguiente:

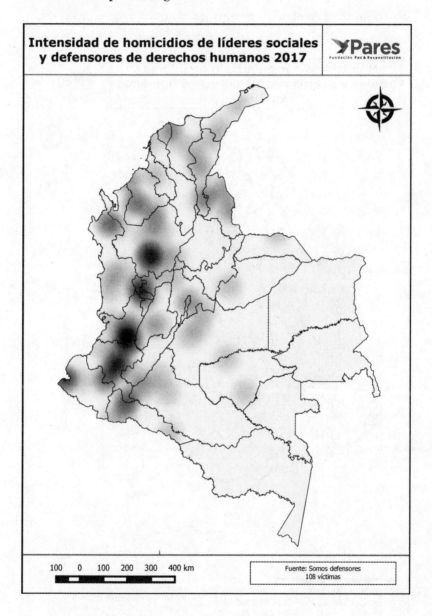

Para la Defensoría del Pueblo, los datos son los siguientes: 126 homicidios, con una concentración alta sobre el Pacífico colombiano, como se ve en el mapa a continuación.

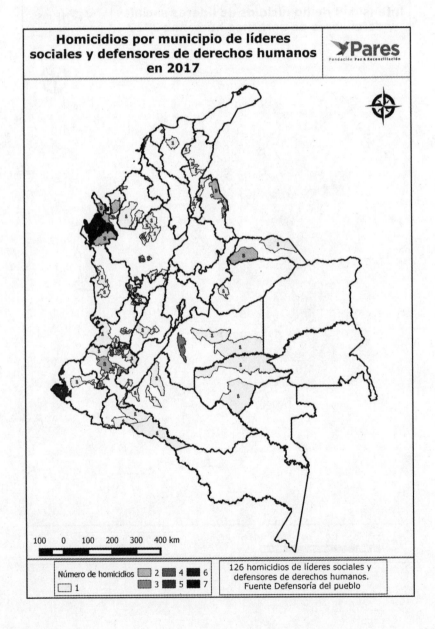

Homicidios por municipio de líderes sociales y defensores de derechos humanos en 2017

Número de homicidios

126 homicidios de líderes sociales y defensores de derechos humanos.
Fuente Defensoría del pueblo

Durante 2017 ocurrieron cinco hechos que marcaron la dinámica de la victimización de líderes sociales. Por un lado, como se verá en el capítulo 3, se pusieron en marcha diferentes mecanismos de protección especial para los líderes sociales. Varios de dichos programas derivaron del Acuerdo de paz y se hicieron con algunas recomendaciones de las organizaciones sociales. Sin embargo, su efecto no fue el esperado.

Lo segundo que ocurrió es que el debate político se hizo intenso y sobre todo el de las Circunscripciones Especiales de Paz. La historia es la siguiente: El Acuerdo de paz estipuló que las zonas más afectadas por el conflicto debían tener una representación especial y transitoria que les permitiera mejorar la asimetría de la representación política y la distribución de recursos. El mejor ejemplo de esto es que Bogotá tiene 18 representantes a la Cámara y Putumayo dos. Nueve departamentos concentran más del 50 % de la representación política del país.

Dicha asimetría causa que la mayoría de los recursos se vayan a las zonas más pobladas y por ende las zonas más afectadas por el conflicto quedan en una especie de *apartheid* territorial. Los partidos de oposición en ese momento, liderados por el Centro Democrático, comenzaron una campaña según la cual esas curules eran para las Farc, pero se les iban a entregar de forma camuflada. De ahí se pasó a una idea de entregarles esa representación a las víctimas. Nuevamente la clase política se opuso. Sobre todo, los políticos tradicionales.

En la vida real no eran curules para las Farc. Lo que iba a pasar, de haber sido aprobado, es que una serie de liderazgos rurales tendrían la oportunidad de llegar al Congreso, lo que significaría más competencia para los políticos tradicionales. Así, los presidentes de

JAC y concejales de sectores rurales se convirtieron rápidamente en blanco de los ataques.

Obviamente la oposición de la clase política al proyecto de ampliar la representación política no se hizo mostrando su aversión a la competencia electoral. Por el contrario, primó la estigmatización, acusando de que todo sería para las Farc. La idea de fondo era que los líderes sociales de esas zonas eran militantes de la antigua guerrilla y que no se habían desmovilizado. "Esta estigmatización a las víctimas y sus potenciales representantes en las circunscripciones especiales (que seguramente serían líderes sociales de las regiones más afectadas por el conflicto) se hundió en el Senado por un solo voto, en medio de una votación plagada de ausentismo de casi una tercera parte del Senado. Una vez más la estigmatización sesgó la postura de los tomadores de decisión del país y condenó a perder una oportunidad única de darles voz a las víctimas y sus líderes en esa Corporación" (Programa Somos Defensores, 2018).

Lo tercero que pasó en 2017 es que se puso en marcha una serie de programas que buscaban limitar las economías ilegales, particularmente la del narcotráfico. El posconflicto colombiano era atípico, pues se iba a desarrollar en medio de economías de guerra o ilegales. El posconflicto en muchas zonas podía ser muy violento.

Previendo esto, se puso en marcha el Plan Nacional Integral de Sustitución (PNIS), que promovía la sustitución voluntaria de los cultivos de hoja de coca. La erradicación forzosa era complicada, pues la resiembra era superior al 60 %, mientras que con la sustitución voluntaria la resiembra era muy inferior (Fundación Paz y Reconciliación , 2017).

Obviamente, muchos líderes sociales y comunidades enteras vieron en este programa la posibilidad de salir del círculo violento de las economías ilegales (Ávila & Valencia, Los Retos del Postconflicto, 2016). A nadie le gusta que lo persigan toda su vida. La población siembra coca porque le toca y no por gusto. En todo caso, en medio de los miles de familias que siembran coca para sobrevivir, hay narcotraficantes que tienen cultivos industriales, es decir, superiores a diez hectáreas. Lo que hacen es parcelar esos cultivos, entregarlos a raspachines y aparentar que son pequeños cultivos.

Así las cosas, los líderes que promovían la sustitución voluntaria fueron calificados muy pronto como enemigos. No se debe olvidar, además, que en muchas zonas las Farc no operaban solas y por ende el copamiento criminal por parte de otras estructuras fue sustancialmente veloz. Esto trajo un aumento de la violencia en algunas regiones. De todos los lados disparaban. Lo cierto es que durante estos años los dirigentes comunales y miembros de JAC fueron los más victimizados.

Durante ese año, entonces, se hicieron famosos dos tipos de análisis. El primero daba a entender que grupos criminales asesinaban líderes sociales en zonas de economías ilegales, pero que en el fondo no había un asunto de membresía política. Es decir, era totalmente normal que eso pasara pues estábamos en posconflicto. Igualmente se hizo popular el análisis del entonces ministro de Defensa, Luis Carlos Villegas: "Corro el riesgo de generar muchísimos comentarios por lo que me va a oír decir... ha habido casos del ELN y ha habido casos de las Farc, esos los dejo aparte, lo demás ha sido, en su inmensa mayoría, fruto de un tema de linderos, de un tema de faldas, de un tema de reivindicación, de un tema de rentas ilícitas... uno de cada dos casos tiene hoy una explicación judicial, no hay detrás una organización que diga 'estaba asesinando líderes'. Esto no es que de pronto apareció el asesinato de líderes, lo que pasó fue que apareció la medición de ese fenómeno. Yo sería el primero en denunciar la sistematicidad si tuviera información de que hay una organización, una persona, una instancia dedicada a asesinar líderes sociales en Colombia".

En cuarto lugar, durante 2017 arrancaron las campañas presidencial y al Congreso. Las elecciones nacionales de 2018 serían las primeras en paz y posconflicto. Pero también, las primeras elecciones en las que participaban las Farc. Además, luego de la victoria del No, la oposición o el uribismo se veían como fuertes ganadores de las presidenciales de 2018. Lo cierto es que la campaña comenzó muy temprano.

La estrategia de la estigmatización y de una "supuesta entrega del país a las Farc" se hizo popular en todo Colombia. El informe de Somos Defensores manifestaba: "Esta campaña política, al cierre del presente informe, ya registraba varias acciones violentas contra sus miembros y candidatos; los esquemas de seguridad del candidato de la Farc, Rodrigo Londoño, no dan abasto para contener a las personas que intentan agredirlo en las calles y se llegó al punto crítico de suspender la campaña política por falta de garantías de seguridad. Esta situación hace aún más compleja la estigmatización contra líderes sociales y defensores de derechos humanos en Colombia que trabajan por la implementación de los acuerdos de paz y que sin pertenecer al partido Farc siguen siendo blanco de una conexión inexistente que aún ronda la cabeza de los colombianos(as): Defensores de derechos humanos = Aliados Farc" (Programa Somos Defensores, 2018, pág. 48).

En el siguiente cuadro se ve el total de agresiones a líderes sociales, que aumentaron en amenazas y homicidios. En promedio cada día de 2017 fueron agredidos 1,5 líderes en Colombia.

Agresiones Individuales Según Tipo De Violencia

Tipo de agresiones individuales	Casos 2017	Casos 2016
Amenazas	370	317
Asesinatos	106	80
Atentados	50	49
Detenciones arbitrarias	23	17
Desapariciones	0	2
Uso arbitrario del sistema penal	9	9
Hurto de información	2	6
Violencia sexual	0	1
Total, agresiones individuales	560	481

El quinto fenómeno que ocurrió es el aumento de la violencia contra lideresas. El año 2017 tuvo no sólo un aumento de la violencia contra las mujeres, sino también de la violencia con sevicia. El informe de Somos Defensores decía lo siguiente: "Con mucha preocupación y dolor, anotar el aumento de casos de asesinatos de mujeres defensoras (16), pero además la extrema violencia usada en cuatro de estos casos, con actos de tortura, violencia sexual y sevicia. Nos referimos a los casos de Emilsen Manyoma, Valle del Cauca; Edenis Barrera Benavides, Casanare; Idaly Castillo Narváez, Cauca, y Juana Bautista Almazo Uriana, La Guajira. No se tiene información sobre el avance en las investigaciones de éstos y si fueron declarados feminicidios o no por las autoridades".

En cuanto al tipo de líder asesinado se destaca: "...de estos liderazgos (comunales, campesinos, comunitarios, indígenas y afro), que suman 83 casos, es decir, el 78 % del total, el 91 % ocurrieron en zona rural y aproximadamente el 51 % de ellos tenía trabajo en alguno de los puntos de los Acuerdos de La Habana (Desarrollo Rural, Garantías para el ejercicio de la política, Fin del Conflicto, Narcotráfico, Derechos de las víctimas). Si bien son las autoridades las encargadas de develar las causas, se identifica que 43 defensores asesinados en 2017 tenían algún vínculo con temas abordados en los Acuerdos y fueron asesinados en zonas rurales y en departamentos con alta conflictividad armada como Antioquia, Cauca, Valle, Córdoba, Chocó y Norte de Santander, entre otros. Como dato extra podemos señalar que al menos cinco de los líderes asesinados tenían una relación directa con los procesos de sustitución de cultivos de uso ilícito" (Programa Somos Defensores, 2018, pág. 81).

La siguiente gráfica muestra los homicidios de líderes sociales en 2017 discriminados por mes, según la Defensoría del Pueblo. Nótese que el comienzo del año fue particularmente violento porque en ese momento se producía la concentración de las Farc y el proceso era ya irreversible.

Número de homicidios de líderes sociales y defensores de derechos humanos por mes en 2017

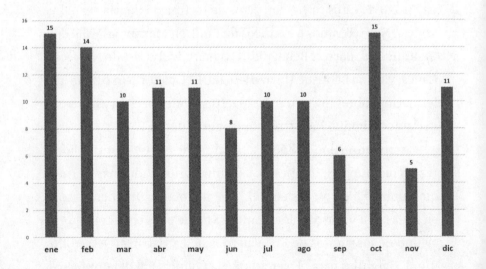

Bases de datos de la Defensoría del Pueblo. 2017.

Efectivamente, durante ese año fueron asesinados 191 líderes sociales, de los cuales en 155 se logró hacer el perfil. De esos, 155, 82 fueron asesinados durante el segundo semestre. A continuación, se muestra la concentración de los homicidios.

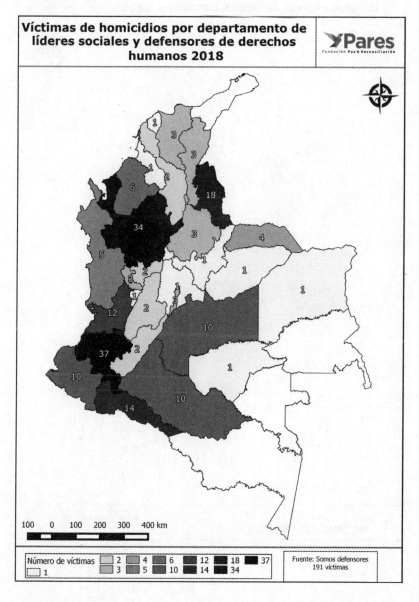

Víctimas de homicidios por departamento de líderes sociales y defensores de derechos humanos 2018

Número de víctimas

Fuente: Somos defensores
191 víctimas

El siguiente mapa muestra la intensidad de los homicidios para 2018.

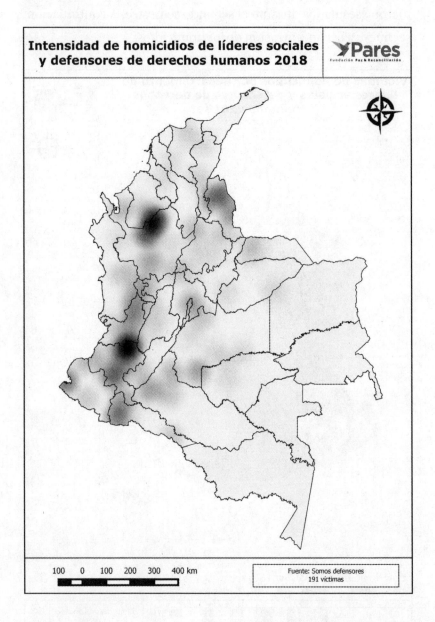

Para la Defensoría del Pueblo, en 2018 fueron asesinados 178 líderes sociales. A continuación se muestra la concentración de dichos homicidios. Nótese en este caso Tumaco, la región del Nudo de Paramillo en Antioquia y el departamento de Caquetá.

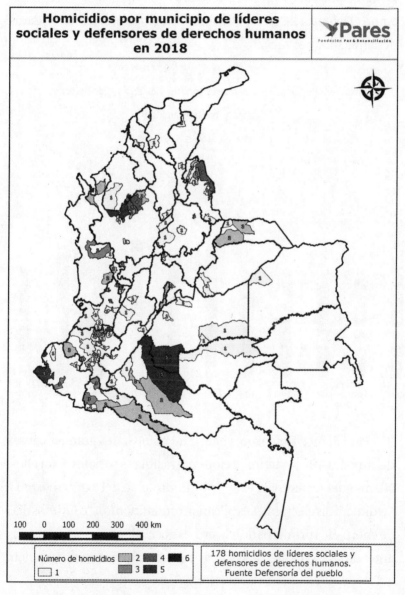

Homicidios por municipio de líderes sociales y defensores de derechos humanos en 2018

100 0 100 200 300 400 km

Número de homicidios   1   2   3   4   5   6

178 homicidios de líderes sociales y defensores de derechos humanos.
Fuente Defensoría del pueblo

La conclusión de 2018 era más que dramática: "Nunca antes el SIADDHH había registrado unas cifras de agresiones tan altas como las que ocurrieron durante 2018, con 805 casos de violencia entre los que aparecen 155 asesinatos, lo que significa un incremento en las agresiones del 43,75 % en relación con el año 2017" (Programa Somos Defensores, 2019). A continuación, se muestran los datos desagregados por mes.

Número de homicidios de líderes sociales y defensores de derechos humanos por mes en 2018

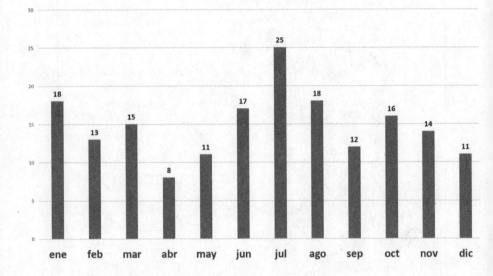

Para Somos Defensores habría, al menos, tres grandes causas del aumento de la victimización contra líderes sociales. Para ellos, además del Acuerdo de Paz, la profundización del extractivismo y las dinámicas electorales explicarían este aumento. Los últimos días de enero y los primeros de febrero, es decir, algunas pocas semanas antes de las elecciones legislativas, fueron muy violentos. También, el mes de mayo, previo a la primera vuelta presidencial, y los meses de junio y julio, durante la segunda vuelta presidencial y posterior a la victoria de Iván Duque, los índices de violencia fueron bastante altos. Nótese lo mismo en los Datos de la Defensoría del Pueblo.

Para el año 2018, seis hechos marcaron la victimización a líderes sociales. En primer lugar, ni el gobierno Santos ni el gobierno Duque lograron crear un mecanismo de copamiento territorial de las zonas que les pertenecían a las Farc. Como se vio al principio del capítulo, hubo zonas donde las Farc salieron y nadie llegó durante 18 meses, ni Estado, ni criminales, pero desde inicios de 2018 esas zonas comenzaron a ser copadas.

En total son 281 municipios priorizados para el posconflicto, según la Fundación Paz y Reconciliación. De esos, en cerca de 150 el posconflicto ha logrado consolidar un ambiente de seguridad, pero en el resto de municipios y con diferentes intensidades están sumidos en una nueva ola de violencia, tal vez no política, pero sí criminal. De hecho, en 2018 la tendencia al descenso del homicidio se detuvo y el leve aumento de ese año, comparado con 2017, se dio particularmente en zonas de posconflicto. A continuación, los datos.

Homicidios municipios priorizados para el posconflicto 2016-2018

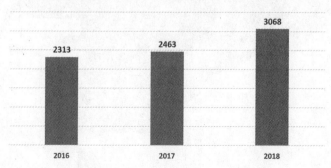

Base de datos del Instituto colombiano de Medicina Legal. Procesado por Pares. 2019.

Nótese en el siguiente mapa los municipios que presentaron aumentos de los homicidios entre 2017 y 2018. Resaltan la región del Nudo de Paramillo, la Costa Pacífica, la región del Catatumbo y el bajo Putumayo. En todas ellas hubo aumentos importantes de la tasa de homicidios.

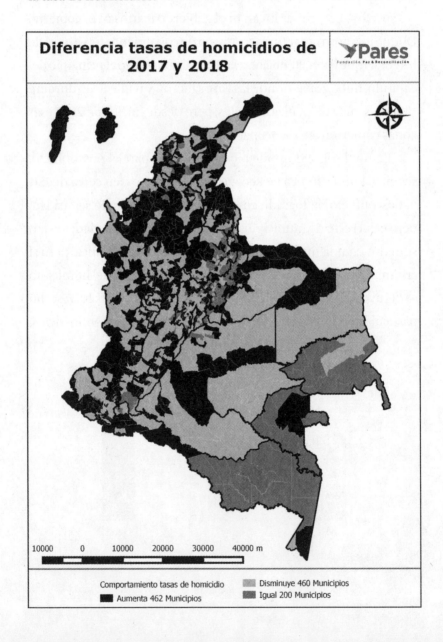

Como se dijo, el aumento de la violencia no fue homogéneo. Hubo zonas con crecimientos increíbles y otras que mostraban fluctuación que podían ser controladas por las autoridades. En el siguiente mapa, se discriminan mejor los datos anteriores. En 24 municipios el incremento en la tasa fue superior al 50 % entre ambos años.

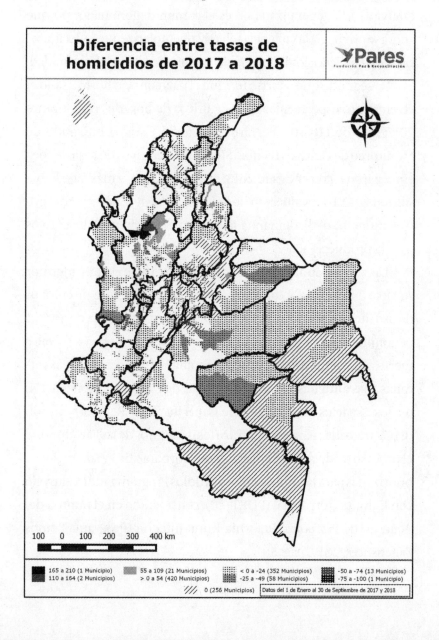

La configuración de estas guerras locales llevó a que cualquier liderazgo social fuera visto como potencial enemigo. En momentos de disputa territorial las organizaciones criminales y los grupos armados ilegales tienden a utilizar violencia generalizada para someter a la población y así ganar su lealtad. Sin embargo, en años recientes esta violencia generalizada no es el común denominador porque ahora se privilegia la violencia selectiva ejemplarizante, es decir, asesinar con sevicia a los líderes sociales para someter a la comunidad.

Lo segundo que ocurrió fue que el país conoció horrorizado el crecimiento espectacular de los cultivos de hoja de coca durante 2017: más de 170.000 hectáreas, según el Sistema Integrado de Monitoreo de Cultivos Ilícitos (SIMCI). Los cultivos de hoja de coca empezaron a crecer desde 2013, cuando su punto más bajo había sido en 2012. La revaluación de dólar, la caída de los precios del oro y el aumento de la demanda jalonaron el precio y los incentivos para la producción.

Las zonas donde ocurren las agresiones a líderes coinciden por su alta complejidad y características: tienen presencia de cultivos de uso ilícito o son rutas del narcotráfico, hay presencia de grupos paramilitares, son zonas militarizadas, existen procesos sociales fuertes, hay actividades extractivas como la minería, son áreas cercanas a las antiguas Zonas Transitorias de Normalización (ZVTN) o a los Espacios Territoriales de Capacitación y Reincorporación (ETCR) (creadas para concentrar a los miembros de las Farc durante el proceso de dejación de armas y reincorporación) y son regiones priorizadas para la implementación de los Programas de Desarrollo con Enfoque Territorial (PDET-20), considerado en el punto 1 del Acuerdo de Paz sobre Reforma Rural Integral (Programa Somos Defensores, 2019, pág. 50).

El siguiente mapa muestra el comportamiento de los homicidios entre 2017 y 2018 en los municipios con siembra de hoja de coca. Nótese la región de la Costa Pacífica y el Bajo Cauca antioqueño. Igualmente, la siguiente gráfica muestra el comportamiento del homicidio al discriminar por tipo de municipios.

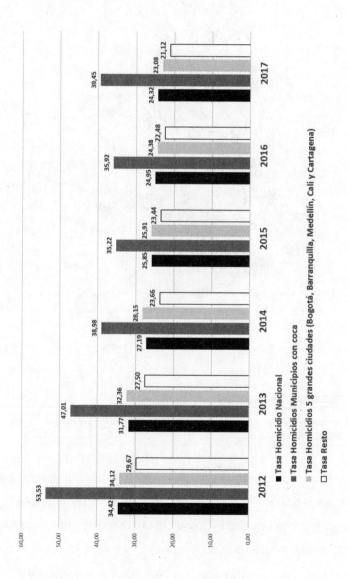

101

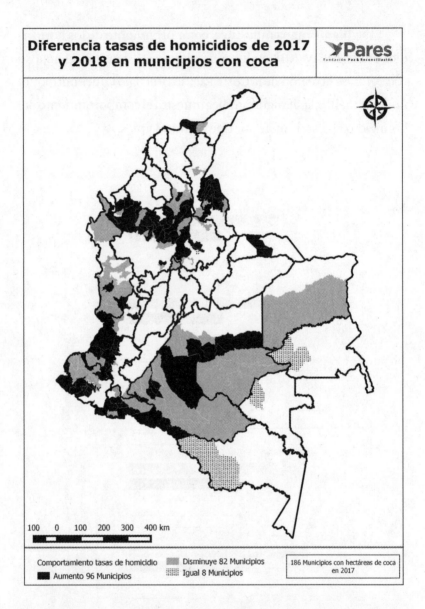

Diferencia tasas de homicidios de 2017 y 2018 en municipios con coca

Pares
Fundación Paz & Reconciliación

100   0   100   200   300   400 km

Comportamiento tasas de homicidio

■ Aumento 96 Municipios

▓ Disminuye 82 Municipios
▒ Igual 8 Municipios

186 Municipios con hectáreas de coca en 2017

Era claro entonces que ya en 2018 había una guerra intensa por las zonas que habían dejado las Farc, donde había una bonanza económica criminal y lo que estaba en disputa no era tanto el territorio como el mercado ilegal.

Lo tercero importante que sucedió fue una crisis institucional derivada de las responsabilidades. Si bien en el capítulo 3 veremos todo lo que ha hecho el Estado para detener este fenómeno, lo cierto es que en 2018, ante la magnitud del problema, quedó claro que a los entes territoriales, alcaldes y gobernadores no les importaba el tema. La discusión se daba en las grandes ciudades, pero en lo local, para muchos políticos, alcaldes y gobernadores los líderes eran unos vagos, vividores, que inventaban el riesgo para recibir seguridad.

El informe de Somos Defensores al respecto dijo: "Estas afirmaciones mediáticas contrastan con las del procurador general, Fernando Carrillo, quien dice: 'aquí ha habido casos de cooptación de los agentes del Estado por organizaciones criminales que están eliminando a los líderes sociales. Nuestro llamado es primero a los alcaldes y gobernadores a que asuman las responsabilidades en la defensa de la vida y la integridad de los líderes sociales, y en segundo lugar a la ciudadanía a que nos ayude investigar, a que denuncie si hay funcionarios del Estado en cualquier nivel territorial y agentes de la fuerza pública involucrados en los asesinatos de los líderes sociales'. Seguidamente, en la misma declaración, anotó: 'aquí hay despojadores que están asesinando a los líderes de tierras, hablar de otra sistematicidad es difícil, pero yo les podría decir que según el informe de la Procuraduría sí hay sistematicidad en el caso de los asesinatos de líderes de tierras'" (Programa Somos Defensores, 2019, pág. 69).

Todo indicaba que el cuello de botella se encontraba en lo local porque los líderes no denunciaban por miedo a que los criminales se enteraran más rápido que las entidades nacionales. Y si se quejaban nadie les creía y mucho menos obtenían alguna solución. El tema se complicó más para la institucionalidad luego de la Alerta Temprana 026 de 2018 de la Defensoría del Pueblo. Allí quedó claro el gran problema que tenía Colombia.

Se podría decir que la Alerta temprana es un "documento de mucha valía, no sólo por su poder de advertencia y alerta per se, sino por su contenido (71 páginas), donde hay un verdadero despliegue de contextos nacional, regional y local, que con un nivel de detalle en cada lugar, evidencia los actores amenazantes y, por ende, las posibilidades que tienen las autoridades nacionales y territoriales para luchar contra el crimen organizado. Pero también recoge y recuerda la cantidad de herramientas jurídicas, políticas y legales de las que dispone el Estado colombiano para prevenir ataques a los movimientos sociales y protegerlos. Hace análisis de cifras de agresiones a los activistas locales que preceden la Alerta, pero también se refiere a las dificultades que enfrentan las víctimas a la hora de buscar apoyo en las autoridades" (Programa Somos Defensores, 2019).

Por su parte, el informe de la Defensoría del Pueblo sobre las autoridades locales manifestaba: "(...) las autoridades municipales y departamentales respondieron muy parcialmente a los requerimientos efectuados por la Defensoría del Pueblo a partir de la emisión del Informe de Riesgo 010-17. Apenas cinco gobernadores y 16 alcaldías aportaron información sobre las acciones desplegadas en la materia" (Defensoría del Pueblo, 2017).

El cuarto hecho importante para ese año fue la visita de Michel Forts, relator especial de Naciones Unidas sobre situación de defensores y defensoras de derechos humanos. Fue importante porque se reconoció que entre las causales no había solamente problemas de consumo de licor o asuntos de infidelidad. Había zonas donde ser líder social era llevar un punto de tiro al blanco en la frente. Además, se logró comprobar que había zonas donde aun si los casos de homicidio eran bajos, los líderes vivían en zozobra permanente. En una declaración, el funcionario manifestó su preocupación por lo que ocurría en Colombia y señaló: "Si bien las cifras no son uniformes, las diferentes fuentes que recibí mostraron un aumento dramático de los asesinatos y ataques tras la aprobación del acuerdo hasta la fecha" y concluyó que Colombia no es un entorno seguro y propicio para desempeñar la labor de defensa de derechos humanos.

Acto seguido formuló un catálogo de recomendaciones dirigidas a distintos sectores gubernamentales y de la sociedad civil. Una de estas sugerencias apuntó a señalar que aunque Colombia es parte del Protocolo Facultativo de Convención sobre todas las formas de discriminación contra la mujer (OP CEDAW, por su sigla en inglés), no reconoce los artículos 8 y 9, fundamentales para establecer un proceso de rendición de cuentas en situaciones de grave violación (Programa Somos Defensores, 2019, pág. 80).

Lo quinto que sucedió es que en 2018, en promedio fueron agredidos 2,2 líderes por día. Según Somos Defensores, los meses con mayor número de casos fueron: julio, con 119 hechos; mayo, con 112; agosto, con 109, y junio, con 77. Acorde con este análisis, el trimestre julio-septiembre fue el período con más agresiones: 286 casos.

Por último, en 2018 hubo un aumento inusitado de agresiones contra lideresas. De 805 ataques registrados, 235 fueron cometidos contra mujeres. "En lo que tiene que ver con género, de los 805 casos de agresiones individuales que se registraron en 2018 desde el SIADDHH, el 29 % fueron contra mujeres y el 71 % contra hombres. Para este año la proporcionalidad de agresiones por género aumentó en relación con las agresiones de mujeres, dado que en 2017 fueron del 26 % en relación con el 74 % de los hombres. Esto es, para 2018, el porcentaje de agresiones contra las mujeres defensoras de derechos humanos aumentó en 64,3 % en relación con el año anterior" (Programa Somos Defensores, 2019, pág. 85).

El siguiente cuadro discrimina el género de la víctima asesinada. Nótese que las cifras más altas estuvieron en 2017 y 2018.

ASESINATOS DEFENSORES DD. HH.				
AÑO	HOMBRES	MUJERES	LGBTI	TOTAL
2010	25	7	0	32
2011	42	7	0	49
2012	63	6	0	69
2013	49	6	0	55
2014	67	11	0	78
2015	55	8	0	63
2016	71	9	0	80
2017	87	16	3	106
2018	140	14	2	155

* Fuente Informes Somos Defensores.

Con respecto a los tipos de liderazgo asesinados, los datos indican:

a. Líderes(as) comunales 63

b. Líderes(as) indígenas 24

c. Líderes(as) comunitarios 24

d. Líderes(as) campesinos 19

Líderes(as) sindical 7

Líderes(as) afrocolombianos 6

Líderes(as) de víctimas 3

Líderes(as) educativos 3

Líderes(as) restitución de tierras 3

Defensor(as) ambientales 2

Líderes(as) LGTBI 1

Total, defensores(as) asesinados(as): 155

En todo caso, no todo es producto de la reconfiguración criminal en las zonas de posconflicto. El informe de la Defensoría del Pueblo concluye: "Como también se indicó en el IR 010-17, la violencia contra los líderes y defensores de derechos humanos no es ejercida exclusivamente por grupos al margen de la ley. La confluencia de factores de violencia en el territorio y la instrumentalización que hacen otros agentes cuando encuentran amenazados sus intereses, configura un escenario de alto riesgo para la labor que adelantan las personas y organizaciones que agencian la defensa de los derechos humanos y la reivindicación de derechos económicos, sociales, culturales y ambientales. En particular, se han evidenciado situaciones que vinculan la participación de agentes privados que se considera defienden intereses económicos (tierra, actividades extractivas, agroindustria, etc.) de particulares o que en su defecto consideran amenazados sus intereses en los procesos de restitución de tierras, las protestas por la implementación de proyectos extractivos (hidrocarburos o minería) o denuncia de abusos contra comunidades y personas" (Defensoría del Pueblo, 2017).

En 2019 la situación no cambió, pero en algunas zonas se redujeron los homicidios. Sin embargo, a finales de año las cifras fueron tan altas, que en la sumatoria la reducción entre 2019 y 2018 fue baja. Durante el primer semestre de 2019 fueron asesinados 59 líderes sociales según Somos Defensores. Para final de año la cifra llegó a 119, aunque al cierre del libro aún se estaba en proceso de verificación. Tal vez el caso más nombrado fué el de la lideresa María del Pilar Hurtado, baleada delante de su hijo menor de edad. Lo criticable es que, a pesar de sus denuncias, nadie hizo nada.

Somos Defensores reconstruyó el perfil de la víctima: "María del Pilar era una mujer de 34 años de edad madre de cuatro hijos, quien ejercía liderazgo social en un asentamiento en el sector Los Robles, del barrio Nueve de Agosto en Tierralta, Córdoba. Llegó a este municipio en 2018 proveniente de Puerto Tejada, Cauca. En el asentamiento fue vocera de las familias ante los dueños de los terrenos y la Alcaldía, a la que propuso un acuerdo de reubicación. A raíz de este liderazgo, María del Pilar recibió amenazas de muerte por parte de supuestos paramilitares pertenecientes a las Autodefensas Gaitanistas de Colombia (AGC) a través de un panfleto. Días después de la amenaza, desconocidos que se movilizaban en una motocicleta abordaron a la lideresa frente a su vivienda y la agredieron con arma de fuego en presencia de uno de sus hijos, causándole la muerte" (Programa Somos Defensores, 2019).

Según los datos de la Defensoría del Pueblo, entre enero y 31 de diciembre, fueron asesinados 134 líderes sociales, cifra que muestra una disminución frente a 2018. En todo caso, la última semana de 2019 fue particularmente violenta.

Durante el primer semestre de 2019, tres hechos marcaron el devenir de la suerte de líderes sociales. Por un lado, la desestructuración de los planes adelantados para la protección de estos liderazgos. El Gobierno creó el Plan De Acción Oportuna (PAO), que en el mejor de los casos era un remedo de lo que debería ser una estrategia integral de protección. "Sólo como preámbulo se puede decir que el PAO aparece como una versión reducida y simplista de la Comisión Nacional de Garantías de Seguridad, creada en el anterior gobierno tras las firma del Acuerdo de Paz con las FARC (Decreto ley 154 de 2017), cuyo objetivo era formular y evaluar el Plan de Acción Permanente Contra Organizaciones Criminales (PAPCOC), con el fin de diseñar estrategias para combatir organizaciones criminales que pusieran en riesgo la paz y para proteger a líderes sociales y dirigentes políticos" (Programa Somos Defensores, 2019).

Lo segundo es que si bien los homicidios se redujeron, otros tipos de agresiones se dispararon. Por ejemplo, las amenazas. El siguiente cuadro compara el primer semestre de 2018 con 2019. Allí se ven los datos de mejor forma.

Tipo de agresiones individuales	Número de agresiones enero-junio 2018	Número de agresiones enero-junio 2019
Amenazas	272	477
Asesinatos	77	59
Atentados	23	27
Detenciones	4	22
Judicializaciones	11	0
Desapariciones	4	0
Robo de información	6	6
Total, agresiones individuales	397	591

El gobierno nacional ha dicho que dicha reducción se deriva de la efectividad de sus políticas. Sin embargo, lo que arroja la investigación realizada para escribir el presente texto es que dicha disminución no es necesariamente adjudicable a la política pública.

El análisis también permite pensar que el crimen de María del Pilar Hurtado provocó que los determinadores de varios asesinatos se contuvieran ante lo mediático del caso y de allí las 'alentadoras cifras' de ese período.

Una situación similar sucedió en 2011 con la muerte de Ana Fabricia Córdoba. "A Ana Fabricia Córdoba le tocaron todas las violencias: fue desterrada por la bipartidista, vio morir a su esposo por los paramilitares y a sus hijos en las calles de Medellín. Hasta que un hombre le disparó y segó también su vida" (Revista *Semana*, 2011).

En aquel momento ella era una de las caras más visibles de los reclamantes de tierra y verdad. Ante la aprobación de la Ley de víctimas, los despojadores comenzaron los asesinatos. Luego del homicidio de Ana Fabricia, el impacto mediático fue grande y varios de los despojadores se contuvieron para no atraer la atención de las autoridades.

La revista *Semana* hizo un perfil de esta lideresa social que vale la pena recordar:

"Desde cuando era niña conoció el desplazamiento. Sus padres no soportaron las muertes que la guerra entre liberales y conservadores había ocasionado en Tibú (Norte de Santander) y se fueron a Urabá. 'Allá alcanzamos a tener muchas tierras, porque eran terrenos baldíos y nosotros ocupamos algunos', recordaba Ana Fabricia en una entrevista en noviembre pasado. Pero la dicha no fue muy larga. El negocio del banano se hizo cada día más lucrativo, empezaron a llegar grandes empresarios por un lado y guerrillas por el otro. Cuando ella era joven surgió la Unión Patriótica, como brazo político de las Farc. 'Yo creo que en ese momento nació el caos para mi familia, porque un hermano mío se metió en ese partido y llegó a ser concejal de Apartadó'".

Tras el exterminio de la UP, la violencia continuó contra Ana Fabricia y su familia. En los 1990, fue por cuenta de los grupos paramilitares que aparecieron en Urabá. La violencia se arrimó a su casa en el año 2000, esta vez con la muerte de su primer esposo, con el que tuvo cinco hijos. "Me quedé en Urabá y visitaba de vez en cuando la finca que teníamos en Chiguadó. Uno no se va ahí mismo porque uno está apegado a su tierra, a sus vacas, a sus cultivos". Pero las amenazas no dejaron de llegar y ella, con el afán de sacar adelante a sus hijos, decidió irse a Medellín en 2001.

"Me asusté mucho cuando llegué porque vi una ciudad muy linda. Me parecía como el cielo. Me llamó la atención que la gente se mantenía muy aseada, diferente al campo, donde uno encuentra hombres barbados a toda hora y las manos se mantienen negras de trabajar la tierra. No sabía ni siquiera cuándo tenían que parar los carros en los semáforos y me tiraba cuando transitaban por ahí", relataba Ana Fabricia.

Su primera morada fue en la Comuna 13, donde consiguió un rancho prestado. Pero ese no era el mejor momento para vivir allí. Aún hacían presencia en esa zona milicianos de las Farc y el ELN, que seguían manejando territorios urbanos. Algunos de ellos hicieron que Ana Fabricia se desplazara de nuevo, esta vez a otro barrio de Medellín. Fue entonces cuando llegó a La Cruz, en la zona nororiental de Medellín. Dos sacerdotes le ayudaron a conseguir un nuevo rancho, donde se hospedó con sus pequeños hijos. "Al año, me conseguí marido paisa para que me ayudara a criar a mis hijos. Usted sabe que, en estas condiciones, uno piensa más en ellos que en uno", comentaba.

Donde Ana Fabricia llegaba se hacía notar. Así logró ser líder en su barrio y encabezó graves denuncias, varias de posible complacencia de la Policía con grupos ilegales. Eso le costó más de un susto. Una vez, llegaron unos hombres a su casa para hacerle un atentado del que logró sobrevivir. Pero su nuevo marido no, y ella volvió a quedarse sola con sus hijos. Más tarde, fue detenida, señalada de ser de las Farc y pasó dos meses en la cárcel del Buen Pastor. Cuando demostró su inocencia, salió libre y por ser madre cabeza de familia y desplazada, hizo las diligencias para que le dieran un subsidio de 17 millones de pesos con los que compró una casa. A la vez, llegó un nuevo esposo a su vida. Era un argentino. "Qué pena decirlo, pero era para criar a mis hijos", admitía cuando hablaba de él. Pero mientras ella trataba de resolver los líos de su soledad, aparecían más problemas, esta vez, por cuenta de la casa que compró. Recién llegó a vivir allí, le cortaron el agua. Y justo cuando estaban reinstalándole el servicio, fue atacada de nuevo. "Se armó un tiroteo y me tocó tirarme al suelo. Cuando me toqué la cara, la tenía con sangre", recordaba. No perdió la vida, pero sí a su esposo argentino, pues al poco tiempo se fue, huyéndole quizás a la violencia también.

Para aquel entonces, sus hijos ya iban entrando a la adolescencia. Uno de ellos, de 13 años, empezó a presentar comportamientos extraños. "Llegaba a la casa con bolsitas de leche o de arroz y yo no sabía de dónde las sacaba porque él no trabajaba. Decía que los parceros se las daban por hacer mandados. Yo le pegaba y no lo dejaba reunir con ellos", contaba Ana Fabricia. Pero no logró encarrilar la oveja a su rebaño y lo mataron.

Johnatan, el mayor, le ayudaba a llevar las riendas de la casa. Su madre defendía siempre que él trabajaba en las noches lavando carros. "Llegaba a la casa con los pies destrozados porque se le mojaban los zapatos. Yo me la pasaba curándoselos", contaba. A él lo mataron el 7 de julio de 2010, cuando tenía 19 años. Ese día estaba recuperándose de una gripa y a las 8 de la noche un vecino, llamado Julián Andrés, le pidió que lo acompañara por una encomienda de su madre. Los dos muchachos fueron hasta la terminal de buses del barrio La Cruz. Allí, según denunció Ana Fabricia, aparecieron dos agentes de la Policía, subieron a los dos muchachos a la patrulla número 301384 y se fueron. Veinte minutos antes de las 9 de la noche Johnatan llamó a Ana Fabricia. "Estaba asfixiado del susto y me decía que lo iban a matar". Al día siguiente, los dos jóvenes aparecieron muertos. Las autoridades aún no investigan el caso.

Ana Fabricia no quiso desplazarse, pues para aquel entonces ya sumaba diez éxodos. Se dedicó a denunciar la muerte de su hijo y a rechazar la guerra como integrante de la organización Líderes Adelante por un Tejido Humano de Paz (Latepaz) y de la Ruta Pacífica de las Mujeres. 'A mí me van a matar', dijo varias veces. Y así fue. El pasado 7 de junio recibió varios disparos mientras viajaba en un bus en el barrio La Cruz".

Un caso similar sucedió en 2007 con el asesinato de Yolanda Izquierdo, una líder reclamante de tierras. Los paramilitares al mando de Carlos Castaño la despojaron de su parcela y a otros centenares de campesinos. A ella la obligaron a escriturarle su terreno a Fidel castaño Gil en 1991, y desde esa fecha comenzó una batalla inédita.

Dos días antes de su asesinato, en enero de 2007, Yolanda buscó protección en la Fiscalía, pero nada hicieron. Fue baleada y culparon a una familiar de los Castaño. El impacto de este crimen fue tan grande, que el gobierno de entonces tuvo que rendirle cuentas a Estados Unidos. Así quedó expuesto en cables secretos de la embajada norteamericana. La presión fue tan grande, que por varios meses las agresiones se detuvieron. *Verdad Abierta* reconstruyó el perfil de Izquierdo:

"El asesinato de Yolanda Izquierdo, después de la desmovilización de las AUC, se volvió un símbolo de las dificultades de las víctimas para ser reparadas, así como una prueba del rearme paramilitar. En los 1990 el jefe paramilitar Fidel Castaño se robó las fincas de Yolanda Izquierdo y las de cientos de campesinos en Valencia, Córdoba. Cuando empezó el proceso de Justicia y Paz, Izquierdo representó a ochocientas familias víctimas de los 'paras', reclamó la verdad y la devolución de las tierras despojadas. Dos sicarios la asesinaron en su casa en Montería. Por el crimen fue condenada en ausencia a cuarenta años de cárcel Sor Teresa Gómez, cuñada de los hermanos Castaño y suegra de Jesús Ignacio Roldán, alias 'Monoleche'. Desde la desmovilización de los paramilitares, cientos de líderes de desplazados, de víctimas y campesinos que reclaman sus tierras han sido asesinadas" (*Verdad Abierta*, 1980).

Eso fue lo que pudo haber ocurrido en 2019: una contención de las agresiones debido a lo mediático del asesinato de María del Pilar Hurtado. Se debe aclarar, en todo caso, que esta inactividad no ocurrió de forma pactada. Como se verá en la siguiente sección, no existe una organización única detrás de los asesinatos, pero sí hay personas en la legalidad que contratan sicarios para asesinar líderes sociales. El otro fenómeno que explicaría la reducción del homicidio es la consolidación de actores criminales en varias regiones del país. Lo veremos en el capítulo 4.

El siguiente mapa muestra la concentración de los homicidios entre enero y octubre de 2019, según la Defensoría del Pueblo.

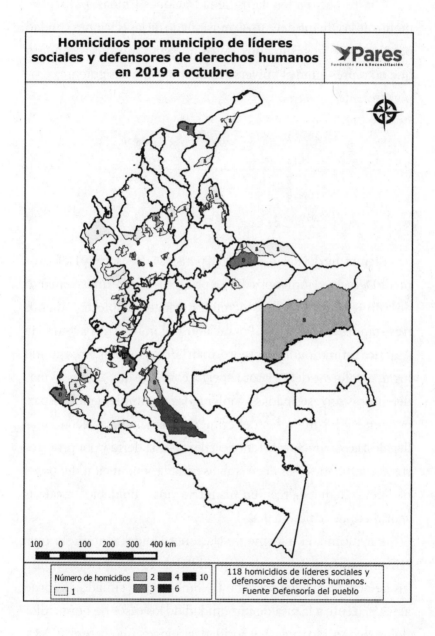

Homicidios por municipio de líderes sociales y defensores de derechos humanos en 2019 a octubre

100   0   100   200   300   400 km

Número de homicidios ☐ 2 ☐ 4 ☐ 10
☐ 1 ☐ 3 ☐ 6

118 homicidios de líderes sociales y defensores de derechos humanos. Fuente Defensoría del pueblo

Con respecto a los datos de la Naciones Unidas, particularmente de la Oficina del Alto Comisionado de las Naciones Unidad para los Derechos Humanos, datos que ellos mismos reconocen que no representan el universo total, muestran el siguiente comportamiento.

Año	Mujeres	Totales
2016	4	61
2017	14	96
2018	10	115
2019 junio	8	52

El informe del Relator Especial para los Defensores y Defensoras de Derechos Humanos salió los primeros días del mes de marzo de 2019. Se armó un debate increíble y se logró establecer al menos tres grandes conclusiones. Por un lado, Colombia es el país en toda América Latina donde más se asesinan líderes sociales. En segundo lugar, el informe del Relator Especial concluye que "Las personas defensoras son asesinadas y violentadas por implementar la paz, oponerse a los intereses del crimen organizado, las economías ilegales, la corrupción, la tenencia ilícita de la tierra y por proteger sus comunidades". Es decir, son asesinadas en función del papel de liderazgo que ejercen en sus territorios y no debido a causas sentimentales o pasionales.

Por último, el informe de Naciones Unidas manifiesta que: "Históricamente, la tasa de impunidad de los homicidios contra los defensores y defensoras en Colombia se ha situado en torno al 95 %, frente a la tasa de impunidad de los casos de homicidios dolosos conocidos por las autoridades, que se sitúa entre el 86,58 % y el 94,30 %. Desde 2016, la Fiscalía ha decidido priorizar la investigación de los asesinatos de defensores documentados por el ACNUDH, es decir, 302 casos. Esta cifra no representa el universo total de asesinatos ocurridos y excluye aquellos que sucedieron antes del Acuerdo de Paz. Según información de la Fiscalía, en agosto de 2019, de los 302 casos de asesinatos documentados por el ACNUDH desde 2016, 33 cuentan con sentencias firmes, 55 están en etapa de juicio, 45 en investigación (con imputación de cargos), 41 en indagación con orden de captura y tres han sido precluidos por muerte del indiciado. Estas cifras sitúan en el 11 % los casos esclarecidos, 45, frente al 89 % que todavía no tienen una determinación de culpabilidad, si bien en el 54 % de estos últimos se están dando avances en la investigación". Para Naciones Unidas es claro que una cosa es la sentencia judicial y otra, muy difusa, lo que se llama esclarecimiento.

LOS RESPONSABLES

¿Quién mata a los líderes sociales? Esa es la pregunta central. La respuesta no es fácil. Observemos algunos datos antes de entrar al análisis. Para los años 2010 y 2011, Somos Defensores registró los siguientes datos sobre los posibles responsables de los asesinatos.

Presunto responsable del asesinato	2010	2011
Paramilitares	5	13
FARC	7	5
Desconocidos	20	28
Fuerza pública	-	2

Nótese en el cuadro anterior que la proporción de desconocidos aumentó notablemente de un año a otro. Ahora bien, en lo que se refiere al total de victimizaciones para esos años, hay que decir que en 2011 se cometieron 239 agresiones a líderes sociales. La distribución porcentual fue así:

Presunto responsable	2010	2011
Paramilitares	46%	50%
FARC	7%	4%
Desconocidos	37%	29%
Fuerza pública	10%	17%

Al revisar los datos de 2017 y 2018 se encuentra la siguiente distribución de presuntos responsables.

Presunto responsable del asesinato	2018	2017
Desconocidos	111	86
Paramilitares	16	9
Fuerza pública	7	5
ELN	9	3
Disidencia FARC	12	1
Total	155	106

Los datos de los años 2015 y 2016 son importantes porque fueron los últimos años de las Farc; además, existía un diálogo de paz con el ELN. A pesar de estar en medio de un proceso de paz, las guerrillas fueron responsables de varios asesinatos. Igualmente, es muy alta la categoría de paramilitares, como lo analizaremos más adelante.

Presunto responsable del asesinato	2015	2016
Paramilitares	6	45
Guerrilla	2	3
Desconocidos	51	28
Fuerza pública	4	4
Total homicidios	63	80

De los cuadros anteriores surgen cuatro ejes de análisis interesantes. Por un lado, el número alto de victimizaciones con actor desconocido. Para 2018 fue de más del 70 %. Nótese además el incremento de esta categoría entre 2011 y 2018. Dicha situación se debe, en principio, a las formas de operar de quienes ejecutan estos crímenes, que son contratados tanto por agentes legales como por ilegales para cometerlos. Principalmente, son agentes que tienen influencia en los escenarios locales y cuentan con fuerzas privadas de seguridad o contratan sicarios para realizar este tipo actos contra quienes se interponen en el cumplimiento de sus intereses. Este modo de contratación es tan complejo, que en algunos casos ni siquiera los sicarios conocen quién da la orden con tal de evitar el reconocimiento y una posible individualización por la justicia.

Los conflictos armados en medio de economías ilegales van dejando lo que se podría denominar un ejército de reserva criminal. Se denominan guerras recicladas. Así las cosas, muchos ex paramilitares formaron pequeños grupos criminales que prestan servicios de seguridad privada. A eso se le denomina subcontratación criminal. Actores legales e ilegales contratan pequeños grupos de sicarios para que cometan el asesinato.

Por ello, muchas de estas estructuras locales se hacen llamar Águilas Negras. Además, decenas de panfletos, llamadas telefónicas y versiones de pobladores indican que hay una o varias estructuras que se hacen llamar Águilas Negras. Sin embargo, no hay un solo capturado, un campamento, ni siquiera una foto de un mando. Parecen fantasmas que van y vienen, de acuerdo con contextos sociales y políticos en varias regiones del país.

La Fundación Paz y Reconciliación hizo una investigación para determinar qué son las Águilas Negras. Para hacerlo se tuvieron en cuenta varios elementos. Por un lado, en al menos tres ocasiones en los últimos años aparecieron de forma coordinada panfletos amenazantes contra líderes sociales o funcionarios en diferentes departamentos del país. En una de esas ocasiones aparecieron el mismo día en 13 departamentos. Es decir, había ciertos grados de coordinación.

En segundo lugar, hay cinco grupos armados organizados que las instituciones del Estado tienen registrados: Clan del Golfo, Puntilleros, Pelusos o EPL, disidencias Farc y Oficina o Antigua Oficina de Envigado. Luego hay unos grupos regionales, como La Empresa, Los Pachenca y los Pachelly.

Pero no aparece registro de combates, capturas o algo similar que indique que en verdad hay un grupo que se llame Águilas Negras. Por último, el registro Águilas Negras fue rastreado desde 2006, cuando terminaba la desmovilización paramilitar. Incluso otros se hacían llamar Águilas Doradas, Águilas Blancas, entre otras.

Con esta información inició el proceso de investigación y en un documento que aún no es público se encontraron muchas conclusiones. Pero hay cuatro que son verdaderamente reveladoras:

1. Las Águilas Negras no existen como estructura criminal. No hubo ningún registro de campamentos, líderes o comandos armados que revelaran su existencia. En cambio, lo que se encontró es que:

    a. Algunos grupos criminales como el Clan del Golfo, cuando van a hacer operaciones criminales que dejen muchos muertos o que sean muy violentas, se ponen el nombre de Águilas Negras para no ser identificados. Esto fue lo que pasó en Norte de Santander en la guerra entre Rastrojos y Urabeños o Clan del Golfo.

b. Hay sectores en la legalidad, como supuestos empresarios, políticos o particulares que contratan sicarios para
asesinar o amedrantar personas, y se hacen llamar Águilas
Negras. Es decir, Colombia ha generado unos mercenarios
ilegales utilizados como grupos privados de seguridad.

2. Se encontraron evidencias de que agentes institucionales
utilizan panfletos con el nombre de Águilas Negras para amedrentar comunidades, individuos e incluso grupos de jóvenes
con comportamientos violentos. Tal vez Caquetá hace algunos
años es el mejor ejemplo.

3. También encontraron que este nombre de Águilas Negras es
utilizado por particulares, mediante panfletos, para infundir
miedo a diferentes comunidades.

4. La última conclusión interesante es un resumen de todos los
anteriores puntos, y es que en la mayoría de los casos la utilización del nombre de Águilas Negras tiene fines políticos; lejos
estamos de que se trata de simple delincuencia común que
quiere extorsionar (Ávila, ¿Qué son las águilas negras?, 2018)

Por otra parte, entre los actores y los perpetradores materiales
identificados figura el Clan del Golfo, seguido por el ELN, Grupos
Armados Posfarc, fuerza pública, Pelusos y otras estructuras delincuenciales de alcance local. En todo caso, lo más complejo se
presenta con los autores desconocidos.

Adicional a lo anterior, hay otros cuatro temas importantes a
la hora de entender a los victimarios. Por un lado, hay una coincidencia muy alta en este caso de actores identificados con zonas de
economías ilegales y por ende de disputa.

Además del actor perpetrador de la victimización, se debe
hacer un análisis geográfico. Es posible que existan factores po-

tencializadores de estos hechos. Tal vez lo primero se refiere a las economías ilegales. El siguiente mapa cruza los datos de homicidios a líderes sociales entre 2016 y 2018 con los municipios con presencia de economías ilegales. Nótese en los casos de Tumaco, el Catatumbo y el Bajo Cauca antioqueño.

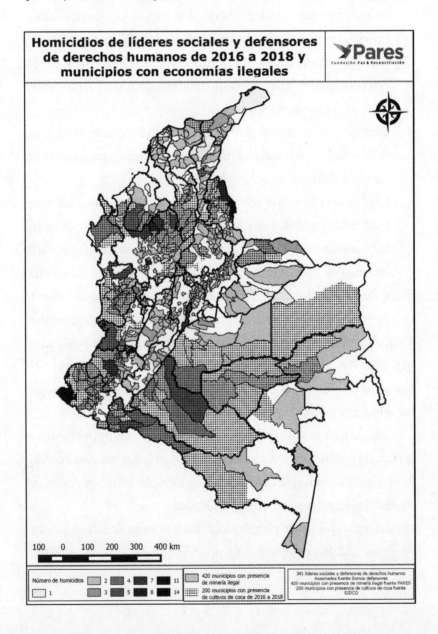

Homicidios de líderes sociales y defensores de derechos humanos de 2016 a 2018 y municipios con economías ilegales

En segundo lugar, entre varios elementos, los homicidios son un tipo de victimización. Pero hay otros que son complejos. Una de las victimizaciones más recurrentes son las amenazas. Estas son un tipo de crimen que puede ser cometido de distintas maneras, bien sea de forma directa mediante llamadas telefónicas, panfletos, mensajes de texto, e indirecta cuando se recurre a un tercero para que el mensaje del victimario llegue al destino final que, en este caso, es el líder o lideresa social. El fin último de la amenaza es amedrentar, generar terror y zozobra entre los destinatarios de esa posibilidad de ejercicio de daño contra su vida y su integridad.

Este pánico también puede ser asumido de manera individual o colectiva, lo que generalmente conlleva a que los procesos sociales y comunitarios se enfrenten a una posible obstrucción o ruptura de sus actividades comunitarias. En caso de que las personas o sus organizaciones no tengan las capacidades sociales en materia de autoprotección, pueden quedar expuestas a escenarios de riesgo aún mayores. Tal como lo mencionó Jiménez (2018), las personas que reciben amenazas generalmente tienen tres caminos:

No denunciar ante las autoridades competentes ni ante sus propias organizaciones, principalmente por el miedo y la desconfianza existentes ante una posibilidad de que el riesgo aumente y se consume la amenaza. Por este motivo, existe un subregistro en los datos de denuncias conocidas y del número de víctimas.

En caso de denunciar, pueden recibir o no las ayudas de protección material del Estado, como son chalecos antibalas, esquemas de seguridad, botón de pánico, entre otros. Esto ayuda a mitigar el riesgo hasta cierto punto, dado que en contextos rurales estas medidas de protección resultan ser insuficientes debido a las dificultades de conectividad tanto vial como tecnológica.

Por ende, si se requiere atender a una situación de inminencia, puede que no resulte eficaz.

Cuando los líderes logran salir de sus territorios y tras las distintas evaluaciones de riesgo, éste no disminuye en ninguno de los lugares de reubicación; en el mejor de los casos, algunas de estas personas logran el reconocimiento de asilo y protección en otro país. Esto, a pesar de salvar la vida, también rompe los lazos de tejido social que se tejen alrededor del proceso social y comunitario propio de estas organizaciones.

Por otra parte, es de señalar que, paralelamente a la ejecución de los asesinatos selectivos, en el caso de las amenazas aún es muy difícil señalar quiénes son los autores intelectuales. Es muy posible que únicamente se llegue a los materiales debido a sus formas de manifestación. Un ejemplo es el uso de nombres apócrifos como el de las Águilas Negras. En 2018 se presentaron 583 amenazas distribuidas de la siguiente forma.

Tipo de amenazas	Total
Llamada telefónica	67
Asesinato de un familiar	3
Hostigamiento	82
Correo electrónico	24
Mensaje de texto	36
Panfleto	371
Total, amenazas	583

El tercer lugar, según los cuadros de posibles responsables, tiene que ver con la categoría de Paramilitares que utiliza Somos Defensores y en general las comunidades afectadas por la presencia de diferentes grupos criminales.

En 2006 terminó la desmovilización paramilitar iniciada en 2003. De ese proceso surgieron tres tipos de grupos. Unos disidentes, que nunca se desmovilizaron. Otros rearmados, que, como su nombre lo indica, dejaron las armas y luego se rearmaron. Por último, los denominados emergentes, que nacieron en las zonas donde operaban los paramilitares, pero eran estructuras relativamente nuevas, así se compusieran de antiguos miembros de grupos paramilitares. El proceso de desmovilización no fue exitoso, pues si bien trajo una reducción de indicadores de violencia, en muchas zonas el rearme paramilitar fue casi que inmediato. Hubo zonas donde la desmovilización no duró más de algunas horas (Avila, Detrás de la Guerra en Colombia, 2019).

Hacia el año 2010, a los grupos que habían entrado en un proceso de recomposición el Estado les puso el nombre de BACRIMES y más tarde grupos armados organizados. La sociedad civil se movió entre varias opciones: grupos neoparamilitares, posdesmovilización paramilitar o los siguieron llamando paramilitares.

Estos grupos, como el Clan del Golfo, Caparrapos o Puntilleros, se componen de ex paramilitares y tienen relaciones con agentes políticos y económicos locales (Ávila & Valencia, Herederos del mal clanes, mafias y mermelada Congreso 2014-2018, 2014), pero también con miembros de la fuerza pública. Hay que precisar que no son estructuras comandadas y auspiciadas por el Estado.

Un último dato interesante es que las guerrillas han participado de forma importante en esta victimización y por ello se incrementaron los números en 2018. Nótese el caso del ELN y la participación de las Farc en esta victimización que, aunque mucho menor que la de los paramilitares, se mantuvo constante a través del tiempo.

Tal vez uno de los casos más dramáticos fue el asesinato de Genaro García, líder del Consejo Comunitario de Alto Mira y Frontera en el municipio de Tumaco. Su muerte ocurrió en 2015, en plena negociación de paz y desestructuró gran parte de ese proceso social.

Así las cosas, en los dos últimos gobiernos colombianos, el de Santos y el de Duque, queda claro que el que mata no es el mismo, no es una única estructura criminal la que esta asesinando líderes sociales. Esto significa una gran diferencia con lo que sucedió con la UP. Sin embargo, al revisar el perfil de las víctimas, la sistematicidad es más que clara.

En la gráfica de la siguiente página, se muestra el perfil de los líderes asesinados entre 2002 y 2019, según Somos Defensores.

Se debe tener en cuenta que los líderes y lideresas sociales pueden abanderar junto a sus organizaciones múltiples agendas de protección y exigencia de derechos e intereses propios de sus comunidades. Por ello se han convertido en depositarios de la legitimidad comunitaria como interlocutores en los distintos ámbitos de intervención. De ahí que la labor que desarrollan los ponga en una situación de vulnerabilidad mayor, dado que les es concedida una mayor visibilidad.

Los líderes son quienes tienen la capacidad de articular valores, objetivos y visiones comunes para garantizar el goce efectivo de derechos de las comunidades frente a distintas temáticas y en diversos ámbitos locales y regionales. Sus repertorios de acción y lucha son pacíficos y legítimos y su liderazgo se deriva, bien del reconocimiento que goza en su comunidad, organización, colectivo o institución por dichas acciones, o bien de su activismo o vocería verificable en defensa de uno o varios derechos humanos. Esto quiere decir que su simple pertenencia a organizaciones

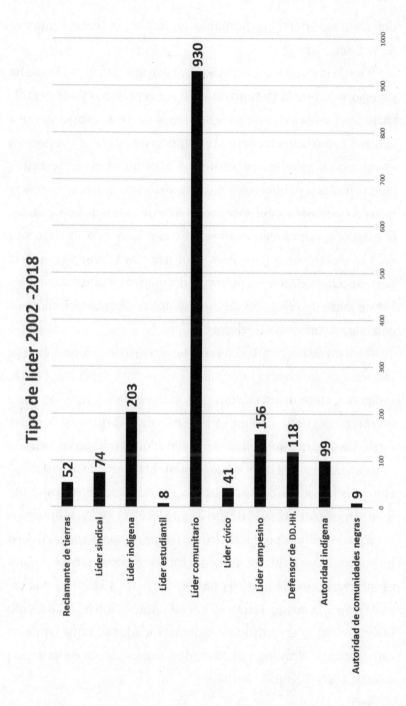

Tipo de líder 2002 -2018

defensoras de derechos humanos no implica el reconocimiento de su liderazgo.

Desde la Fundación Paz y Reconciliación (2018; 2018a) se ha mencionado que la victimización de estas personas y sus organizaciones, con ocasión de su liderazgo, se debe principalmente a razones como la oposición a la existencia de actividades ligadas a economías ilegales en los territorios; la promoción de la sustitución voluntaria y concertada de cultivos de uso ilícito; la exigencia del reconocimiento y el goce efectivo de derechos de las víctimas; la exigencia por el reconocimiento y la satisfacción de derechos colectivos, étnicos, territoriales y culturales, y la promoción de la participación de sectores políticos alternativos y de comunidades históricamente relegadas de los órganos de decisión pública, así como los reclamantes de tierras.

Dentro de los perfiles con mayor registro de victimización se encuentran los líderes y lideresas de JAC, seguidos por campesinos, indígenas, entre otros, tal como se vio en el cuadro anterior.

En consecuencia, líderes y lideresas de JAC, que son de cierta forma las autoridades comunitarias en el nivel microterritorial de vereda y barrios, son las personas que cuentan con mayor participación y visibilización en distintos procesos locales. Uno de estos fue la sustitución de cultivos de uso ilícito del PNIS, en los municipios priorizados para el posconflicto. Así mismo, estas personas deben interlocutar constantemente con actores armados legales e ilegales en sus territorios, lo que los pone en constante riesgo. En esta característica, la misma Fiscalía General de la Nación ha establecido la existencia de un patrón de sistematicidad, dado que han sido este tipo de líderes los más afectados en esta oleada de violencia selectiva (*El Espectador*, 2019).

Por otra parte, la victimización a líderes y lideresas campesinos, indígenas y afrodescendientes se debe, en gran parte, a la lucha por el territorio con agentes tanto legales como ilegales, focalizado mayoritariamente en el andén Pacífico y en el norte de Cauca. No es sólo el territorio comprendido desde una lectura geofísica, sino también desde las cosmovisiones y relacionamientos de estas poblaciones en concordancia con la búsqueda de una vida digna. De ahí que la defensa del territorio, el ambiente y sus formas de sociabilidad comunitaria resultan ser obstáculos para grandes proyectos con visiones de desarrollo opuestas a las de las comunidades y, en otros casos, es contraria a las pretensiones de agentes ilegales por controlar el territorio para el ejercicio de su accionar económico y criminal.

En este sentido, estas disputas por reconocimientos de territorios a título colectivo y en pro del desarrollo de un buen vivir comunitario han hecho de los campesinos, indígenas y afro organizados unos objetivos que van en contra de proyectos de modelos latifundistas de usufructo de la tierra, de proyectos mineros que destrozan el medio ambiente y de intereses sobre la tierra ligados a producción, procesamiento, tránsito y comercialización de estupefacientes.

De otro lado, como se ha evidenciado en períodos electorales previos, la violencia política resulta ser un vehículo utilizado por distintos agentes participantes en política que buscan obstaculizar y sacar de la contienda a sus competidores. Esto se ha hecho evidente con los múltiples estudios de violencia contra candidatos a cargos de elección popular.

Dos semanas antes a la celebración de comicios, la Fundación Paz & Reconciliación registró 177 hechos violentos en 136 municipios que dejaron 230 víctimas. El 45,65 % de las víctimas, es decir, 107, ocurrieron luego de la oficialización de candidaturas el 27 de julio de 2019; en su mayoría, a quienes están buscando sacar de la competencia es a los sectores políticos que lograron obtener una votación considerable en las elecciones de 2018 y que están en el sector de la oposición (Fundación Paz & Reconciliación, 2019a).

Pero, además de los miembros de JAC, líderes de grupos étnicos, los que quieren participar en política, los reclamantes de tierra son los otros grandes afectados. La siguiente gráfica muestra la concentración de estos homicidios por departamento. Nótese que Antioquia, Córdoba, Bolívar y Sucre, concentraron el mayor despojo de tierras.

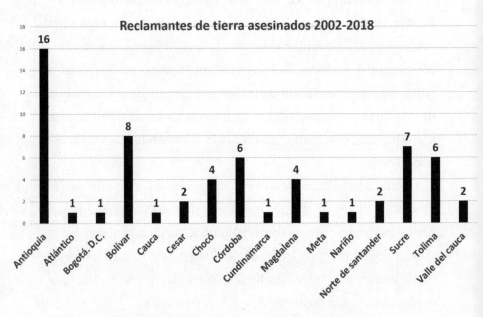

Centro nacional de Memoria Histórica.

Igualmente, existe un perfil que ha comenzado a aumentar su victimización y son los dedicados a la protección ambiental. Estos podrían estar catalogados como reclamantes de tierra, pero obviamente se producirá un debate.

Un último dato interesante es ver la concentración histórica de los homicidios discriminados por departamento. En el acumulado de la base de datos de Somos Defensores el resultado es el siguiente.

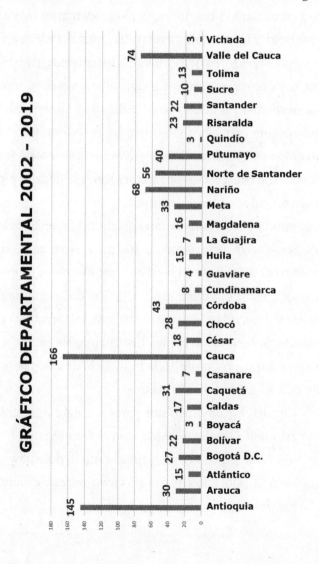

CONCLUSIONES

Luego de la revisión de datos, análisis geográfico y versiones de organizaciones sociales, se pueden sacar cinco grandes conclusiones que deberán ser analizadas a la luz de los siguientes capítulos.

1. Tal vez la principal conclusión es que el que mata no es el mismo y en eso el Gobierno ha tenido razón cuando se ha visto forzado a salir a dar explicaciones; pero la sistematicidad pareciera estar desde el perfil de la víctima. El contorno de los asesinados es muy parecido, es decir, matan a los mismos. Esto significa que hay una diferencia sustancial entre autores materiales de los asesinatos, en su mayoría sicarios, y los determinadores o autores intelectuales de los mismos. Pareciera que el Estado se concentra en los primeros para negar la sistematicidad. Los sicarios son contratados por actores legales e ilegales y muchas veces no saben quién los contrató.

2. La segunda conclusión es que el objetivo de silenciar a los líderes sociales no necesariamente se logra con su muerte, sino que existen otras formas como amenazas, atentados o agresiones sexuales. Esto significa que la reducción de los homicidios no puede ser tomada a la ligera, como una victoria de la política pública. Si bien las acciones institucionales tienen efectos, pareciera que en Colombia la reducción de estos homicidios obedecería a tres razones más.

    •   Control hegemónico por parte de alguna organización criminal. El mejor ejemplo, como lo veremos en el capítulo 4, es que algún actor criminal ganó la disputa y somete toda la población y por ello los niveles de homicidios descienden.

- Se ha sometido y se ha matado a los liderazgos sociales críticos y con ello se configura un autoritarismo subnacional, que a su vez se convierte en un autoritarismo competitivo. Nadie disiente y la oposición es castigada con la muerte, la amenaza o la marginación política.
- Efectividad de la política pública.

3. Una tercera conclusión es que hay una sospechosa concentración geográfica en la victimización de los líderes sociales. Antioquia, Valle del Cauca y Cauca tienen los peores indicadores. Es decir, matan perfiles similares y en los mismos sitios.

4. La cuarta conclusión es la más dramática. Pero antes de hacerla veamos los siguientes datos. Por un lado, ver la gráfica al principio del texto sobre líderes sociales asesinados según Somos Defensores en el acumulado histórico. La siguiente gráfica muestra el asesinato de líderes sociales según el Centro Nacional de Memoria Histórica.

GRÁFICO DATOS ANUALES

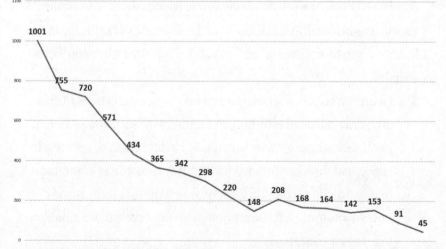

La siguiente gráfica muestra los asesinatos de líderes sociales según la Defensoría del Pueblo. No se debe olvidar que desde 2016 ellos comenzaron a realizar el seguimiento a las victimizaciones.

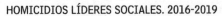

HOMICIDIOS LÍDERES SOCIALES. 2016-2019

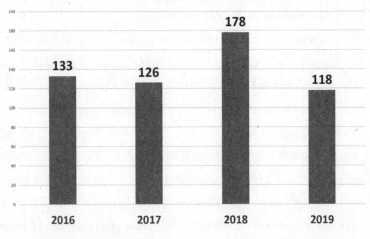

Defensoría del Pueblo. Enero de 2020.

La conclusión es doble. Por un lado, cómo una democracia como la colombiana puede sobrevivir con estos niveles de victimización. Por otro lado, todo indica que la violencia y la utilización de las armas son mecanismos "normalizados" para tramitar conflictos sociales.

5. La última conclusión se refiere a los datos estadísticos utilizados para realizar el estudio. En general, las bases de datos tienen parámetros académicos y técnicos. La diferencia se refiere a la capacidad de cobertura nacional y el año en que se comenzó a realizar dicha medición. En sentido estricto, la Defensoría del Pueblo y Somos Defensores tienen los números más confiables y de mejor cobertura.

REFERENCIAS

Ávila, A. (2018). ¿Qué son las águilas negras? *Fundación Paz y Reconciliación*. Obtenido de https://pares.com.co/2018/12/29/que-son-las-aguilas-negras/

Ávila, A. (29 de Diciembre de 2018). *¿Qué son las Águilas Negras?* Obtenido de Pares: https://pares.com.co/2018/12/29/que-son-las-aguilas-negras/

Ávila, A. (2019). *Detrás de la Guerra en Colombia*. Bogotá: Planeta.

Ávila, A. (23 de Julio de 2019). *El País*. Obtenido de Una democracia marcada con sangre: https://elpais.com/internacional/2019/07/23/colombia/1563901317_880135.html

Ávila, A. (9 de Enero de 2019). *Líderes sociales: en exterminio*. Obtenido de *Semana*: https://www.semana.com/opinion/articulo/asesinato-de-lideres-sociales-en-colombia-columna-de-ariel-avila/597203

Ávila, A., & Londoño, J. E. (2017). *Seguridad y Justicia en Tiempos de Paz*. Bogotá: Debate.

Ávila, A., & Valencia, L. (2014). *Herederos del mal clanes, mafias y mermelada Congreso 2014-2018*. Bogotá: Ediciones B.

Ávila, A., & Valencia, L. (2016). *Los Retos del Postconflicto*. Bogotá: Ediciones B.

CIDH. (2015). *Criminalización de la labor de las defensoras y los defensores de Derechos Humanos*. Comisión Interamericana de Derechos Humanos.

Corporación Nuevo Arcoiris. (2011). *Informe Sin Publicar*. Bogotá: Nuevo Arcoiris.

Defensoría del Pueblo. (2017). *Inofrme de Riesgo N° 010-17 A.I*. Bogotá: Defensoria del Pueblo. Obtenido de file:///C:/Users/PC878/Downloads/Informe%20de%20riesgo%20de%20la%20Defensor%C3%ADa%20del%20Pueblo%20sobre%20l%C3%ADderes%20y%20organizaciones%20sociales%20-%20Marzo%202017.pdf

Defensoría del Pueblo. (2019). *Defensoria del Pueblo*. Obtenido de Defensoria del Pueblo: https://www.defensoria.gov.co/

Durán, N. H. (4 de Diciembre de 2018). "Las cifras de la Fiscalía no convencen": relator de la ONU. *El Espectador*. Obtenido de https://www.elespectador.com/colombia2020/politica/las-cifras-de-la-fiscalia-no-convencen-relator-de-la-onu-articulo-857439

El Espectador. (11 de Enero de 2019). Obtenido de Fiscalía reconoce sistematicidad en crímenes contra líderes sociales: https://www.elespectador.com/noticias/politica/fiscalia-reconoce-sistematicidad-en-crimenes-contra-lideres-sociales-articulo-833539

Fundación Paz & Reconciliación. (2017). *Cómo va la paz - Segundo Informe de la Iniciativa Unión por la Paz*. Bogotá: Fundación Paz y Reconciliación.

Fundación Paz & Reconciliación. (2018). *Cómo va la paz*. Bogotá D.C.: Fundación Paz & Reconciliación. Iniciativa Unión por La Paz.

Fundación Paz & Reconciliación. (2018a). *Reestructuración unilateral del Acuerdo. Informe Cómo va la Paz*. Bogotá D.C.

Fundación Paz & Reconciliación. (2019). *Más sombras que luces. La seguridad en Colombia a un año del Gobierno de Iván Duque*. Bogotá D.C.: Fundación Paz & Reconciliación-PARES.

Fundación Paz & Reconciliación. (2019a). *Cuarto informe de violencia electoral*. Bogotá D.C.: Fundación Paz & Reconciliación. SIPARES.

Jiménez, A. (23 de Abril de 2018). *Vivir bajo amenazas: la violencia invisible contra líderes sociales*. Obtenido de Fundación Paz & Reconciliación : https://pares.com.co/2018/04/23/vivir-bajo-amenazas-la-violencia-invisible-contra-lideres-sociales/

Naciones Unidas Derechos Humanos Oficina del Alto Comisionado. (Octubre de 2019). *Naciones Unidas Derechos Humanos Oficina del Alto Comisionado*. Obtenido de Naciones Unidas Derechos Humanos Oficina del Alto Comisionado: https://www.ohchr.org/sp/issues/srhrdefenders/pages/defender.aspx

Naciones Unidas Oficina del Alto Comisionado. (3 de diciembre de 2018). *Naciones Unidas Derechos Humanos Oficina del Alto Comisionado*. Obtenido de Naciones Unidas Derechos Humanos Oficina del Alto Comisionado: https://www.ohchr.org/SP/NewsEvents/Pages/DisplayNews.aspx?NewsID=23968&LangID=S

Programa Somos Defensores. (2008). Presentación. Defender y proteger a los defensores de Derechos Humanos. *Revelando*, 3-5.

Programa Somos Defensores. (2012). *Claroscuro, Informe Somos Defensores 2011*. Bogotá: Programa Somos Defensores: Asociación MINGA.

Programa Somos Defensores. (2013). *El Efecto Placebo, informe anual 2012 Sitema de Información sobre Agresionaes contra Defensoras y Defensores de Derechos Humanos en Colombia - SIADDHH*. Bogotá: Editorial Códice Ltda.

Programa Somos Defensores. (2014). *D de Defensa - Informe Anual 2013 Sistema de Información sobre Agresiones contra Defensores y Defensoras de Derechos Humanos en Colombia - SIADDHH*. Bogotá: Factoría Gráfica Editores.

Programa Somos Defensores. (2015). *La Divina Comedia- Informe Anual 2014 Sistema de Información sobre Agresiones contra Defensores y Defensoras de Derechos Humanos en Colombia - SIADDHH*. Bogotá: Factoría Gráfica.

Programa Somos Defensores. (2016). *El Cambio - Informe Anual SIADDHH 2015 sobre agresiones contra Defensores de Derechos Humanos en Colombia* . Bogotá: Factoría Gráfica Editores .

Programa Somos Defensores. (2017). *Contra las Cuerdas - Informe Anual 2016 Sistema de Información sobre agresiones contra Defensores de DDHH en Colombia SIADDHH*. Bogotá: Factoría Gráfica.

Programa Somos Defensores. (2017). *STOP WARS EPISODIO 1. Crímenes contra defensores: la impunidad contrataca.* Bogotá D. C.: Programa No Gubernamental de Protección Defensores de Derechos Humanos.

Programa Somos Defensores. (2018). *Piedra en el Zapato - Informe anual 2017 Sitema de Información sobre agresiones contra Defensores y Defensoras de DD. HH. en Colombia - SIADDHH.* Bogotá: Carlos A. Guevara y Diana Sánchez Lara.

Programa Somos Defensores. (2019). *Defensores ¿el juego final?* Bogotá: Diana Sánchez Lara y Sirley Muñoz Murillo.

Programa Somos Defensores. (2019). *La Naranja Mecánica - Informe anual 2018 Sistema de Información sobre Agresiones contra Personas Defensoras de DErechos Humanos en Colombia - SIADDHH.* Bogotá: Diana Sánchez Lara y Sirley Muñoz Murillo.

Revista *Semana*. (2011). Ana Fabricia Córdoba: su vida fue una guerra. *Revista Semana.* Obtenido de https://www.semana.com/nacion/articulo/ana-fabricia-cordoba-su-vida-guerra/241225-3

Verdad Abierta. (28 de Febrero de 1980). *Asesinato de Yolanda Izquierdo, Verdad Abierta.* Obtenido de Asesinato de Yolanda Izquierdo, *Verdad Abierta*: https://verdadabierta.com/asesinato-de-yolanda-izquierdo/

CAPÍTULO 2

LA VIOLENCIA COMO MECANISMO DE COMPETENCIA ELECTORAL

Durante meses Giorgio Londoño, construyó la base de datos en la Fundación Paz y Reconciliación, con la que escribí el presente capítulo.

INTRODUCCIÓN

Diferentes teorías sobre las democracias liberales representativas señalan que si bien los niveles de información de los ciudadanos o los que eligen y los partidos o estructuras políticas, vale decir, los elegidos, no son perfectos y totales de unos a otros, generalmente los ciudadanos jerarquizan sus necesidades, aspiraciones y visiones de vida para decidir por quién votar (Downs, 1957).

Desde ese punto de vista, los partidos y estructuras políticas deberán convencer a los ciudadanos para que voten; así mismo, en teoría, es mejor que existan más opciones porque hay más de dónde escoger. Igualmente, los partidos y estructuras políticas tendrán que esforzarse para lograr votos porque mientras mayor competencia electoral, mejor salud de la democracia.

Sin embargo, esta teoría, muy extendida en el mundo anglosajón, choca con tres realidades. La primera podríamos denominarla resistencia a la democratización; la segunda se podría definir como la existencia de autoritarismos regionales en medio de democracias competitivas, es decir, asimetrías dentro de la competencia electoral. Por último, la existencia de Paraestados o mecanismos de regulación social y política que son paralelos o coexisten aun en sociedades donde supuestamente el Estado de Derecho es fuerte.

Estas realidades se comunican unas con las otras y es difícil distinguirlas en la realidad territorial que cohabitan. En todo caso, se definirán como escenarios separados para poder entender el porqué de la magnitud de la violencia política en las elecciones de 2019 en Colombia.

La resistencia a la democratización se refiere a aquellos escenarios donde a los que detentan el poder no les gusta la competencia electoral. Esto significa que clanes políticos o estructuras políticas semifamiliares que controlan una alcaldía o una gobernación crean mecanismos para impedir la realización de elecciones competitivas. Esas estrategias son de diferente tipo, como por ejemplo la violencia selectiva; la inmovilización de rivales políticos por medio de la cooptación, como ofrecerles plata o darles cargos burocráticos, y la utilización de circuitos de corrupción para crear condiciones imposibles de competencia electoral. En muchas ocasiones se dan las tres cosas.

Los autoritarismos regionales o subnacionales (Gibson, 2012) se reproducen en departamentos o regiones y en medio de democracias nacionales. Son aquellos escenarios donde un clan político o élites regionales utilizan una serie de estrategias para perpetuarse en el poder y gobernar de forma autoritaria, donde la competencia electoral es sustancialmente débil. Edward Gibson habla de tres estrategias: la parroquialización del poder, la nacionalización de su influencia y la monopolización de los vínculos institucionales entre lo nacional y lo subnacional. Este autoritarismo tiende a ser muy claro y visible en Estados federales, tal vez México sea un buen ejemplo. Sin embargo, en regímenes centralistas, como el colombiano, son menos visibles y son en muchos casos inestables en el tiempo.

Gibson la define la parroquialización del poder como: Los líderes de un régimen autoritario provincial, por lo tanto, estarán envueltos constantemente en estrategias de "control de fronteras"[1]. Estas son estrategias destinadas a maximizar el control político local mediante la minimización de intromisiones externas en los conflictos provinciales. Estas incluyen estrategias directas de control de fronteras, tales como bloqueos a los flujos de información desde el centro, el control de la información transmitida por los medios de comunicación local, o prevenir la instalación de agencias controladas federalmente o de supervisores en la provincia.

Por otro lado, Gibson define la nacionalización de la influencia de estos clanes en la política nacional como: En un país democrático a nivel nacional los líderes autoritarios subnacionales son jugadores del escenario nacional. Ellos pueden ser discretos actores nacionales que ocupan o controlan importantes arenas nacionales con el único propósito de defender su control a nivel provincial. Estos pueden ser exgobernadores designados por un tiempo al Senado, sea para garantizar la aprobación de una legislación favorable a sus provincias o para controlar destinaciones fiscales para las mismas. En muchos casos, estas estadías en el Congreso nacional son simplemente formas de asegurar un eventual regreso a sus estados como gobernadores. Estos pueden incluir también gobernadores que controlan las delegaciones de la provincia en el Congreso nacional, que pueden mover hilos claves para traer beneficios a la provincia.

---

1   Tomo prestada esta noción del estudio de Stein Rokkan (1986) de política centro-periferia. Rokkan ve el "control de fronteras" como una estrategia importante de las élites periféricas para proteger sus áreas de las intromisiones del centro. En este libro, Rokkan se centra principalmente en control cultural, a través del cual las élites buscan fortalecer y proteger identidades culturales locales en contra de flujos culturales del centro y de la homogeneización cultural del territorio nacional. Sin embargo, él teoriza el concepto para incluir flujos políticos y económicos. Este es también un concepto muy útil para explorar las respuestas de las élites a presiones potenciales del centro, que demandan la democratización local o un aumento en la competencia política local.

Estas estrategias nacionales son fundamentales para maximizar la *influencia* subnacional sobre los actores políticos nacionales.

Por último, la monopolización de vínculos nacionales y regionales es definida como: una parte que conecta *sea en sentido material o inmaterial;* una cosa (una persona) sirviendo para establecer o mantener una conexión; (...) como medio de conexión o de comunicación. Tal vez los cargos burocráticos de instituciones que intervienen en las regiones es el mejor ejemplo.

Ahora bien, Gibson no trabaja dos temas fundamentales, los cuales determinarán la forma como se crean y perpetúan esos autoritarismos. Por un lado, la existencia de grupos armados ilegales u organizaciones criminales. En regiones donde estos existen impactan el funcionamiento del Estado de Derecho y la forma como funcionan los poderes local y regional. Por otro lado, la existencia de economías ilegales. Su impacto va a depender del tamaño de esa economía, pero generalmente alrededor de éstas se crean sistemas de regulación social paralelos al Estado de Derecho.

En Colombia, la parapolítica fue un buen ejemplo del intento de instaurar estos autoritarismos, aunque en todo caso los procesos no fueron homogéneos y algunas élites perduraron y otras se derrumbaron por la judicialización que se hizo desde el centro. Sin embargo, los autoritarismos que lograron el poder en las elecciones de 2019 se cimentaron sobre esta ola de violencia que destruyó la oposición y la veeduría ciudadana. No significa que las actuales élites en el poder sean cómplices; en muchos casos sí, pero puede ser que no. Lo que sí es cierto es que sin esa ola de violencia paramilitar habría sido imposible instaurar los autoritarismos.

Por último, la existencia de Paraestados se refiere a escenarios en los cuales la presencia de grupos armados ilegales, organizaciones criminales y economías ilegales crean sistemas de regulación social o comportamientos paralelos al Estado de Derecho (Avila, Detrás de la Guerra en Colombia, 2019). Estos sistemas llenan de legitimidad tanto a los reguladores armados como a los poderes políticos de la región. De tal forma que la intervención desde el centro es vista como una anomalía, como lo perturbador. Un buen ejemplo de esto son las economías cocaleras o el incontenible contrabando de gasolina en la frontera entre Colombia y Venezuela.

Así las cosas, estas tres realidades colombianas, que además se reproducen en otros países como México o el triángulo norte, son determinantes para entender la violencia política. A continuación, se intentará demostrar dos conclusiones. La primera se refiere a que en Colombia la violencia procesa la política o, lo que es lo mismo, la violencia es un mecanismo más de competencia política. Lo que esto significa es que son mayoritariamente los que detentan el poder en lo local y regional quienes mandan asesinar a los competidores políticos o al menos instigan estructuras armadas ilegales para que lo hagan. Esa ha sido una constante en Colombia en las últimas décadas.

La segunda conclusión es que en un análisis de mediano plazo se concluye que la violencia del conflicto armado entre los años noventa del siglo XX y los primeros años del siglo XXI fue un momento, entre muchos otros, de la consolidación de estos clanes políticos en el poder local y regional. Luego de ese período de violencia, cuando ya se había dado la "limpieza" inicial de la oposición, le siguieron otras estrategias como la famosa "mermelada" o cupos indicativos, y por último estamos en el período de la violencia selectiva. Como lo veremos, el fenómeno debe ser visto como un análisis continuo y no como algo excepcional.

VIOLENCIA POLÍTICA SELECTIVA

La violencia política ha marcado el desarrollo político del país. Tres hechos históricos recientes lo han demostrado. En primer lugar, la famosa guerra sucia, en la cual miles de militantes de la UP y en general partidos de izquierda fueron asesinados en una alianza entre agentes estatales, políticos regionales y paramilitares. El fenómeno del boicot electoral de la guerrilla de las Farc y parcialmente del ELN; en este caso centenares de candidatos al Concejo, Alcaldías y Asambleas fueron secuestrados, asesinados u obligados a renunciar y claro, el fenómeno de la parapolítica. Y también la reciente ola de violencia que afectó los comicios de 2019.

Lo que esto significa es que el concepto de violencia política engloba cuatro grandes hechos: 1. La utilización de la violencia como instrumento de competencia política, en la que centenares de alcaldes, diputados, concejales y candidatos a cargos públicos fueron asesinados, secuestrados u obligados a renunciar gracias a acciones de sus competidores políticos. 2. La utilización de la violencia por parte de grupos armados ilegales para maximizar el poder local y regional, en alianza con algunas estructuras políticas. Particularmente los grupos paramilitares aplicaron el famoso proselitismo armado, en el cual obligaban a la población a votar por determinados candidatos y prohibían la participación a otros candidatos a cargos de elección popular. 3. Describe la estrategia de boicot electoral y vacío de poder que utilizaron los grupos guerrilleros para destruir el Estado colombiano. 4. También el concepto fue utilizado para describir la violencia que dirigió el Estado contra la oposición política de izquierda, cuyo mejor ejemplo fue la masacre de la UP. Murieron más de 4.000 miembros de esta colectividad.

En todo caso, en los últimos años esta violencia política había comenzado a descender. Desde 2007 y 2008, con el cambio de estrategia de las Farc consignado en el famoso plan "Renacer de Masas" y con la desmovilización paramilitar que en teoría trminó en 2006, los niveles de violencia política comenzaron a descender. Todo este fenómeno largamente explicado se puede ver en el libro *Detrás de la Guerra en Colombia* (Avila, Detrás de la Guerra en Colombia, 2019).

Cuando la violencia comenzó a disminuir, el país cantó victoria, pero se concluye, también, que cuando la clase política no necesitó más a los paramilitares, los desmovilizaron. Ya para el año 2010 las élites regionales comenzaban a construir o consolidar los autoritarismos. En ese momento, una vez la violencia ya había pasado, se utilizaron otros mecanismos para consolidar el poder, destruir lo poco que quedaba de oposición y garantizar la lealtad de la población. Uno de esos mecanismos fueron los cupos indicativos o la famosa mermelada, es decir, proyectos de inversión entregados por el gobierno nacional a congresistas.

Con dichos proyectos de inversión los congresistas se aliaban con alcaldes y gobernadores para crear estos autoritarismos y destruir la oposición. Eran tantos los recursos, que la asimetría en la competencia electoral era demasiado amplia. Dos ejemplos ilustran esta situación. El primer caso es el de Musa Besaile, excongresista actualmente preso por múltiples escándalos de corrupción. Su carrera política comenzó de la mano de Juan Manuel López Cabrales, uno de los más reconocidos parapolíticos del país. Ante la caída en desgracia de su mentor, Musa logró agrupar una serie de líderes de base y armar su campaña a la Cámara de Representantes y más tarde al Senado de la República. En 2014 se convirtió en el segundo senador más votado del país, con más de 130.000 votos. El siguiente mapa muestra el dominio de los votos del entonces senador Besaile para las elecciones de 2014. Se entiende por dominio el porcentaje de votos a Besaile en el total de votos válidos del municipio.

Nótese que hubo municipios donde obtuvo más del 25 % de los votos válidos para esa circunscripción: no se debe olvidar que en Colombia en una campaña a Senado se compite contra centenares de candidatos.

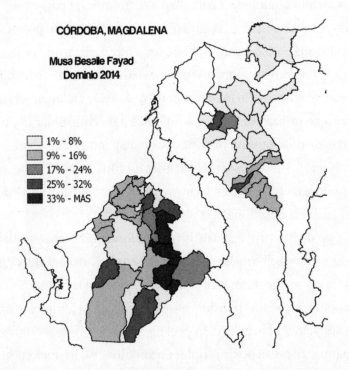

CÓRDOBA, MAGDALENA

Musa Besaile Fayad
Dominio 2014

☐	1% - 8%
▨	9% - 16%
▧	17% - 24%
▨	25% - 32%
■	33% - MAS

Ahora bien, cuando se desagrega municipio a municipio, entre 2010 y 2014 el aumento de la votación de Besaile fue el que muestra la gráfica de la siguiente página.

En El Guamo, Bolívar, se pasó de una votación de menos del 5 % a cerca del 30 %; entre otros también aparece Zapayán, en

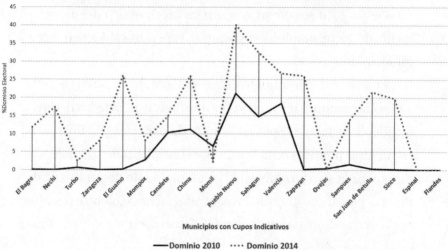

Municipios con cupos indicativos de Musa Besayle

%Dominio Electoral

Municipios con Cupos Indicativos

—— Dominio 2010   ···· Dominio 2014

Magdalena. En cada uno de estos municipios hubo proyectos de inversión derivados de la mermelada. Al final, el poder de Besaile fue tanto, que su hermano resultó elegido gobernador de Córdoba, puso representante a la Cámara, varios alcaldes y directores de instituciones del orden nacional, como Fonade. Córdoba había pasado por una ola de violencia política y generalizada producto de la expansión y la consolidación paramilitar.

Otro de los ejemplos es el de Yahir Acuña, un político sucreño que ha estado en todos los escándalos nacionales de corrupción, desde la parapolítica hasta la mermelada, pasando por la compraventa de votos. Comenzó su carrera de la mano de la familia García Romero, particularmente de Álvaro, quien fue senador y actualmente se encuentra condenado a cuarenta **años de cárcel por la masacre de Macayepo**, cometida por paramilitares. Luego, Acuña se pasó al lado de Enilce López, alias la Gata, quien también cayó en desgracia y actualmente es procesada por varios delitos, entre otros el de lavado de activos.

Desde 2010 se convirtió en un cacique político del departamento de Sucre, donde logró dominios superiores al 40 % en varios municipios

En ambos departamentos, tanto en Córdoba como en Sucre, la violencia paramilitar fue atroz porque fueron asesinados decenas de líderes sociales, desplazadas miles de personas y al final unas estructuras políticas terminaron por controlar todo. La violencia generalizada sólo jugó un papel en un momento determinado de tiempo, pero luego llegaron los controles menos violentos basados en proyectos de inversión, aunque el efecto era el mismo: garantizar que la oposición no existiera.

Estos dos ejemplos son importantes porque en la actualidad Musa y Acuña están envueltos en escándalos de corrupción y han perdido poder aceleradamente. Musa Besaile está detenido y Yahir Acuña perdió la gobernación el pasado año.

En ambos casos ocurrieron dos situaciones.

Para el caso de Musa Besaile, su caída en desgracia comenzó por una disputa interna dentro de su clan y luego por el estallido del escándalo de corrupción de Odebrecht, gracias a la justicia de Estados Unidos y de Brasil. En el caso de Acuña, nunca ha logrado cerrar sus procesos judiciales y, por otro lado, para el caso de ambos fueron la prensa nacional y diferentes columnistas los que lograron presionar a la justicia para pronunciarse, porque los proceso estaban prácticamente paralizados. En regímenes centralistas como el colombiano sólo una actuación desde el centro podría comenzar a demoler estos autoritarismos, pero en lo local esa tarea es imposible.

Sólo la judicialización o acciones desde el centro modifican estos autoritarismos. La justicia, algunos medios de comunicación e investigadores sociales nacionales son los que logran detener o tumbar estos autoritarismos. En otros casos, pareciera que nada les afecta. Un ejemplo de esto, a nivel micro, es Susacón, Boyacá. Una sola casa política controla el municipio hace 27 años. Se trata del clan que ha consolidado Pupo Alonso Rincón desde 1992, cuando llegó a la alcaldía por primera vez.

Desde entonces, todos los alcaldes han llegado al puesto gracias a la influencia de Rincón. De hecho, sólo ha habido dos períodos, de 1995 a 1997 y de 2004 a 2007, en los que el alcalde no era familiar de Rincón. Para el resto de los períodos, el mismo Pupo Rincón logró dos veces la reelección y los demás beneficiados han sido su cuñado Miguel Báez, su sobrino Silvio Alberto Rincón y su hijo Jairo Alonso Rincón. En 2019 nuevamente ganó su sobrino, avalado por el Partido Conservador. Así las cosas, Rincón, su familia y sus aliados se han servido de la Alcaldía para gestionar intereses particulares, incurriendo en procesos de contratación inadecuados (Avila, Cuando se eligen bandidos, gobiernan bandidos, 2019).

Los procesos de corrupción de esta familia son múltiples. El más grave se deriva del Centro de integración ciudadana, construido durante la administración de Pupo Rincón de 2008 a 2011, y resalta el contrato por cuarenta millones de pesos para diseñar la edificación, a pesar de contar con diseños tipo, y una interventoría contratada por doce millones de pesos. No obstante, el proyecto tuvo un sobrecosto de 230 millones y tardó más de lo esperado en su construcción.

Por otro lado, en 2017 fue firmado un convenio interadministrativo por setecientos millones de pesos para pavimentar tres cuadras del municipio, de las cuales una estaba en buen estado pues ya había sido reparchada, con lo cual se incurrió en detrimento patrimonial, de acuerdo con el Departamento administrativo de la prosperidad social.

En el mismo año, también firmaron varios contratos millonarios: tres por 630 millones de pesos para el suministro de casas prefabricadas y dos por cuarenta millones para promover las relaciones interpersonales y entregar estufas en las zonas rurales –ambos para ser ejecutados en escasos tres días–.

Ahora bien, sobre dichos contratos llama la atención que las fundaciones beneficiadas –Funcomis y Funproy– fueron creadas el mismo año y funcionan en una misma dirección. Posteriormente, el 22 de enero de 2018, fueron firmados más de veinte contratos por prestación de servicios, entre ellos dos con la misma contratista: uno por 21 millones para realizar, en siete días, el plan anticorrupción y otro por diez millones para que en los mismos siete días se realizara un informe del modelo estándar de control interno.

Igualmente, la contratista que capacitó sobre el manejo de residuos sólidos recibió otro contrato para el manejo de archivo, por los cuales recibió 34 millones de pesos en siete días. Un tercer contratista que elaboró el plan anual de adquisiciones y el plan de acción del municipio ganó 35 millones de pesos en quince días y un último contratista firmó tres contratos que suman 57 millones de pesos. Como si fuera poco, se contrató un diagnóstico de protección animal y asesoramiento al Concejo que costó 45 millones de pesos. Lo curioso es que esos gastos le correspondían al Concejo. Los demás contratos acumulan otros 198 millones de pesos, cuyos fines están relacionados con temas de política de infancia y adolescencia, educación, uso del agua, entre otros (Avila, Cuando se eligen bandidos, gobiernan bandidos, 2019). La política hecha un negocio.

Otro ejemplo increíble se dio en el municipio de Ocamonte, departamento de Santander. El jefe del clan es Roberto José Pilonieta López, integrante de una familia que viene incrementando su patrimonio económico.

Los inicios de Pilonieta López en la vida pública se dieron cuando fue concejal de Ocamonte en el período 2004-2007. Luego de ocupar este puesto saltó a la presidencia de Asojuntas del mismo municipio para el período 2008-2011. En 2011 se postuló a la Alcaldía de Ocamonte, con el aval del Partido Conservador y resultó elegido con 1.418 votos. Durante su paso por la Alcaldía empezó a aumentar su capital económico con la creación y la compra de empresas. Una de ellas ejecutó los contratos de ferias, olimpíadas y suministros de materiales para las carreteras de la región. A continuación se muestra el material probatorio.

ALCALDÍA MUNICIPAL DE OCAMONTE - SANTANDER		
OFICINA DE DESARROLLO SOCIAL		
CONTRATO		
Código: 130	Versión: 2	Página 1 de 43

CONTRATO DE PRESTACIÓN DE SERVICIOS No. 077 DE 2019	
OBJETO	"PRESTACIÓN DE SERVICIOS LOGÍSTICOS Y SUMINISTROS COMO APOYO PARA EL DESARROLLO, FOMENTO, DIFUSIÓN Y EJECUCIÓN DE EVENTOS ARTÍSTICOS, CULTURALES, DEPORTIVOS Y RECREATIVOS, DE APROVECHAMIENTO DEL TIEMPO LIBRE EN EL MARCO DE LA FIESTAS POPULARES Y TRADICIONALES DEL MUNICIPIO DE OCAMONTE SANTANDER VIGENCIA 2019"
VALOR	NOVENTA Y SEIS MILLONES SEISCIENTOS SEIS MIL PESOS MTC (\$96.606.000)
DURACIÓN	OCHO (08) DÍAS CALENDARIO centrando su ejecución los días 26, 27 y 28 de julio de 2019, contados a partir de la suscripción del acta de inicio.
CONTRATISTA	ASOCIACIÓN DE EMPRENDEDORES DE SANTANDER NIT. 900.750.496-1 R.L. YANITHZA LÓPEZ VELANDIA C.C. 28.469.939 de Valle de San José
FECHA	19 DE JULIO DE 2019

Entre los suscritos a saber: CESAR FERNANDO CASTILLO MELGAREJO, identificado con la cédula de ciudadanía número 91.076.334 expedida en San Gil, quien actúa en nombre y representación del MUNICIPIO DE OCAMONTE en su calidad de Alcalde Municipal, y como tal representante legal del mismo, de conformidad con lo establecido en el artículo 314 de la Constitución Política de Colombia y en ejercicio de la competencia otorgada por el artículo 11 numeral 3 literal b) de la ley 80 de 1993, facultado para celebrar contratos por el Concejo Municipal mediante acuerdo No. 006 de abril 23 de 2016, quien para los efectos del presente contrato se denominará EL MUNICIPIO; y por la otra, la ASOCIACIÓN DE EMPRENDEDORES DE SANTANDER identificada con NIT N° 900.750.496-1 Representada Legalmente por YANITHZA LÓPEZ VELANDIA identificada con cédula de ciudadanía número 28.469.939 de Valle de san José-Santander, quien en adelante se denominará EL CONTRATISTA, se ha convenido celebrar el presente contrato de Prestación de Servicios derivado del proceso de Selección abreviada menor cuantía SAMC-002-2019, previa las siguientes consideraciones: 1. Que el municipio de Ocamonte, Santander, justifico mediante estudio previo la necesidad de adelantar un proceso de contratación. 2. Que se adelantó un proceso de selección abreviada menor cuantía No. SAMC-002-2019, con el fin de seleccionar un contratista que supliera la necesidad evidenciada. 3. Que para amparar el presente compromiso de Presupuesto del MUNICIPIO expidió el siguiente certificado de disponibilidad presupuestal No. 19-00184. 4. Que mediante Resolución No.

Así mismo, fue socio de Paola Andrea Cala Martínez, fundadora y accionista de la Corporación Concalidad, cuñada del secretario de Gobierno de Ocamonte hasta 2019, Isaías Mejía. En ese momento logró obtener contratos de papelería y suministros de capacitación para el buen uso del reciclaje en el municipio.

Pilonieta López también utilizó sus relaciones políticas para realizar un convenio con la Gobernación de Santander, con el fin de incentivar la comercialización y la exposición agropecuaria durante la fiesta de la Virgen del Carmen. Fue así como durante 2014 y 2015 se celebraron dos convenios administrativos entre la Gobernación de Santander y el Municipio de Ocamonte, para la entrega de kits agropecuarios a los campesinos de la región. El Convenio 00001615 del año 2014 fue por un monto de doce millones de pesos para entregarles a los campesinos fumigadoras, azadones, picas y palas.

oportunidad, suscrito por el Jefe de la Oficina Gestora, donde se exponen los motivos que soportan la presente cofinanciación y por los cuales es procedente realizar la contratación. H)- Que el artículo 95 de la Ley 489 de 1998, establece que las entidades públicas podrán asociarse con el fin de cooperar en el cumplimiento de funciones administrativas o de prestar conjuntamente servicios que se hallen a su cargo, mediante la celebración de convenios interadministrativos. I)- Que el Jefe de la Oficina Gestora designa como Supervisor del presente convenio a GLADYS JAIMES MATEUS según oficio N. 010464 del 03 de Julio del 2014. J) Que existe constancia de convocatoria a las veedurías ciudadanas realizada por la Oficina Gestora. K) Que el Alcalde aportó los siguientes documentos: acuerdo municipal de autorización para contratar, acta de posesión, fotocopia de la cédula de ciudadanía, Nit del Municipio. CLAUSULAS: PRIMERA-OBJETO: El objeto del presente convenio es la ejecución del proyecto denominado: "APOYO A EVENTOS DE COMERCIALIZACION Y EXPOSICION AGROPECUARIA A REALIZARSE EN EL DEPARTAMENTO DE SANTANDER", para lo cual el DEPARTAMENTO, entregara al MUNICIPIO DE OCAMONTE, un apoyo económico para la realización de la FERIA AGROPECUARIA; para su inversión deberá ceñirse al siguiente presupuesto y a lo señalado en el respectivo proyecto:

	DETALLE	CANT	VALOR UNITARIO ($)	VALOR TOTAL ($)
1	FUMIGADORA X 10 LITROS	80	120.000,00	9.600.000,00
2	AZADONES	80	12.000,00	960.000,00
3	PICAS	40	16.000,00	640.000,00
4	PALAS	80	10.000,00	800.000,00
	TOTAL			12.000.000,00

SEGUNDA.- ALCANCE DEL OBJETO: El evento ferial, objeto del presente convenio se realizará los días 18, 19 Y 20 de Julio del año 2014, en la cabecera Municipal. En desarrollo de la feria, se llevaran a cabo las siguientes actividades agropecuarias: exposición artesanal y

De este modo, Pilonieta López legalizó los contratos que se debían repartir, falsificando presuntamente las firmas de 27 personas beneficiadas con este proyecto. Según fuentes en territorio de la Fundación Paz y Reconciliación, el alcalde consiguió estas firmas por medio de una base de datos de habitantes del municipio beneficiados con el acceso al Sisbén.

En 2015 utilizó el mismo *modus operandi* en el Convenio 00002020, estableciendo así nuevamente la relación entre el Municipio y la Gobernación de Santander. En este contrato por quince millones de pesos ofrecieron fumigadoras, palas, ponchos y bolsos artesanales para personas supuestamente beneficiadas.

En suma, falsificaron las firmas de 47 de campesinos que nunca se vieron favorecidos con los kits agropecuarios. En el momento en que se enteraron del fraude, dichas personas presentaron la denuncia en la Fiscalía, la Procuraduría y la Contraloría, con tan mala suerte que la esposa de Rubén Pilonieta, primo en primer grado del exalcalde Roberto José Pilonieta López, fue hasta el año pasado personera de Ocamonte y, por auto comisorio, fue delegada por la Procuraduría para llevar el caso. En esa misma línea, la personera ha obstaculizado las denuncias interpuestas por la comunidad afectada e inclusive de modo temerario ha hostigado a las personas que pretenden rendir su versión sobre los graves hechos de corrupción.

Cabe recalcar que Pilonieta López no sólo ha ostentado el poder local, sino que sus influencias políticas tienen incidencia regional. El señor Pilonieta López desempeñó el cargo de asesor de la otrora representante a la Cámara por Santander Lina María Barrera Rueda, quien fue candidata a la Alcaldía del municipio de San Gil, capital de la provincia de Guanentá. Así mismo, Pilonieta López es yerno del señor Marcos Prada Jaimes, exalcalde del municipio de Confines y quien participó en 2019 en la contienda electoral. Toda esta movida política está marcada por el clientelismo, la politiquería y la corrupción.

Además, el poder político ha sido repartido entre dos familias: Pilonieta y Castillo. Un claro ejemplo de esta división del poder fue cuando su hermana, Katherine Pilonieta López, fue nombrada gerente del hospital de Ocamonte y estuvo allí hasta el año 2018, precisamente para no inhabilitar a su hermano en su reelección en 2019. Posteriormente, fue nombrada gerente del hospital de Galán, Santander, a cambio de que la gerente de ese hospital fuera nombrada, casualmente, en el hospital de Ocamonte. Favor con favor se paga.

De igual forma es importante mencionar que su tío Manuel Roberto Pilonieta fue alcalde municipal de Ocamonte y salió elegido en 2019 al Concejo de ese municipio.

En ambos casos, y, sobre todo en el asunto de Ocamonte, los veedores ciudadanos fueron amenazados y se inició una cacería de brujas en busca de los denunciantes. El de Ocamonte debió salir del municipio y pedir protección a las autoridades. La violencia es utilizada para acallar los competidores políticos y el control ciudadano. Es, en últimas, un autoritarismo.

Con el anterior trasfondo, se mostrarán los datos, versiones y documentos que explican los niveles increíbles de violencia política para las elecciones locales de octubre de 2019, así mismo los afectados y el perfil de los victimarios. Mucha sangre corrió en esas elecciones.

ELECCIONES DE 2019: UN PAÍS SIN TREGUA

El 27 de octubre de 2019, Colombia cerró su proceso democrático sumido en una ola de violencia que se fue incrementando a medida que se acercaba la fecha de los comicios. El seguimiento duró un año, entre el 27 de octubre de 2018 y el 27 de octubre de 2019. En los 362 días que cubre el presente capítulo, la Fundación Paz y Reconciliación registró 244 víctimas en 191 hechos ocurridos en 29 departamentos y 141 municipios. La magnitud del problema fue tal, que en poco menos de un año se puede decir que se produjo una víctima de violencia electoral cada 1,5 días.

En Colombia se habían reducido los niveles de violencia política en el marco de procesos electorales. Tal vez el período más violento se dio en la década entre 1995 y 2005. En el primer cuadro se vio, según datos de la Policía Nacional, los hechos violentos contra el sector político entre 1997 y el año 2007.

Para el año 2007, los poderosos grupos paramilitares habían finalizado su proceso de desmovilización y las Farc habían creado el Plan Renacer de Masas, lo que había llevado a un cambio de estrategia frente a las contiendas electorales. Estos dos fenómenos redujeron sustancialmente la violencia política en el marco de procesos electorales.

El punto más bajo se dio en las elecciones nacionales de 2018, las primeras en paz luego del proceso con las Farc. En 2015, en las elecciones locales, los niveles de violencia política se fueron al piso, pero se debe recordar que para ese año el proceso de paz con las Farc era prácticamente irreversible. El siguiente mapa muestra la ubicación y los números de dicha violencia para el año 2015.

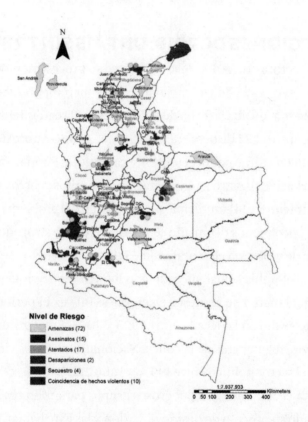

Poco más de cien casos para 2015, entre los cuales se cuentan quince asesinatos. En 2019, la tendencia se rompió y la violencia política selectiva nuevamente aumentó y llegó a 191 hechos que dejaron 242 víctimas.

Sobre la tendencia de 2019 se debe decir que el ritmo y la frecuencia de la violencia electoral no fueron homogéneos. Del total de víctimas, el 48,77 % (119) se produjo luego de que se oficializaran las candidaturas, el 27 de julio de 2019.

En los últimos tres meses del calendario electoral tuvieron lugar diez de los 25 asesinatos registrados, 81 de las 178 amenazas y 18 de los 32 atentados. Parece claro que, como usualmente se ha demostrado, a medida que se acerca el día de las votaciones se intensifican los ataques, se hacen más álgidas las disputas y sube el riesgo para distintos actores relacionados con el desarrollo del proceso electoral. Este fue el caso de las elecciones regionales. La violencia electoral se presentó en gran parte del país, en el marco de un accionar insuficiente y poco efectivo por parte del Gobierno.

El presente aparte analiza el acumulado de víctimas y hechos de violencia electoral desde el inicio del calendario, el 27 de octubre de 2018, hasta el 24 de octubre de 2019, describiendo las tendencias de victimización, los hechos, las víctimas y los perpetradores involucrados en este tipo de violencia política. De acuerdo con esto y en línea con las conclusiones de varios informes producidos por la Fundación Paz y Reconciliación (Pares) a lo largo del año electoral, se puede decir que:

1. Al cierre de las elecciones regionales la violencia electoral se tornó más letal e individualizada. Es decir, con el paso de los días se registraron menos casos de amenazas colectivas y aumentaron distintas formas de violencia selectiva letal contra los líderes. Graves casos ocurridos en las regiones, como la masacre de Suárez, Cauca, en la que fueron asesinados Karina García (candidata a la Alcaldía) y el candidato al Concejo Yeison Obando, o el asesinato de Orley García, candidato a la

Alcaldía de Toledo, Antioquia, son sólo una muestra de esta tendencia.

2. Si bien la violencia selectiva aumentó en las locales de 2019, el día de las elecciones, 27 de octubre, fue el más pacífico en los últimos treinta años, únicamente se presentaron dos hechos de violencia, uno de ellos en La Macarena, Meta, que obligó al traslado de un puesto de votación donde podían sufragar 186 personas. Hace veinte o 25 años eran centenares los sitios que debían funcionar en otros lados. Este tipo de violencia del día D era efectuado principalmente por grupos guerrilleros. Así las cosas, aumentó la violencia selectiva electoral y disminuyó el saboteo electoral.

3. La tercera conclusión, derivada de las dos anteriores, es que todo indicaría que la violencia electoral en los comicios regionales se ejerció como mecanismo de competencia política y afectó principalmente a liderazgos y actores políticos de carácter local. Como se verá más adelante, los candidatos y precandidatos a Alcaldías, los concejales electos y los candidatos a Concejos fueron las víctimas más comunes de la violencia electoral, acumulando el 62,7 % de todas las víctimas registradas en las bases de datos de PARES. Es decir, fue una violencia planeada e instigada por competidores políticos y no por grupos armados ilegales.

4. Más allá de una violencia sistemática en contra de sectores políticos específicos, como ocurrió entre los años 1980 y 1990 con el caso de la UP, la violencia electoral en 2019 atentó contra personas ubicadas en distintos lugares del espectro político. De acuerdo con esto, los sectores más victimizados fueron la coalición de oposición y la coalición de gobierno, que mostraron

un mayor potencial en las elecciones nacionales de 2018. Los sectores independientes, por su parte, también han sido constantemente victimizados, abarcando en distintos períodos de la contienda entre el 15 % y el 19 % de todas las víctimas registradas. Dispararon desde todos los frentes y a todos los lados.

5. La identidad de los agentes perpetradores fue desconocida en una amplia mayoría de los casos. Para el 71,7 % de las víctimas registradas en las bases de datos de PARES no fue posible identificar un actor material o intelectual al cual atribuirle responsabilidad de los hechos. Está conclusión, sumada a investigaciones en terreno, permite concluir que los homicidios, atentados o amenazas son ordenados o cometidos, en su mayoría, por competidores políticos de las víctimas y, por ende, que no se trata de una estrategia nacional para asesinar o amedrentar determinada corriente política. Son disputas políticas locales. Obviamente, estar inscrito en una orilla ideológica puede aumentar el riesgo en alguna zona del país.

6. Igualmente, en un análisis geográfico, concluir que hay una relación directa entre zonas de posconflicto y violencia política electoral no es cierto o no se puede sostener. Una buena parte de este tipo de violencia fue cometida en zonas donde no hay un vacío de poder dejado por la extinta guerrilla de las Farc y donde ellas no habían operado en los diez años anteriores al proceso de paz. Norte del Valle o algunas zonas de la Costa Atlántica son un buen ejemplo de esto.

7. Los lugares donde se ha concentrado gran parte de la violencia electoral se mantuvieron relativamente constantes, sin mucha variación geográfica a pesar de que en los últimos dos meses del calendario electoral fue posible identificar nuevos hechos

en departamentos en los que antes de septiembre de 2019 no se tenía registro. En el 88 % de las 33 divisiones político-administrativas, incluida Bogotá, se registraron hechos de violencia electoral.

8. La respuesta institucional tardía desembocó en medidas de urgencia, en gran parte relacionadas con el reencauche de la fórmula ineficaz y fallida de "seguridad = protección material" que distintas instancias previas habían desmontado para darle prelación a un enfoque preventivo, temprano y humano. Inicialmente, el Gobierno diseñó un plan para proteger el día D, soldados en puestos de votación, protección del material electoral y seguridad para candidatos en zonas de posconflicto. A eso se le llamó Plan Ágora. Más tarde, a pocas semanas de las elecciones, diseñó un plan de protección física que no dio mucho resultado.

En parte, parece claro que el gobierno Duque apostó por doblar y desvirtuar apuestas de seguridad que con antelación habían advertido la posibilidad de que la violencia política se concentrara también en perfiles involucrados en el desarrollo de los comicios. Esto, por ejemplo, en el caso de aquellas sustentadas e impulsadas desde el Acuerdo de paz firmado entre el Estado colombiano y las extintas Farc, pero también de otras consignadas en distintos decretos y normativas[2]. Este hecho incluso ha sido advertido por la Defensoría del Pueblo en repetidas ocasiones[3].

---

2   Ver: Decretos 2252, 2078, 1581 y 898 de 2017 o el Decreto 660 de 2018 y 1066 de 2015.

3   Ver: Informe de Seguimiento a la Alerta Temprana 026-18 (Defensoria del Pueblo, 2019) y la Alerta Temprana N. 035-19 de Riesgo electoral 2019 (Defensoria del Pueblo, 2019)

Para abrir paso a los datos, a continuación se muestra la gráfica que condensa la evolución mensual de los hechos, comparada con el número de víctimas que éstos dejaron. Donde las dos líneas se encuentran más dispersas es posible inferir que los hechos ocurridos fueron más colectivos, mientras que las líneas juntas muestran momentos en que los hechos fueron más individuales. Como se argumenta a lo largo del texto, las tendencias a hechos más individualizados también reflejan hechos más letales:

Número de víctimas vs. número de hechos
(27/10/2018- 24/10/2019)

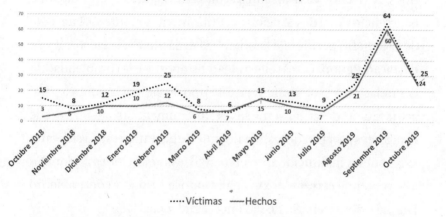

Fuente: *Elaboración propia - PARES*

Metodológicamente, este análisis fue construido a partir de fuentes primarias y secundarias, trianguladas por medio de revisiones de prensa, fuentes de territorio y la consulta con autoridades e instituciones. Para efectos de registro se han incluido hechos en contra de funcionarios, candidatos y precandidatos, miembros de partidos o movimientos políticos y personas denunciantes de casos de corrupción, victimizadas por ejercer control sobre dinámicas o grupos políticos corruptos, pues su riesgo aumenta en época electoral debido a las funciones directas que cumplen en el control y el impulso de estos procesos. En la introducción del capítulo se mostraron los ejemplos de Ocamonte, Santander, y Susacón, Boyacá.

Así mismo, se define la violencia electoral como una subcategoría de la violencia política enmarcada temporalmente en el desarrollo de las elecciones, ejercida contra individuos o colectivos con el fin de afectar el ejercicio de sus derechos políticos.

En términos de estructura, finalmente, el aparte arranca por un análisis de los hechos de violencia electoral descritos desde los tipos de hechos victimizantes acontecidos, junto con su lugar de ocurrencia y una descripción cuantitativa del fenómeno. Luego, se describen los perfiles de las víctimas de la violencia electoral y se destacan algunos casos relevantes que muestran la complejidad, la degradación y la naturaleza de este tipo de violencia política para, acto seguido, describir cómo se ve este fenómeno si se analiza desde los agentes perpetradores. Finalmente, se hace una reseña crítica de la respuesta institucional en el marco de las elecciones regionales y se pretende cerrar el texto analizando la respuesta del gobierno Duque a ese escenario de violencia agudizada.

LOS HECHOS

Desde el 27 de octubre de 2018, La Fundación Paz y Reconciliación registró 244 víctimas de 191 hechos de violencia electoral en diferentes regiones del país. Sin excepción, todos los meses del calendario electoral se presentaron afectaciones a la vida y la integridad de las personas que participaron desde distintas posiciones en el desarrollo de las elecciones regionales.

No obstante, como se dijo anteriormente, el 48,77 % de los casos ocurrió luego de que se oficializaran las candidaturas, es decir, a finales de julio de 2019. Así, mientras la inscripción de candidatos cerró con un saldo de nueve víctimas, en agosto la cifra se elevó a 25 y en septiembre a 64; es decir, más del doble frente al mes inmediatamente anterior. Por su parte, aunque octubre cerró con una tendencia decreciente, los pocos días restantes para las votaciones implicaron riesgos elevados para distintos actores involucrados en la contienda y, además, hay que contemplar el despliegue de otras formas de violencia propias del día de elecciones (asonadas, disturbios, etc.) que no son descritas en este aparte. De hecho, no es de menor importancia que a tres días de las elecciones el último se ubicó entre los cuatro meses con mayor número de víctimas (25) de todo el calendario electoral.

El siguiente mapa muestra la distribución geográfica de las víctimas y los tipos de hechos que las afectaron. Nótense dos cosas del próximo mapa. Por un lado, zonas como el norte del Valle del Cauca y la Costa Atlántica tuvieron una alta victimización, mientras que regiones históricas de la exguerrilla de las Farc y ahora con presencia de las disidencias tuvieron niveles bajos de victimización: Guaviare, Meta y Caquetá. Por otro lado, Antioquia, Cauca, Nariño y Valle del Cauca tuvieron altas victimizaciones, además de tratarse de zonas en las que además han sido asesinados la mayoría de los líderes sociales y excombatientes de las Farc. Hay una coincidencia alarmante entre los tres tipos de victimizaciones.

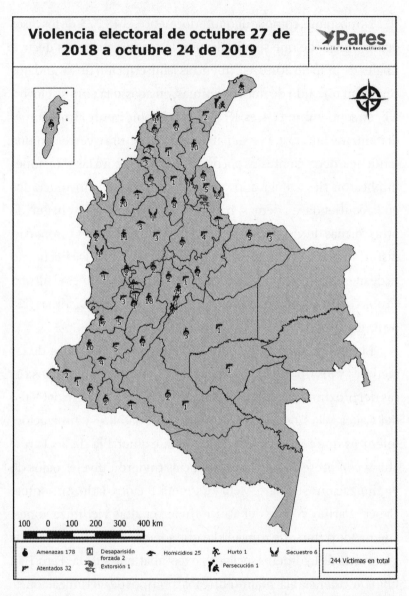

Violencia electoral de octubre 27 de 2018 a octubre 24 de 2019

Pares
Fundación Paz & Reconciliación

100   0   100   200   300   400 km

Amenazas 178	Desaparisión forzada 2	Homicidios 25	Hurto 1	Secuestro 6
Atentados 32	Extorsión 1		Persecución 1	

244 Víctimas en total

En el año de estudio se presentaron hechos de violencia electoral en 29 departamentos y el 65,16 % de todas las víctimas se concentraron en diez departamentos, tal como lo resume la siguiente tabla:

Víctimas en los diez departamentos más afectados por la violencia electoral	
Departamento	Víctimas
Valle del Cauca	25
La Guajira	22
Antioquia	18
Cauca	18
Tolima	18
Bogotá D. C.	13
Norte de Santander	12
Bolívar	11
Santander	11
Cesar	11

Fuente: Elaboración propia - PARES

De éstos, vale la pena anotar que Valle del Cauca y La Guajira figuraron constantemente dentro de los tres departamentos con mayor número de víctimas a pesar de que tres meses antes de las elecciones se reportó un aumento exponencial en el número de hechos y que buena parte de estos ocurrieron en departamentos donde antes de julio no se había reportado violencia electoral. En el último mes del calendario electoral, por ejemplo, Boyacá, Meta, Caldas y Guaviare presentaron hechos por primera vez desde que inició del calendario electoral.

En relación con los tipos de hechos, las amenazas se consumaron como la forma de victimización más común, al dejar 178 víctimas de 122 hechos. A éstas les siguieron 32 atentados ocurridos principalmente en Cauca (5), Norte de Santander (5), Santander (4) y Arauca (3). Por su parte, fueron perpetrados 25 asesinatos en doce departamentos[4] y, además, en Chocó, Antioquia, Norte de

---

4   Valle del Cauca, Cauca, Sucre, Antioquia, Bolívar, Nariño, Putumayo, Quindío y Norte de Santander.

167

Santander, Atlántico y Cesar se registraron seis secuestros bajo la modalidad de retención ilegal[5].

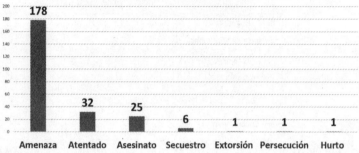

Conteo global de víctimas asociadas a hechos de violencia electoral (27/10/2018 - 24/10/2019)

Fuente: Elaboración propia - PARES

En línea con lo anterior, también es importante resaltar que 19 de los 25 asesinatos cobraron las vidas de ocho candidatos y once precandidatos, de los cuales siete pertenecían a partidos de gobierno, siete a independientes, uno a oposición y en cuatro casos, debido al momento en que se registraron, no fue posible identificar su filiación partidista. Estas muertes sucedieron sobre todo en septiembre (4), agosto (3), diciembre de 2018 (3) y mayo (3) de 2019. A continuación se muestran los datos.

---

5   Frente a este último tipo de hechos, vale la pena mencionar que en septiembre se presentó un caso de presunto "autosecuestro" ocurrido en Potosí, Nariño. El dato fue eliminado de nuestras bases y demuestra la degradación que pueden alcanzar ciertas estrategias políticas en contextos de violencia generalizada. Este se reseña con mayor amplitud en secciones posteriores.

Distribución de hechos de violencia letal por mes
(27/10/2018-24/10/2019)

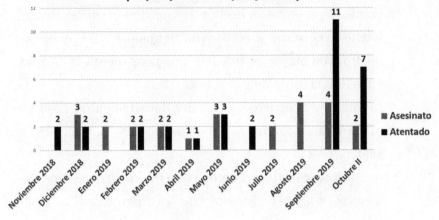

Fuente: Elaboración propia – PARES

Violencia letal y amenazas
(27/10/2018-24/10/2019)

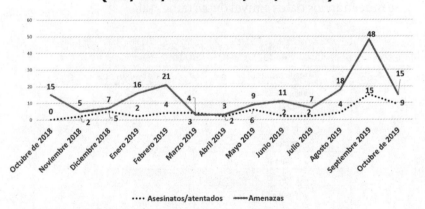

Fuente: Elaboración propia - PARES

Por departamento los tipos de hechos más comunes fueron:

- **Amenazas:** Fueron registradas en 27 de los 29 departamentos donde se presentaron hechos de violencia electoral. Únicamente en Guaviare se registró un atentado. Los tres departamentos con mayor cantidad de amenazas fueron La Guajira (20), Tolima (18) y Valle del Cauca (17).

- **Atentados:** Ocurrieron en quince departamentos. Los tres más afectados fueron Norte de Santander (5), Cauca (5) y Santander (4).

- **Asesinatos selectivos:** Fueron perpetrados en doce departamentos. De los 25 registrados, cinco ocurrieron en el Valle del Cauca, cuatro en Cauca y tres en Sucre.

Respecto de municipios, en Suárez y Santander de Quilichao, Cauca, se registraron dos crímenes en cada uno de ellos. Ambas localidades están ubicadas en el departamento con mayor número de líderes sociales victimizados en los últimos años. A continuación se muestran los datos a nivel departamental.

Asesinatos violencia electoral (27/10/2019 – 24/10/2019)	
Departamento	# de asesinatos
Valle del Cauca	5
Cauca	4
Sucre	3
Antioquia	3
Bolívar	2
Nariño	2
Risaralda	1
Chocó	1
Córdoba	1
Putumayo	1
Norte de Santander	1
Quindío	1

Fuente: Elaboración propia - PARES

Igualmente, es importante resaltar que los asesinatos ocurrieron durante gran parte del calendario electoral. Sólo en noviembre de 2018, es decir, durante el primer mes del proceso democrático, y en junio de 2019, no ocurrieron asesinatos. Durante el resto del año electoral acontecieron más de uno por mes, con excepción de abril, cuando únicamente fue reportada la muerte de José Daniel Gómez, precandidato a la alcaldía de El Cairo, Valle del Cauca.

Por demás, como se puede observar en las anteriores gráficas, los meses cuando más asesinatos ocurrieron fueron, por una parte, diciembre de 2018, con tres, es decir, justo a un mes del arranque del calendario electoral, cuando normalmente los votantes empiezan a identificar las figuras políticas; en mayo (3), en agosto (4) y septiembre (4) luego de que se oficializaran las candidaturas. Aunque mensualmente las diferencias en términos de número no son muy amplias, los picos de ocurrencia de asesinatos coinciden justamente con momentos típicamente álgidos de las campañas electorales, lo cual es un indicador del carácter selectivo y competitivo de la violencia electoral en las elecciones regionales.

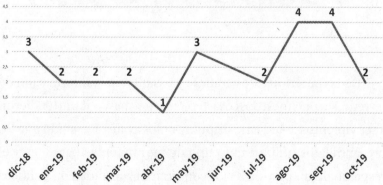

Número de asesinatos perpetrados (27/10/2018 - 24/10/2019)

Fuente: Elaboración propia - PARES

Algo similar sucedió con los atentados, cuyo aumento fue notable en septiembre, el mes inmediatamente anterior a las elecciones, cuando las candidaturas ya eran oficiales y las competencias entre campañas se encontraban en un momento de alta tensión. De los 32 atentados registrados en la base de datos de la Fundación Paz y Reconciliación, once ocurrieron en septiembre, diez de ellos contra candidatos de partidos o movimientos ubicados en todo el espectro de la alineación política. De nuevo, esta tendencia coincidió con el comportamiento de las amenazas, que dejaron el mayor número de víctimas en este mismo mes, para un total de 48 (26,96 % del total registrado).

Número de atentados perpetrados (27/10/2018 - 24/10/2019)

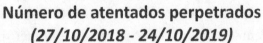

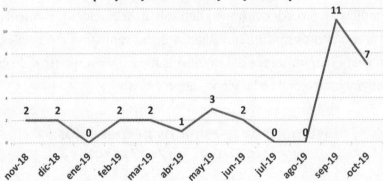

Fuente: Elaboración propia - PARES

De las anteriores dos gráficas y basados en la información de terreno, se concluyen dos cosas. Por un lado, mayo y junio tendieron a ser violentos debido a la disputa por los avales. Es sabido que los precandidatos utilizan todo tipo de herramientas para lograr el respaldo de un partido. O los compran negociando con políticos de orden nacional o llegan a la violencia para quitarse rivales del camino. Por otro lado, en Colombia, a diferencia de lo que dice la académica norteamericana, la competencia política ardua o los niveles de incertidumbre altos ante resultados electorales lleva a un aumento de la violencia política. Es decir, si la contienda electoral es muy reñida, la probabilidad de que ocurran hechos de violencia aumenta. De ahí que septiembre de 2019, un mes antes de elecciones, hubiera sido tan violento.

Finalmente, frente a otros hechos relevantes vale la pena mencionar que cuatro de los seis secuestros registrados en las bases de datos de PARES ocurrieron luego del 27 de julio de 2019, lo cual parece reafirmar que la violencia electoral, más que comúnmente, a través de distintas estrategias busca afectar las posibilidades de ciertos actores para ejercer libremente sus derechos políticos. De los secuestros registrados, por ejemplo, ha sido ampliamente mencionado el caso de Tulio Mosquera Asprilla, candidato a la Alcaldía de Alto Baudó, en Chocó, quien habría sido secuestrado por el ELN junto a una docena de personas pertenecientes a su campaña en zona rural de este municipio, el 29 de agosto de 2019. Luego de tres días de cautiverio, sus acompañantes fueron liberados, pero él permanece secuestrado a pesar de que en varias ocasiones distintas autoridades han hecho llamados para su liberación (El Tiempo, 2019) (Roa, 2019).

LAS VÍCTIMAS

Desde el 27 de octubre de 2018, 116 candidatos y 19 precandidatos fueron víctimas de violencia electoral (55,3 % de todas las registradas durante el año electoral, los demás fueron denunciantes de casos de corrupción o funcionarios). Esto hace de los aspirantes a cargos de elección popular los más victimizados y, en parte, muestra la manera como selectivamente se busca afectar sus posibilidades de acceso a los puestos de representación política. En la medida en que es un mecanismo de competencia, los móviles de victimización varían entre la eliminación de contrincantes con intereses opuestos, los ajustes entre sectores corruptos y el aseguramiento o perpetuación del control territorial por parte de actores ilegales que ven sus intereses amenazados. Parece claro que esta tendencia reafirmó el fallo rotundo en la implementación de enfoques preventivos y dejó ver la incapacidad del Estado para garantizar medidas de protección efectivas.

Para el caso de candidatos y precandidatos victimizados, vistos en función del puesto al que aspiraron, los hechos de violencia fueron distribuidos de la siguiente manera:

Aspiración del *candidato/a* víctima de violencia electoral	Número de víctimas
Candidato a Alcaldía	74
Concejo	26
Gobernación	10
Asamblea	6

Fuente: Elaboración propia - PARES

Aspiración del *precandidato/a* víctima de violencia electoral	Número de víctimas
Alcaldía	13
Concejo	5
Gobernación	1

Fuente: Elaboración propia - PARES

Nótese en los anteriores cuadros que los cargos uninominales como alcaldías son los más victimizados, mientras que en cuerpos colegiados las victimizaciones son bajas. Esto reafirma la tesis de que la motivación de estos hechos está en la competencia política. En cuerpos colegiados son decenas de candidatos, mientras en cargos uninominales no son más de dos o tres con opciones reales de triunfo.

No obstante, también fueron victimizados 69 funcionarios electos, en su mayoría concejales (40), alcaldes (10) y senadores (7) e igualmente veinte servidores públicos que ejercen distintos cargos en el Estado[6]. Esto, en particular, reafirma que la violencia selectiva ocurrida en el marco del proceso electoral, al configurarse como mecanismo de competencia política, priorizó objetivos relacionados con el aparato democrático para afectar directa o indirectamente los resultados de las contiendas regionales. En línea con esto fue posible registrar violencia electoral en contra de cuatro denunciantes de corrupción que en su momento advocaban por hechos relacionados con administraciones vigentes y, además, fueron victimizadas veinte personas catalogadas como "miembros de partido", pues cumplían distintas funciones en esas estructuras (coordinaciones, presidencias, impulsores de campañas, entre otros). A continuación, el mapa por tipo de víctima de esta categoría de violencia.

---

6   Entre estos resaltan los hechos de violencia en contra de personeros (13), pues éstos cumplen funciones directas de control en los procesos electorales.

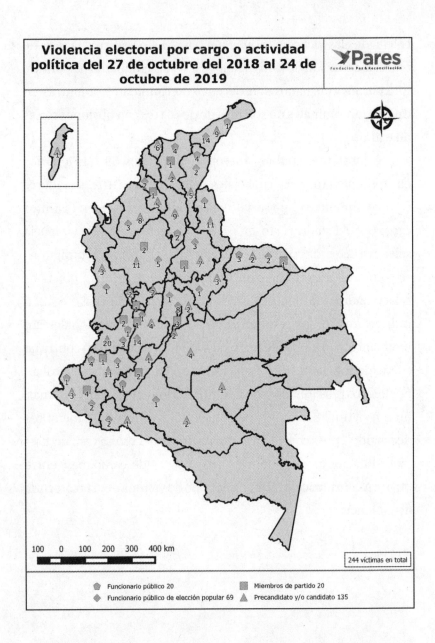

Violencia electoral por cargo o actividad política del 27 de octubre del 2018 al 24 de octubre de 2019

>Pares
Fundación Paz & Reconciliación

100   0   100   200   300   400 km

244 víctimas en total

⬠ Funcionario público 20   ◼ Miembros de partido 20
◆ Funcionario público de elección popular 69   ▲ Precandidato y/o candidato 135

Por otra parte, con pequeñas variaciones porcentuales, los sectores políticos que registraron un mayor crecimiento durante las últimas elecciones nacionales, es decir, los partidos de oposición

176

y gobierno, registraron el mayor número de casos de violencia electoral durante lo corrido de los comicios regionales. De acuerdo con esto, la alineación política de las víctimas de violencia electoral quedó distribuida de la siguiente manera:

Distribución de los hechos por alineación del partido
(27/10/2018- 24/10/2019)

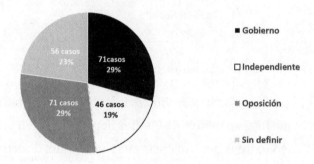

VÍCTIMAS DE PARTIDOS DE GOBIERNO

Los partidos de la coalición de gobierno registraron 71 víctimas de violencia electoral, lo cual significó el 29 % de las identificadas durante el desarrollo del calendario electoral. En contra de estos fue posible registrar cincuenta amenazas, diez atentados, ocho asesinatos, dos secuestros y un caso de extorsión, dirigidos contra 44 candidatos, 23 funcionarios de elección popular (principalmente concejales) y cuatro precandidatos. Este sector tuvo el mayor número de aspirantes victimizados, principalmente a alcaldías en Norte de Santander (4), Bolívar (3) y Cesar (2). Dentro de la coalición del gobierno el partido más afectado fue el Centro Democrático.

Junto con los sectores independientes, los de gobierno fueron quienes más asesinatos padecieron, con ocho víctimas y, particularmente, cuatro de estos tuvieron lugar hacia el final de la contienda electoral, durante agosto y septiembre. Los asesinatos en contra partidos de gobierno ocurrieron en los siguientes departamentos:

Departamento	Número de asesinatos
Valle del Cauca	3
Bolívar	2
Norte de Santander	1
Antioquia	1
Chocó	1

Fuente: Elaboración propia - PARES

Estos hechos de violencia letal se concentraron en territorios que figuran dentro de los diez departamentos con mayor número de víctimas por violencia electoral y que, de acuerdo con los estudios realizados por PARES, también poseían un alto número de candidatos cuestionados (Fundación Paz y Reconciliación, Línea de Democracia y Gobernabilidad, 2019) por vínculos con la ilegalidad o comportamientos corruptos.

Víctimas de partidos de gobierno
(27/10/2018 - 24/10/2019)

- Candidato
- Funcionario de elección popular
- Precandidato

Fuente: Elaboración propia – PARES

VÍCTIMAS DE PARTIDOS DE OPOSICIÓN

Para el caso de los partidos de oposición, donde se agrupan gran parte de los partidos y movimientos sistemática e históricamente afectados por este tipo de violencia, la dispersión política de la violencia electoral se materializó en altos niveles de victimización. No en vano los partidos y movimientos de oposición estuvieron a la cabeza de las cifras durante casi todo el calendario electoral.

Este sector registró también 71 víctimas, acumulando otro 29 % producto de 56 amenazas, ocho atentados, tres asesinatos, un hurto, dos retenciones ilegales y un caso de persecución, que afectaron a 31 candidatos, 23 funcionarios de elección popular, trece miembros de partidos con funciones en los procesos electorales y cuatro precandidatos.

A diferencia del caso de los partidos de gobierno, un actor comúnmente violentado en la oposición fueron los miembros de partido, es decir, aquellas personas que cumplían funciones en los procesos electorales en las estructuras políticas y no eran candidatos. Este fue el caso, por ejemplo, de un atentado ocurrido en Barrancabermeja en junio, cuando sujetos no identificados incineraron dos camionetas asignadas al secretario de la Coordinadora regional del Polo Democrático Alternativo mientras él realizaba reuniones con comunidades (Polo Democrático Alternativo, 2019).

Para el caso de los partidos de oposición se pueden resaltar, además, otras tres cuestiones relevantes. Por una parte, a pesar de no ser la mayor víctima de violencia letal, ese sector político concentró gran parte de los hechos dirigidos en contra de personas en cargos de representación de los niveles nacional y regional. Esto, en una serie de panfletos aterradores en los que fueron amenazados seis senadores y dos representantes a la Cámara. Así mismo, en febrero fue amenazado el gobernador saliente de Nariño, Camilo Romero.

Por otra parte, en el caso de la oposición es llamativo que, a diferencia de otros sectores políticos, 23 de las 33 víctimas registradas hayan sido atribuidas a las Águilas Negras (todas, producto de amenazas), pues este grupo ha sido catalogado constantemente como una suerte de franquicia sicarial utilizada con fines políticos por parte de sectores en la legalidad y que, aparentemente, desde 2011 no cuenta con una estructura criminal.

Finalmente, también llama la atención el hecho de que dos de los seis secuestros ocurridos en el marco del calendario electoral regional hayan sido dirigidos en contra de candidatos de oposición. Estos dos tuvieron lugar en Norte de Santander y, particularmente, en el municipio de Convención donde es conocida la fuerte presencia y control ejercido por el Grupo Armado Posfarc de las disidencias del frente 33, el ELN, Los Pelusos y en algunas zonas del Clan del Golfo.

Víctimas de partidos de oposición
(27/10/2018 - 24/10/2019)

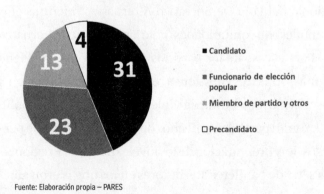

- Candidato
- Funcionario de elección popular
- Miembro de partido y otros
- Precandidato

Fuente: Elaboración propia – PARES

VÍCTIMAS DE PARTIDOS INDEPENDIENTES

Finalmente, los partidos independientes registraron 46 víctimas que representaron el 19 % de todas las identificadas en el transcurso del calendario electoral. Como se dijo anteriormente, a tres días de las elecciones tanto los partidos de gobierno como los independientes registraron la mayor cantidad de asesinatos, con ocho cada uno. Igualmente, esta tendencia se intensificó luego del 27 de julio de 2019, pero con una diferencia notoria: este fue el sector político con mayor número de candidatos asesinados, con un total de cinco[7]. De estos, cuatro ocurrieron en septiembre y octubre de 2019 en Cauca (3) y Risaralda (1). De hecho, el resonado caso de la masacre en la que fue asesinada la candidata a la Alcaldía de Suárez, Cauca, Karina García y el candidato al Concejo Yeison Obando, se cuentan dentro de este espectro.

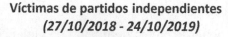

Víctimas de partidos independientes
(27/10/2018 - 24/10/2019)

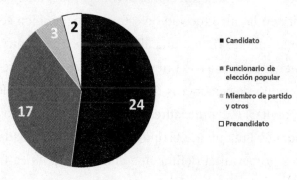

■ Candidato

■ Funcionario de elección popular

▨ Miembro de partido y otros

☐ Precandidato

Fuente: Elaboración propia - PARES

---

7   Además de éstos, dos precandidatos y un miembro de partidos independientes perdieron durante el desarrollo del calendario electoral.

Además de estos casos fueron registradas 29 víctimas de amenazas, principalmente candidatos (14); así como ocho atentados, también en su mayoría en contra de aspirantes a alcaldías (2) y concejos (2). Adicionalmente, se presentó un caso de secuestro en Alto Baudó, Chocó, reseñado brevemente en apartes anteriores (es el caso de Tulio Asprilla Mosquera).

VÍCTIMAS DE SECTORES SIN ALINEACIÓN DEFINIDA

Finalmente, en el 23 % de los casos la alineación política de las víctimas se desconoce debido, por una parte, a que no fue posible determinar una filiación a partir de los perfiles y, por otra, a que el acumulado de víctimas y hechos se analizó desde el arranque del calendario electoral, lo cual hizo que no fuera posible identificar claramente la alineación de algunas personas. Es decir, fueron afectados a finales de 2018 o principios de 2019.

Además, de acuerdo con la definición de violencia electoral descrita en la introducción de este aparte, también se aparecen personas que no tienen una alineación política, pero en contra de quienes se atenta con fines político-electorales. Este es el caso, por ejemplo, de personeros, funcionarios (que no son elegidos por voto popular) o denunciantes de corrupción, como los veedores ciudadanos. Finalmente, el tipo de colectividad asociada a algunos perfiles no permitía definir una alineación política fácilmente, por ejemplo, en el caso de algunos movimientos significativos de ciudadanos.

De acuerdo con esto, la mayoría de las personas registradas como "sin alineación política identificada" fueron: funcionarios (20), candidatos (17) y precandidatos (9).

Distribución departamental de las víctimas sin alineación política	
Departamento	Número de víctimas sin alineación política identificada
Antioquia	4
Arauca	2
Bogotá D. C.	1
Bolívar	1
Caldas	1
Caquetá	1
Cauca	7
Cesar	1
Chocó	1
Córdoba	4
La Guajira	6
Meta	1
Norte de Santander	2
Quindío	1
Risaralda	1
Santander	1
Sucre	3
Tolima	2
Valle del Cauca	6

DISTRIBUCIÓN GEOGRÁFICA DE LAS VÍCTIMAS

Regionalmente, la distribución hechos de violencia en contra de cada uno de estos sectores políticos difirió. Mientras que la mayor cantidad de víctimas de partidos de gobierno se registró en Tolima, Valle del Cauca, Bolívar y Norte de Santander, los hechos en contra de partidos de oposición se concentraron en Bogotá, Nariño, Tolima y Valle del Cauca. Así mismo, los casos en contra de partidos independientes ocurrieron, en su mayoría, en Cauca, La Guajira, Valle del Cauca y Córdoba.

183

Número de departamentos con hechos de violencia electoral por alineación del partido	
Alineación de los partidos	Número de departamentos con hechos
Partidos de gobierno	22
Partidos de oposición	23
Partidos independientes	19

Fuente: Elaboración propia - PARES

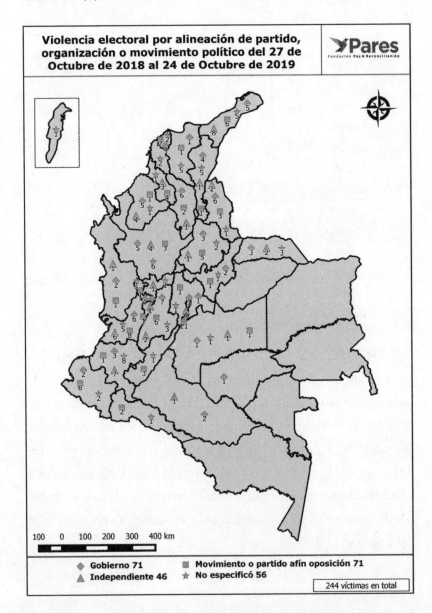

Como se puede ver en la siguiente gráfica, Valle del Cauca punteó en cantidad de víctimas a nivel nacional y, además, los datos mostraron que allí se atentó en contra de personas alineadas en todo el espectro político sin preeminencia significativa de alguna posición. Ocurrió algo similar con La Guajira y Tolima. Disparaban de todas partes a todo el espectro político.

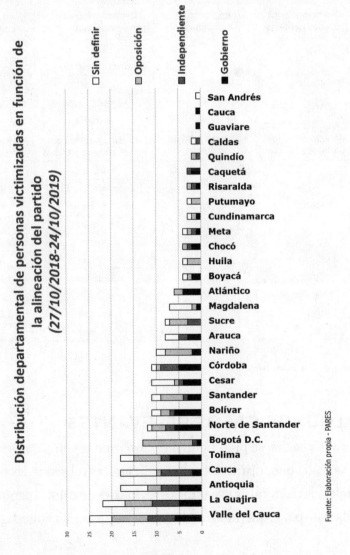

A manera de complemento, la siguiente tabla ofrece una descripción más detallada de la distribución departamental de las víctimas, priorizando los cinco departamentos con mayor número de casos por alineación de partido:

Departamentos con mayor número de víctimas por alineación de partido			
Alineación de los partidos políticos	Número total de víctimas	Departamentos con mayor número víctimas	Número de víctimas
Gobierno	71	Tolima	7
		Norte de Santander	6
		Bolívar	6
		Valle del Cauca	6
		La Guajira	5
Alineación de los partidos políticos	Número total de víctimas	Departamentos con mayor número víctimas	Número de víctimas
Oposición	71	Bogotá D. C.	11
		Valle del Cauca	8
		Tolima	6
		La Guajira	6
		Nariño	6
Independiente	46	Cauca	7
		Valle del Cauca	6
		La Guajira	6
		Antioquia	4
		Córdoba	4

Fuente: Elaboración propia – PARES

ALGUNOS CASOS RELEVANTES

A continuación se presentan siete casos que sirven para ejemplificar, cada uno, distintas facetas y dinámicas relacionadas con la violencia electoral de los comicios regionales de 2019. El panorama dibujado por lo que, de acuerdo con la definición adelantada por la

Fundación Paz y Reconciliación, se puede catalogar como una subcategoría de la violencia política, ya que esta última abarca también otras manifestaciones no necesariamente ligadas al desarrollo de las elecciones como, por ejemplo, las violencias en contra de líderes y lideresas sociales o de excombatientes de las Farc fue crítico en todos los momentos del calendario electoral y la gravedad de los hechos constantemente prendió las alarmas de distintas organizaciones sociales, políticas y de los medios de comunicación.

En el marco de este escenario es cierto que el gobierno de Iván Duque implementó algunas iniciativas para poner freno a los hechos. Sin embargo, también es vital recordar que una de sus respuestas políticas al fenómeno fue inclinarse por defender la tesis simplista de que la violencia electoral había disminuido en comparación con elecciones regionales pasadas. Como se vio, disminuyó la afectación de grupos armados ilegales y organizaciones criminales, pero no la violencia selectiva contra candidatos.

Los casos expuestos a continuación buscan matizar con reseñas breves estas afirmaciones a medias que desvirtúan las aristas y complejidades del fenómeno y, al mismo tiempo, dar cuenta de algunos momentos resonados de la violencia electoral. Es claro que el panorama mortífero de la violencia electoral exigía lecturas sensibles a los difíciles contextos que afrontan personas y colectivos que apuestan por el ejercicio efectivo de los derechos políticos en Colombia.

Karina García Sierra - Partido Liberal (Suárez, Cauca - 01/09/2019)

El crimen contra Karina García Sierra fue quizás uno de los más emblemáticos casos de violencia electoral que empañaron las elecciones regionales, principalmente por cuatro razones:

1. Existían antecedentes de amenazas contra su integridad. Así como contra otros candidatos en el mismo municipio. A pesar de esto fue imposible prevenir su asesinato.

2. La subregión del norte del Cauca, donde desarrollaba su campaña política, fue identificada por la Defensoría del Pueblo como un área donde las personas que ejercen liderazgos sociales y políticos son sujetos de atención especial dado el contexto de violencia que se vive en el territorio. Al respecto fue emitida una alerta temprana cuya última actualización se dio el 15 de agosto de este año (Alerta Temprana N° 033-19).

3. Debido al despliegue desmedido de violencia que ocasionó su muerte y las de cinco personas más que la acompañaban, incluido otro candidato.

4. Por el vínculo entre las agresiones en su contra y las disputas y difamaciones emprendidas a raíz de la disputa electoral.

Karina era candidata del Partido Liberal a la Alcaldía de Suárez, municipio ubicado en el norte de Cauca. El miércoles 21 de agosto, la candidata advirtió por medio de sus redes sociales de las amenazas que habían recibido miembros de su equipo de candidatura por parte de sujetos armados, cuando se disponían a poner publicidad en la zona de Betulia (Polo, 2019). Karina reveló la existencia de un vínculo entre estas agresiones y las declaraciones estigmatizantes emprendidas en su contra por parte de los demás aspirantes a la Alcaldía de Suárez, quienes "dicen que yo voy a llevar a los paramilitares, las multinacionales y que les voy a quitar la tierra a las personas, eso es algo que me pone en riesgo" (Quilindo, 2019) pues, según le informaron los hombres armados al ser consultados por su accionar, esta 'medida' sólo fue emprendida contra su campaña.

Con base en estas declaraciones, a finales de agosto en un consejo de seguridad electoral se advirtió sobre la situación de riesgo que corría Karina y le fue asignado un esquema de seguridad por parte de la Unidad Nacional de Protección (UNP).

Mientras se desplazaba por el corregimiento de Betulia en un vehículo blindado acompañada por su mamá, el candidato al Concejo Yeison Obando –quien que hacía parte de la misma colectividad– y diversos líderes y funcionarios locales, el automotor fue atacado con granadas y ráfagas de fusil. En el vehículo también se encontraban miembros del esquema de seguridad que le fue asignado en días antes, de los cuales sólo uno sobrevivió. Las autoridades indígenas del resguardo de Cerro Tijeras confirmaron el hallazgo del automotor y los cuerpos sin vida de sus acompañantes.

En los últimos siete años, Karina había desempeñado cargos públicos como concejal (2012-2015) y personera municipal (2016-2018) de Suárez. Adicionalmente, participó en las campañas electorales del actual alcalde de Suárez, Hernando Ramírez, y del gobernador de Cauca, Óscar Rodrigo Campo (*El Tiempo*, 2019). Su familia hacía parte de la política tradicional del municipio y allí competía con otras dos casas políticas.

Por una parte, los asesinatos de Karina García y Yeison Obando muestran la ineficacia de las medidas físicas para atender contextos complejos donde operan Grupos Armados Organizados con una alta capacidad bélica. Además de ser utilizado como corredor para el abastecimiento y el movimiento de armamento por parte de actores armados ilegales, en el municipio de Suárez se mantienen los procesos de producción y comercialización de pasta de base de coca. Tal como señala la Alerta 033-19, la región se constituye como un área geoestratégica para la movilidad, tránsito, tráfico de mercancías ilegales y financiación de grupos armados ilegales, y cuenta con la presencia del ELN, EPL y Grupos Armados Posfarc, dentro de los cuales la columna móvil Jaime Martínez, la de mayor poder criminal y organizativo. Debido a este contexto, el gobierno nacional atribuyó la responsabilidad del múltiple crimen a Leder Johay Noscué, alias Majin Boo, quien se encuentra al mando de este grupo.

Sin embargo, el 3 de septiembre, en un comunicado, la columna Jaime Martínez negó la responsabilidad en la masacre. Esa declaración se conjuga con las inconsistencias que se han encontrado en los testimonios brindados por parte del escolta de la UNP sobreviviente al ataque. Ambos hechos, junto a la falta de garantías generalizada en el departamento para el ejercicio de las actividades políticas, demostrada por los 18 hechos de violencia electoral contra personas registradas en esta zona, señala la necesidad de indagar la hipótesis ya expuesta por la Fundación Paz y Reconciliación sobre la efectiva autoría de alias Majin Boo en el hecho y la presunta contratación por parte de contendores políticos. A Majin Boo le pagaron por cometer esos crímenes.

Incluida Karina García, 42 mujeres fueron víctimas de violencia electoral desde el 27 de octubre de 2018. De estas, también incluida ella, tres fueron asesinadas, 35 sufrieron amenazas, ocurrieron tres atentados y una fue retenida ilegalmente en Antioquia. Es necesario ampliar la información disponible sobre los casos de las mujeres y profundizar en las formas diferenciadas de violencia que se ejercen y ejercieron sobre sus cuerpos e identidades, máxime cuando participan abiertamente de procesos electorales de los cuales han sido históricamente relegadas. De acuerdo con las bases de datos de PARES, quince de las 42 mujeres víctimas de violencia electoral eran candidatas a alcaldías (12), concejos (2) y asamblea.

Efraín Pardo Rosero - MAIS (Túquerres, Nariño - 05/05/2019)

Efraín Pardo Rosero tenía 46 años y era un reconocido líder comunal de la población de Mallama, Nariño. Durante las elecciones regionales de 2019 se presentó como candidato al Concejo y fue apoyado por el Movimiento Alternativo Indígena y Social (MAIS).

La mañana del viernes 3 de mayo, mientras se disponía a sacar el vehículo con el cual laboraba como taxista, Efraín fue abordado por desconocidos que se movilizaban en un automóvil de transporte público y fue acribillado en el parqueadero de su casa. Falleció después de recibir tres impactos de bala. El asesinato se enmarca en el contexto de violencia política del departamento de Nariño, donde fueron atacadas diez personas desde el arranque del calendario electoral. Estas victimizaciones han consistido en amenazas y asesinatos a líderes políticos y sociales, y se han concentrado en los municipios de El Charco, Pasto, Tumaco y Samaniego.

La población de Mallama no ha sido ajena a los múltiples hostigamientos y atentados contra la comunidad y el orden público que ha azotado a la región Pacífica por estructuras armadas ilegales y grupos de delincuencia organizada, cuya presencia se concentra en Tumaco (INDEPAZ, 2018, pág. 28). Actualmente Mallama se constituye como un territorio receptor de población desplazada, proveniente de municipios cercanos como Ricaurte, Barbacoas y Tumaco. En 2019 se produjeron dos desplazamientos masivos: uno desde Ricaurte y otro en la vereda de Providencia, jurisdicción rural del municipio de Mallama (CMID, 2017, pág. 50).

Hasta el momento las investigaciones no han clarificado quienes son los responsables del asesinato de Efraín Pardo Rosero y la información que circula entre los pobladores señala a su negativa de extorsión como el principal móvil, pues se negó a pagar exigencias de dinero.

Cabe destacar que su residencia estaba ubicada a la altura del kilómetro 33 de la vía que conduce de Túquerres a Tumaco, un sector de alto tránsito vehicular, lo que facilitó el desplazamiento de los perpetradores del crimen. La ubicación geográfica del hecho permite especular sobre los vínculos de los grupos delincuenciales que actúan en Mallama con las estructuras armadas ilegales y los grupos delincuenciales presentes en la región.

Este delito es un reflejo del panorama de inseguridad que viven los líderes y lideresas sociales y políticos en el departamento, pues en días cercanos fue asesinado un joven identificado como Gustavo Guanga, de 18 años, en el corregimiento de Chucunes, jurisdicción de Mallama. Además, resalta el carácter multifacético de los liderazgos sociales en los territorios y la complejidad asociada a las distintas facetas de la violencia política. En este caso, es importante resaltar también la importancia de analizar el fenómeno de la violencia electoral como un continuum en el que se marcan nexos muy fuertes con otras manifestaciones de violencia selectiva en contra de personas que provienen de otros ámbitos de liderazgo.

Paula Andrea Rosero Ordóñez - Personera
(Samaniego, Nariño - 20/05/2019)

Era abogada litigante. Fue reconocida por su labor en las administraciones locales en el municipio de Samaniego y sus alrededores, dado que ocupó la Personería del municipio de Santa Cruz y participó activamente en escenarios de construcción de Paz, como el Consejo Municipal de Paz y la Mesa Municipal de Mujeres.

Desde 2016 se desempeñaba como personera de Samaniego y desde allí denunció distintas amenazas que recibió en su contra por las irregularidades que reveló sobre el manejo de los recursos públicos del hospital Lorencita Villegas. Esto, a pesar de que el coronel Álvaro López, comandante de Policía de Nariño, afirmó que no existieron reportes en los que constara que dichas intimidaciones se habían dado en el último año (Revista *Semana*, 2019).

No obstante, la noche del lunes 20 de mayo, Paula se dirigía a su hogar tras asistir a un evento infantil en el caso urbano del municipio cuando a la altura del sector conocido como Romboide, cercano al barrio San Juan, fue abordada por dos hombres en una motocicleta que le dispararon en repetidas ocasiones. Luego del incidente recibió ayuda en el lugar y fue remitida al hospital Lorencita Villegas, pero falleció pocos minutos después.

El crimen despertó una oleada de rechazo, puesto que refleja la situación de riesgo de los funcionarios en época electoral y la falta de garantías a las que se enfrentan los personeros para la ejecución de sus labores. (Análisis Urbano, 2019). Tras el asesinato de Paula fue convocado un Consejo de Seguridad en el municipio para tomar medidas urgentes ante la ola de violencia que azotaba la región y a esa población, en particular, debido a que la misma noche fueron asesinadas otras dos personas en hechos que no guardan una relación con este homicidio (Redacción Nacional, 2019).

Pese a las manifestaciones de indignación, encabezadas por la Procuraduría General y la Defensoría del Pueblo, hasta el momento los responsables no han sido identificados.

Las estimaciones de muertes violentas (homicidios por arma blanca y arma de fuego) en Samaniego varían ampliamente entre las cifras suministradas por la opinión pública y los datos que son reconocidos por las autoridades locales. Hasta octubre de 2019 la población estimaba que habían ocurrido más de treinta asesinatos (Andrade, 2019), mientras que la Policía Nacional (Policia Nacional, 2019)[8], a corte de septiembre, señalaba un total de 22 y el Instituto de Medicina Legal sólo uno (Instituto de Medicina Legal Forensis, 2019)[9].

Por su parte, en 2018 Medicina Legal reconoció cuatro homicidios y la Policía Nacional 41, mientras que la población estimó esa cifra en más de noventa (Andrade, 2019).

El caso de Paula Rosero se suma a los de otras dos mujeres asesinadas en hechos de violencia electoral. Se trata de Zonia Rosero, precandidata a la Alcaldía de Puerto Asís, Putumayo, y el ya mencionado de Karina García.

Bernardo Betancourt - Partido Conservador
(Tibú, Norte de Santander - 15/09/2019)

El peligro relacionado con hacer política en la zona de Catatumbo es un hecho reconocido en el ámbito nacional dado el contexto histórico de violencia y conflictividad que ha caracterizado la región. En consecuencia, en agosto de 2019 los aspirantes a la Alcaldía del municipio de Tibú firmaron un pacto por la No violencia con el fin

---

8   Cifras extraídas de la página oficial de Estadísticas Delictivas de la Policía Nacional de Colombia (Policía Nacional de Colombia, 2019). Fecha de consulta: 25 de octubre de 2019

9   Cifras extraídas de la página oficial de estadísticas del Instituto de Medicina Legal, Forensis (Instituto de Medicina Legal, 2019). Fecha de consulta: 25 de octubre de 2019.

de garantizar un escenario pacífico y favorable para el desarrollo de sus campañas electorales.

Uno de quienes adscribieron este documento fue Bernardo Betancourt Orozco, quien aspiraba por segunda vez a la Alcaldía con el aval del Partido Conservador y había denunciado a través de sus redes sociales el desarrollo de una campaña sucia en su contra (Resvista Semana, 2019). Bernardo asumió la Alcaldía de este municipio en el período 2004-2007 y tuvo que enfrentar los estragos de la violencia paramilitar y enfocó su gestión en reconstruir el tejido social, fracturado por la presencia de grupos armados en el territorio. Desde el inicio de su postulación recibió amenazas de diferentes partes, pero a pesar de ello no contaba con esquema de seguridad (*Las2Orillas*, 2019).

Mientras realizaba actividades de su campaña en el poblado Motilón Barí de El Silencio, corregimiento de La Gabarra, el domingo 15 de septiembre fue asesinado de un impacto de bala. Según las versiones de las autoridades locales y testigos del hecho, quien perpetró el asesinato habría sido un sicario que escapó a territorio venezolano. Se desconocía de posibles amenazas o intimidaciones contra él (*La Opinión*, 2016).

Sin embargo, el 10 de octubre en un comunicado a través de redes sociales, el extinto frente 33 de las FARC se adjudicó el asesinato por la negativa del candidato a retirarse de la contienda electoral.

El episodio consumó un saldo de doce víctimas de violencia electoral que se le atribuyen a esta organización en el marco de las elecciones regionales 2019, incluidas las dejadas por la masacre perpetrada por el grupo residual al mando de Léider Johany Noscue, alias Majin Boo, donde fue asesinada la candidata Karina García en Suárez, Cauca.

Es de destacar que entre 1999 y 2004, las masacres perpetradas en Tibú se relacionaron con el control territorial de esa zona, pues La Gabarra era un corredor que permitía movilizar trimestralmente montos superiores a 26 millones de dólares en cocaína a través del río Catatumbo. La disputa por el territorio y actividades ilegales como cultivos ilícitos, minería ilegal y contrabando se mantiene actualmente entre el ELN, las disidencias de las FARC y agrupaciones paramilitares (Redacción Política, 2019). En este contexto la Fundación Paz & Reconciliación (2019) registró un total de doce personas victimizadas entre octubre de 2018 y octubre de 2019 por hechos de violencia electoral en Norte de Santander.

Jesús Adier Perafán Correa - Coraje Caicedonia
(Caicedonia, Valle del Cauca - 31/12/2018)

Dentro de los episodios de violencia electoral registrados en el país durante el último año, ha habido casos en que esta se conjuga con los crímenes de líderes y lideresas sociales. El asesinato de Jesús Adier Perafán en el municipio de Caicedonia, Valle del Cauca, además de ser uno de los primeros ocurridos en el calendario electoral, es un ejemplo de ello.

Jesús Adier se encontraba en una tienda de su propiedad cuando fue atacado y recibió múltiples disparos. Los atacantes huyeron en una motocicleta mientras él fue atendido por sus vecinos y familiares, quienes lo llevaron al hospital Santander de ese municipio. Sin embargo, horas más tarde se confirmó su deceso (*Noticias Caracol*, 2019).

La trayectoria de su trabajo como líder social le aseguró el apoyo de la comunidad, al punto de que estaba considerando postularse al

Concejo municipal. Además de ser el presidente de la JAC del barrio que habitaba, Jesús se desempeñaba como veedor público, enfocado en el sector salud, y su labor lo llevó a denunciar en múltiples ocasiones casos de corrupción que tuvieron lugar en esa población. En los últimos meses de 2018, Jesús Adier fundó el movimiento político Coraje Caicedonia, el cual avalaría su postulación para las elecciones territoriales del año 2019.

A pesar de que diferentes sectores comunitarios se manifestaron en torno a su asesinato, exigiendo a las autoridades una respuesta rápida y efectiva frente a los responsables, la Fiscalía General de la Nación aún no ha determinado si éste fue motivado por su actuar como líder social o por su posible candidatura al Concejo. La información de la que se dispone hasta el momento no vincula esta acción con ninguna estructura armada ilegal ni con grupos de delincuencia organizada y se lo presenta como un caso de sicariato.

Este caso mezcla el liderazgo social, la actividad como denunciante de casos de corrupción y aspiraciones políticas, en una zona donde hacen presencia estructuras políticas que se han aliado con actores ilegales.

Yolanda González García - ASI (Saravena, Arauca - 19/09/2019)

De los ocho hechos relacionados con violencia electoral en Arauca (cinco amenazas y tres atentados), particularmente llamó la atención el caso de Yolanda González García, secretaria departamental del partido Alianza Social Independiente (ASI).

Yolanda González García es exconcejal del municipio de Saravena y allí ejerce un liderazgo social reconocido en toda la región. Debido a incidentes de seguridad, en meses anteriores a las elecciones le fue asignado un esquema de protección que incluía el acompañamiento constante de un guardaespaldas por parte de la UNP.

El jueves 19 de septiembre, la exconcejala se transportaba en una camioneta blindada de la UNP en compañía de Ezequiel Méndez Rivero, el escolta que le fue asignado. Mientras transitaban por el casco urbano de Saravena, en el sector conocido como La Virgen, presuntamente fueron requeridos por un puesto de control instalado por la Décimo Octava Brigada del Ejército Nacional. En hechos que hasta el momento no se han clarificado, los agentes dispararon contra el vehículo y asesinaron a Ezequiel e hirieron a Yolanda González, quien fue trasladada a un hospital. En un video quedó registrado el hecho.

El Ejército sostiene que el hecho fue producto de una confusión, pues los oficiales presentes fueron informados pocas horas antes del hurto de una camioneta. Al parecer el vehículo robado se dirigía hacia Saravena (Justicia El Tiempo, 2019). Aunque la institución afirma que el error se debió a que la camioneta coincidía con la descripción del auto robado, ésta es de color vino tinto, con placas FZT-103 de Bogotá, mientras que el reporte asegura que el vehículo robado era blanco, de placas HRO-948 de Villa del Rosario, Norte de Santander.

En entrevistas posteriores, Yolanda González aseguró que tanto ella como Ezequiel se identificaron antes de que les dispararan (La Opinión, 2019) sin que esto previniera a los uniformados: "Me bajé del carro y apenas me bajé un soldado me dijo: 'Levante los brazos, levante las manos'. Cuando levanté las manos empezaron a disparar inmediatamente, sin decirme nada. Sólo me dispararon y ya. [...] Lo que dijeron es que el carro que estaban buscando era blanco. No tiene nada que ver con mi carro (que era rojo)" (Redacción BluRadio, 2019).

Hasta el momento no se han dado determinaciones judiciales alrededor de este caso. Tras el hecho, el esquema de protección con que cuenta la dirigente del partido ASI ha sido reforzado. Además, días después del atentado apareció un video que confirma la versión de la exconcejala.

Óscar Lombana - Cambio Radical (Potosí, Nariño - 19/09/2019)

Igualmente, durante las elecciones locales y regionales de 2019 hubo casos en los que se utilizó la violencia política para ganar apoyos y visibilidad de la campaña. Muestra de esto es el caso de Óscar Lombana, candidato a la Alcaldía de Potosí, Nariño, por Cambio Radical. El 10 de septiembre fue denunciado el secuestro de Lombana mientras se encontraba en la vereda Cuaspud, zona rural de Potosí (La Opinión, 2019). Debido a la ubicación geográfica del lugar donde se registró el hecho, se contempló la posibilidad de que el grupo disidente de las FARC autodenominado los 'Alpargatas' estuviese involucrado en el crimen con fines de extorsión.

En medio de la exigencia de medidas que asegurasen el rescate del candidato, Germán Córdoba Ordóñez, director de Cambio Radical, solicitó la suspensión de las elecciones del 27 de octubre con el argumento de que "en donde estén secuestrando y asesinando candidatos deben ser suspendidas inmediatamente las elecciones. Los partidos debemos ser solidarios con la democracia y no les podemos hacer el juego a los violentos" (Redacción Judicial, 2019).

Sin embargo, luego de diez días, el candidato fue reportado como liberado en extrañas condiciones. Tras una corta investigación, el martes 24 de septiembre, durante una rueda de prensa, el comandante de la Policía de Nariño confirmó que en el caso del candidato Lombana presuntamente habría sido un "autosecuestro".

A esta conclusión se llegó por las propias declaraciones de Lombana, quien habría confesado que lo hizo para fortalecer su campaña y con fines políticos, pues buscaba que la gente confiara en su postulación.

Según confirmaron las investigaciones policiales, otras cuatro personas estuvieron involucradas en el hecho. Podrían enfrentar procesos por falsa denuncia, hurto y obstrucción de la administración de justicia (Redacción Digital, 2019).

Ante esta información, Germán Córdoba Ordóñez aseguró que a Lombana le fue abierto un proceso disciplinario en la colectividad y que ésta le retiró el aval, al tiempo que solicitó al Consejo Nacional Electoral (CNE) que fuese revocada su candidatura. "No se puede jugar con un tema tan delicado como fue éste, toda la institucionalidad se volcó para salvaguardar la vida de Óscar Lombana y era una artimaña electoral. Rechazamos y condenamos estos actos tan bajos", señaló Córdoba Ordóñez (Colprensa, 2019). De acuerdo con resultados preliminares de la Registraduría Nacional del Estado Civil, Óscar Lombana compitió en las elecciones y obtuvo seis votos.

LOS PERPETRADORES

Para la fecha de corte de los datos analizados en el presente aparte (24 de octubre de 2019), el 71,7 % de los agentes perpetradores permaneció desconocido. Es decir, de las 244 víctimas registradas, en 175 no fue posible identificar el autor material o intelectual. Así mismo, de las 128 amenazas que dejaron 178 víctimas, se desconoce el 68,75 % de los victimarios.

Esta tendencia se repitió en la gran mayoría de los asesinatos. En 22 de los 25 casos registrados por PARES (88 %) no fue posible identificar un presunto autor material o intelectual. Únicamente en los casos de la masacre de Suárez, Cauca, ocurrida el primero de septiembre de 2019, donde hubo dos candidatos muertos –Karina García y Yeison Obando– y en el asesinato de Bernardo Betancourt en Tibú, el 15 de septiembre, se presume la participación de Grupos Armados Posfarc como actores materiales, pero aún se desconoce a los determinadores. Llama la atención que todos los asesinatos con agente perpetrador identificado ocurrieron hacia el final del calendario electoral cuando también comenzaron a ser más visibles las acciones de otros actores como el ELN y las AGC.

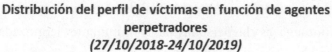

Distribución del perfil de víctimas en función de agentes perpetradores
(27/10/2018-24/10/2019)

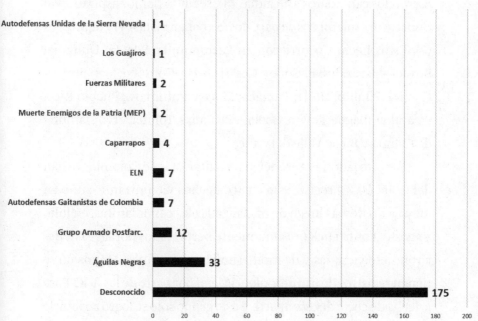

Fuente: Elaboración propia - PARES

Del conjunto de agentes perpetradores identificados, las Águilas Negras registraron el mayor número de hechos, con el 10,47 % del total acumulado, dejando como saldo 33 víctimas de veinte amenazas en trece departamentos.

Frente al caso de las Águilas Negras, todo parece indicar que como grupo no existe desde 2011. Tal como ha sido expuesto por PARES, esta es una marca, franquicia o fachada que utilizan diferentes actores políticos y criminales para ocultar su identidad (Avila, ¿Qué son las águilas negras?, 2018). Por esta razón, llama la atención que la mayoría de las acciones de las Águilas Negras se dirigiesen en contra de personas pertenecientes a partidos de oposición: 23 de las 33 víctimas atribuidas a este grupo pertenecen a este sector político.

En el caso de la violencia electoral, las Águilas Negras sólo emitieron amenazas y las personas más comúnmente victimizadas fueron los candidatos a alcaldías (8), seguido por los aspirantes al Concejo (6), miembros de partidos (5), congresistas (4) y diputados (2). Estos hechos ocurrieron en Barranquilla; Bogotá; Duitama, Boyacá; Manizales; El Copey, Cesar; Lorica, Córdoba; Manaure, La Guajira; Pitalito, Huila; Tumaco; Mocoa, Putumayo; Pueblo Rico, Risaralda; Ibagué, Rovira, Coello y Planadas, Tolima, y Cali, Jamundí, Calima y Buga, Valle del Cauca.

Por otro lado, las Autodefensas Gaitanistas de Colombia o Clan del Golfo (AGC) registraron cuatro hechos victimizantes: uno en mayo y los demás luego de oficializadas las candidaturas, en julio y agosto. Los hechos presuntamente perpetrados por las AGC dejaron siete víctimas y de modo similar a las Águilas Negras no se tienen registros de uso de violencia letal por parte de las AGC. Para la fecha de corte de este aparte, a este grupo sólo se logró atribuirle autoría de amenazas, a pesar de que existen serios indicios de su participación en otro tipo de hechos.

Frente a este grupo cabe resaltar que la mayoría de los hechos que se le han atribuido ocurrieron en Sucre, donde se sabe que tienen una fuerte presencia, puntualmente en la subregión de Montes de María. No hay que olvidar, además, que la Defensoría del Pueblo emitió la Alerta Temprana 035-19 en la que advirtió que las AGC podrían ser el mayor generador de riesgos electorales por su presencia municipal (Defensoria del Pueblo, 2019).

A su vez, del ELN se tiene registro de cinco hechos que han dejado como saldo siete víctimas. Hay que mantenerse atento a las acciones de este grupo, particularmente en Cesar, pues, además de su fuerte presencia en el departamento, allí ocurrieron la mayor parte sus presuntas victimizaciones. De acuerdo con la Alerta Temprana 035-19, catorce municipios del departamento tenían un nivel de riesgo electoral medio (a excepción de Copey, que se catalogó en riesgo alto) (Defensoria del Pueblo, 2019). En este departamento, estos hechos dejaron cinco víctimas en Becerril, Pueblo Bello y Pelaya.

A diferencia de otros perpetradores identificados, al ELN no sólo se le atribuyeron amenazas sino también otro tipo de graves acciones criminales como, por ejemplo, dos secuestros: en el primero, acontecido en noviembre de 2018, fue retenido ilegalmente el alcalde de Pelaya, cuando regresaba de un evento comunitario en zona rural del municipio. Junto a sus acompañantes y esquema de seguridad fueron encañonados y, aparentemente, le hicieron preguntas sobre sus labores. No obstante, ante la presencia de las comunidades que se encontraban en el lugar, les permitieron seguir su camino.

El segundo sucedió en agosto en contra de Tulio Mosquera Asprilla, candidato a la Alcaldía de Alto Baudó en Chocó quien, como se dijo anteriormente, fue secuestrado mientras realizaba actividades de campaña. Hasta el día de elecciones no fue liberado y su secuestro se sumó al del comerciante Edwin Octavio Sánchez Correa, igualmente perpetrado por el ELN en Riosucio, Chocó (Gil, 2019).

Según la Alerta Temprana 035-19, el ELN fue el segundo grupo armado con mayor número de municipios en riesgo electoral debido a su presencia en 148, concentrados sobre todo en Chocó, Arauca, Nariño, Antioquia, sur de Bolívar y Norte de Santander.

Finalmente, a los Grupos Armados Postfarc (GAPF) les fueron atribuidas doce víctimas, lo cual los convirtió en el segundo agente perpetrador identificado con más hechos de violencia electoral. La mayoría de estos fueron amenazas (7) en contra de candidatos de Cauca, Córdoba, Cundinamarca y Norte de Santander, aunque a distintos GAPF también se les atribuyen tres víctimas mortales producto, por una parte, de la ya mencionada masacre de Suárez, y el asesinato de Bernardo Betancourt en Tibú, Norte de Santander.

En el caso de los GAPF, la Alerta Temprana 035-19 de la Defensoría del Pueblo los ubicó en el tercer lugar entre los agentes con mayor número de municipios en riesgo electoral generado por su presencia, con un total de 123 municipios concentrados sobre todo en el sur del país, principalmente en los departamentos de Cauca, Nariño, Amazonas, Guaviare, Putumayo y Caquetá. No obstante, durante el desarrollo del proceso electoral algunos de los hechos de violencia electoral atribuidos a estos grupos resultaron ser falsas amenazas de actores desconocidos que, en busca de anonimato, utilizaron falsos panfletos o pintaron grafitis como mecanismos de terror y amedrentamiento. Este es el caso de falsa información circulada en panfletos amenazantes en algunos municipios de Cundinamarca.

Aparte de los anteriores, fue posible identificar otros cinco agentes perpetradores que emitieron amenazas en Bolívar, Córdoba, Valle del Cauca y Bogotá, principalmente. Entre estos vale la pena mencionar a Los Caparrapos, de quienes se conoció un panfleto hacia agosto en el municipio de Puerto Libertador, Córdoba, firmado por el Bloque Virgilio Peralta, en el que amenazaban a dos candidatos y a dos funcionarios electos y les exigían suspender las tareas proselitistas.

Además, llama la atención en los últimos tres meses el caso ocurrido el 19 de septiembre en el departamento de Arauca, cuando en hechos confusos el Ejército disparó e hirió a la secretaria departamental del Partido ASI, Yolanda González García, y asesinó a su escolta, que pertenecía a la UNP. Incluido este caso, desde el 27 de octubre de 2018 a las Fuerzas Militares se les atribuyeron dos hechos. El primero ocurrió en abril cuando el entonces aspirante a la Gobernación de La Guajira por el Partido Farc, Joaquín Gómez, denunció haber sido víctima de persecución por parte de grupos de inteligencia militar.

A continuación, una tabla con la distribución departamental de presuntos agentes perpetradores:

Agentes perpetradores de violencia electoral			
Presunto agente perpetrador	Número de víctimas	Departamentos	Número de víctimas por departamento
Águilas Negras	33	Bogotá D. C.	6
		Tolima	4
		Valle del Cauca	4
		La Guajira	4
		Huila	3
		Nariño	3
		Córdoba	2
		Putumayo	2
		Boyacá	1
		Cesar	1
		Caldas	1
		Atlántico	1
		Risaralda	1
Autodefensas Gaitanistas de Colombia	7	Sucre	4
		Cauca	1
		Antioquia	1
		Atlántico	1
Autodefensas Unidas de la Sierra Nevada	1	Bolívar	1
Caparrapos	4	Córdoba	4
ELN	7	Arauca	1
		Cesar	5
		Chocó	1
Fuerzas Militares	2	La Guajira	1
		Arauca	1
Gurpo armado Posfarc	12	Cauca	4
		Norte de Santander	4
		Córdoba	3
		Cundinamarca	1
Los Guajiros	1	Valle del Cauca	1
Muerte Enemigos de la Patria	2	Bogotá	2

Agentes perpetradores de violencia electoral			
Presunto agente perpetrador	Número de víctimas	Departamentos	Número de víctimas por departamento
Desconocido	175	Valle del Cauca	20
		Antioquia	17
		La Guajira	17
		Tolima	14
		Cauca	14
		Santander	11
		Bolívar	10
		Norte de Santander	8
		Nariño	7
		Magdalena	7
		Arauca	6
		Cesar	5
		Bogotá D. C.	5
		Atlántico	4
		Sucre	4
		Meta	4
		Chocó	3
		Boyacá	3
		Caquetá	3
		Cundinamarca	2
		Risaralda	2
		Quindío	2
		Córdoba	2
		Putumayo	1
		Huila	1
		San Andrés	1
		Risaralda	1
		Caldas	1

Dos asuntos adicionales en lo referente a perpetradores. Por un lado, algunas campañas políticas utilizaron un mecanismo indirecto para instigar la violencia política. Por ejemplo, en el norte de Cauca aparecieron panfletos a nombre de candidatos que manifestaban su apoyo a las fumigaciones con glifosato o a favor de la erradicación manual y obviamente eso los ponía en la mira de organizaciones criminales. Eran panfletos falsos, hechos por competidores, pero en todo caso los grupos criminales comenzaban a amenazar de manera inmediata. Por otro lado, como se mencionó antes, las Águilas Negras no existen como grupo criminal desde 2011 y son más una fachada que una estructura. Pero, en el momento de revisar los panfletos amenazantes tienen un lenguaje y una estructura bastante similares. Pareciera que hay grados de coordinación de los determinadores. En todo caso, las investigaciones avanzan muy lentamente.

LA RESPUESTA DE LAS INSTITUCIONES

Parece claro que el asesinato de líderes políticos en Colombia no es un fenómeno extraño y mucho menos durante las elecciones regionales. Históricamente la elección de alcaldes, gobernadores y demás autoridades regionales ha implicado un nivel de riesgo alto que se ha materializado en violencia selectiva (Correa, 2018).

En línea con esto, los análisis de la Misión de Observación Electoral (MOE) muestran que por lo menos desde 2007 las elecciones regionales han tendido a mantenerse en un riesgo de violencia más alto que las de carácter nacional. Como se puede ver en la siguiente gráfica, a pesar de que entre 2007 y 2015 hubo 137 municipios menos en riesgo –una reducción del 12,2 %– e incluso cuando, al mismo tiempo los niveles "Alto" y "Extremo" decrecieron, el escenario regional ha tendido a ser más riesgoso en una mayor porción del territorio nacional.

Actualmente, las dinámicas violentas asociadas a la reestructuración del control territorial luego de que las Farc salieran del escenario bélico, los fenómenos de victimización generados por las economías ilegales, así como la escalada exponencial de la violencia en contra de líderes y lideresas sociales –particularmente álgida durante las elecciones de 2018–, tempranamente debieron haber prendido las alarmas sobre la latente posibilidad de que la violencia electoral se recrudeciera. No hay que perder de vista que los datos de la MOE indican que, en promedio, durante las últimas tres elecciones regionales, el 43 % del territorio nacional ha estado en riesgo de sufrir victimizaciones asociadas a la ocurrencia de estos comicios[10].

De igual manera, en el marco de las pasadas elecciones regionales la Defensoría del Pueblo instó al Estado a adoptar medidas urgentes por medio de su Alerta Temprana 035-2019 de riesgo electoral, que advirtió sobre los riesgos de incidencia de grupos armados ilegales en 402 municipios y 16 áreas no municipalizadas de 33 departamentos. De acuerdo con esta entidad, las elecciones estarían revestidas de un carácter especial por ser las terceras en ocurrir luego de la firma del Acuerdo de paz, pero además por ser las primeras en las que el partido Farc se mediría a nivel territorial. Debido a los 3.306 cargos que se disputaron, resaltó, estos comicios implicarían una mayor injerencia de los grupos armados ilegales.

En el marco de estas evidentes señales y para dar respuesta a la violencia electoral, el Gobierno puso en marcha dos iniciativas que

---

10   51,33 % (2007); 39,83 % (2011); 39,12 % (2015)

tuvieron el objetivo principal de brindar garantías de seguridad y transparencia durante los comicios regionales: el Plan Ágora y, en cabeza de la Policía, las Fuerzas Militares y el Ministerio de Defensa, el Plan Democracia. Desde el alto gobierno dichas iniciativas buscaron convocar y armonizar a distintos actores institucionales y civiles para impedir lo que el mismo presidente Duque llamó la "captura del Estado", el discurso central en la apuesta del Gobierno para la seguridad de las elecciones regionales.

Como se verá en las próximas páginas, en gran medida, estos planes retomaron elementos centrales y, valga la pena decir, también polémicos, de la apuesta de seguridad del gobierno nacional. Por eso se produjo la asignación acelerada de esquemas de protección, el despliegue de pie de fuerza y el fortalecimiento de redes ciudadanas de comunicación para la denuncia de casos de violencia, delito electoral y corrupción. Todas, fórmulas que han probado ser fallidas en otros ámbitos para frenar la violencia política por su elevado costo, pero además porque desbordan las capacidades de las instituciones, elevan los riesgos de seguridad para distintos agentes sociales y políticos debido a que promueven la aplicación de medidas descontextualizadas que no se articulan a las diversas realidades territoriales.

Estas apuestas del Gobierno fueron criticadas muy duramente, además, por no tomar en cuenta instancias de protección creadas en el Acuerdo de paz firmado entre el Estado y las Farc y por consumarse como planes de emergencia tardíos, menos centrados en la prevención y la acción temprana y un poco más en atender la presión de distintos sectores sociales y políticos que denunciaron el aumento de la violencia electoral ante el accionar ineficiente del gobierno nacional.

De hecho, distintas organizaciones e instituciones criticaron que incluso en el Plan de Atención Oportuna (PAO)[11], promovido por el Gobierno como su estrategia central para hacer frente a la oleada de violencia contra liderazgos sociales, no se tuvieran en cuenta a los liderazgos políticos. Máxime cuando también se desvirtuaron algunas instancias que se podían poner en marcha con suficiente anterioridad al arranque del calendario electoral de los comicios regionales para prevenir antes que curar.

Si bien las estrategias apuntaron a la coordinación institucional, adolecieron de estar centradas en los candidatos y se concentraron casi exclusivamente en resguardar el día de las elecciones. Esto contradice los hallazgos de PARES, que muestran cómo para comprender el fenómeno de la violencia electoral es necesario contemplar otros actores relacionados con el desarrollo de los procesos electorales contra quienes también se atenta para impedir el ejercicio de los derechos políticos. Muestra de esto son los tres miembros de partido y dos funcionarios electos asesinados durante el desarrollo del calendario electoral, pero, también, los más de ochenta líderes y lideresas asesinados en este mismo período.

PLAN ÁGORA Y PLAN DEMOCRACIA

En el marco del aumento de casos de violencia electoral, el 8 de julio de 2019 el presidente Duque, la ahora exministra del Interior Nancy Patricia Gutiérrez y el ministro de Defensa de entonces, Guillermo Botero Nieto, presentaron el Plan Ágora "por la defensa de la democracia". En resumen, una estrategia de alcance nacional enfocada a evitar, en palabras de la mininterior, el riesgo de "cap-

---

11   Decreto 2137 (Ministerio del Interior, 2018)

tura del Estado por parte del crimen organizado y los carteles de la corrupción" (Ministerio de Interior, 2019). Para entonces, de acuerdo con las bases de datos elaboradas por los especialistas de PARES, en 23 departamentos del país ya se habían producido cerca de 130 víctimas, entre las cuales se contaban quince asesinatos y, por lo menos, catorce atentados en contra de personas relacionadas con el desarrollo del proceso electoral. Además, once asesinatos habían sido cometidos en contra de precandidatos. En definitiva, para julio era claro que el fenómeno estaba lejos de estar en su etapa inicial.

De acuerdo con lo expuesto en su lanzamiento, este plan buscaba articular cuatro ejes de acción: focalización y priorización de zonas críticas, articulación del Estado, participación ciudadana y visibilización (Centro Democrático Comunicado Oficial, 2019) y, para dinamizarlo, se crearía el Grupo de Reacción Inmediata Electoral (GREI), que funcionaría como una suerte de "herramienta operativa" para llamar a todas las capacidades del Estado y, así, lograr prevención y judicialización, además de promover distintas acciones de control social.

El GRIE tendría la misión de coordinar acciones, definir estrategias y debería "diseñar una estrategia para articular las acciones de las entidades del Estado en aras de garantizar el desarrollo de los comicios" (Centro Democrático Comunidad Oficial, 2019) (Ministerio de Interior, 2019). Es decir, tendría facultad para la investigación criminal, en articulación con la Fiscalía General de la Nación, y tendría a su cargo coordinar labores de prevención y judicialización en casos de delitos de carácter electoral o que alteraran el orden público antes, durante y después de las elecciones (Redacción Política, 2019).

El Plan Ágora, según lo mencionó la ministra, era un esfuerzo para la "defensa de la democracia", que promovía "sinergia institucional" y que se movería a partir de dos parámetros fundamentales: "la transparencia y la democracia" (Centro Democrático Comunidad Oficial, 2019), los cuales se materializarían, en principio, en cuatro tareas prioritarias:

- Poner en funcionamiento el GRIE.
- Implementar el Plan Democracia, en cabeza del ministro de Defensa.
- Fortalecer las medidas de protección a candidatos, reforzadas para el partido Farc.
- Promover estrategias de control social.

Además, durante el lanzamiento del Plan Ágora se mencionó la implementación de una Ruta Especial de Protección para Candidatos, a través de la UNP, que sería dinamizada por medio del Comité Especial de Implementación de Medidas de Protección Electoral (Cimpe) (Betancourt, 2019).

Al finalizar las elecciones, los avances de estas tareas fueron diversos pero difusos, pues las acciones puntuales de las instancias que creó el Plan –por ejemplo, del GRIE– se conocen por la acción individual de cada una de las entidades que participan en la implementación del Plan, pero es menos clara la manera como se coordinaron acciones conjuntas. Tampoco es claro cómo el plan se articuló a otras instancias de seguridad como la Comisión Nacional de Garantías de Seguridad (Decreto 154 de 2017) o al mismo PAO, a pesar de que, por ejemplo, la Defensoría del Pueblo alertó en agosto de 2019 (AT-035-2019) sobre la forma como estos planes desconocían mecanismos y espacios con los que ya contaba el Estado para asegurar garantías electorales (Defensoría del Pueblo, 2019).

En términos de resultados, por una parte, se ha sabido que producto de once mesas técnicas, el septiembre 13 de 2019 el GRIE tenía planeado iniciar visitas a nueve zonas priorizadas seleccionadas a partir de un proceso de identificación de 130 municipios en "alto riesgo por captura del Estado". Esto, a diferencia de las cifras entregadas por la Defensoría del Pueblo, institución miembro del GRIE, que a finales de agosto informó que en el país había 78 municipios en riesgo electoral extremo y otros 165 en alto (Defensoría del Pueblo, 2019).

Aunque no ha sido posible identificar los documentos o metodologías empleadas para la definición de estas zonas, de acuerdo con los boletines informativos del Ministerio del Interior sobre el avance del Plan Ágora, en septiembre se definieron visitas a los siguientes municipios para concretar acciones en los niveles subregional y regional:

Municipio	Regiones priorizadas
Soledad	Atlántico
Cúcuta y Catatumbo	Norte de Santander
Arauca	Arauca
Caucasia	Bajo Cauca antioqueño y Sur de Córdoba
Cali y Buenaventura	Valle del Cauca
Santander de Quilichao	Norte del Cauca
Tumaco	Nariño
San Andrés Islas	San Andrés y Providencia
Quibdó	Chocó

Fuente: Ministerio del Interior, (2019)

De acuerdo con información del Ministerio del Interior, en términos de acciones institucionales para la garantía de derechos políticos, y en el marco de la implementación del Plan, distintas entidades públicas implementaron acciones de prevención y protección de distinto calibre.

Frente a la protección material, el 6 de septiembre de 2019 el Ministerio del Interior reportó que la UNP había asignado 236 medidas de protección a candidatos que aspiraban a distintos cargos: 47 a Gobernaciones, ocho a Asambleas departamentales, 136 a Alcaldías, 42 a Concejos municipales y tres a JAC (Ministerio de Interior, 2019). Esta cifra, no obstante, aumentó considerablemente tan solo unos días después (21 de septiembre) cuando el director de la UNP, Pablo Elías González, aseguró ante medios de comunicación que habían sido asignados esquemas a 656 candidatos de 130 partidos políticos diferentes (Revista Semana, 2019) por medio de la ruta creada en el marco de la implementación del Plan.

Posteriormente, a pocos días de las elecciones (22 de octubre), este mismo mencionó que de los más de 117.000 candidatos inscritos, 1.120 contaban previamente con esquemas y que durante el calendario electoral se habrían asignado 945 más, para un total de 2.065 candidatos con medidas asignadas (casi el 2 % de todos los candidatos). Bajo este panorama crítico, la UNP se declaró incapaz de abordar todas las solicitudes recibidas debido a su costo.

No obstante, a pesar del aumento en la cantidad de esquemas para candidatos, no es claro cómo se abordó la situación crítica de otras personas con funciones dentro de los procesos electorales, para quienes los riesgos y los daños siempre fueron altos. Basta recordar que una veintena de miembros de partidos políticos también se vieron afectados por hechos de violencia electoral y que, de las 25 muertes registradas por PARES, seis cobraron las vidas de personas que cumplían diversas funciones en estos procesos en distintos cargos de control o impulso de los procesos electorales.

Así mismo, algunas de las acciones implementadas por entidades que formaron parte del GRIE incluyeron, de acuerdo con información del Ministerio del Interior, la recepción de 4.616 quejas (con corte al 18 de octubre de 2019) sobre delitos electorales que fueron interpuestas en la Unidad de Recepción Inmediata para la Transparencia Electoral (URIEL), una plataforma fortalecida desde el Plan para recibir este tipo de información. Según URIEL, de todas las denuncias recibidas el 3,58 % involucraron amenazas a candidatos y otros actores electorales.

En el marco de estas estrategias de seguridad también fue expedido el Decreto 1916 del 21 de octubre de 2019, que oficializó la medida de cierre de frontera fluvial y terrestre con Venezuela a partir del 24 de octubre de 2019 hasta finalizada la jornada electoral.

Por otra parte, en el marco del compromiso de promover control social, uno de los componentes sonados del Plan Ágora fue el fortalecimiento de lo que denominaron "redes cívicas electorales". Frente a esto, el ministro de Defensa mencionó que dichas redes se articularían a las "redes de participación cívica" promovidas por el Gobierno como estrategias de seguridad y que se encaminarían a estrechar los lazos entre ciudadanos y fuerza pública para obtener información que permitiera desmantelar estructuras armadas (Redacción Judicial, 2019).

Estas últimas, sin embargo, fueron criticadas pues recuerdan las cuestionadas redes de informantes impulsadas durante el gobierno de Álvaro Uribe Vélez. Planteadas en el marco de la Seguridad Democrática, las redes de informantes propusieron convertir a los ciudadanos en aliados de la fuerza pública a través de incentivos económicos a cambio de información que les permitiera llegar a los grupos guerrilleros.

En su momento esta política generó estigmatización en comunidades y organizaciones de la sociedad civil e instrumentalizó "las necesidades sociales de distintos sectores" a través de ofrecimientos de recompensas por la acusación de personas y comunidades enteras de pertenecer, supuestamente, a las llamadas "redes de apoyo al terrorismo". Adicionalmente, estos canales fueron mencionados en repetidas ocasiones por paramilitares como limbos legales que permitían una comunicación directa y planeada con el Ejército para vincular informantes paramilitares y cooperantes de la fuerza pública (El Colombiano, 2019) (Revista *Semana*, 2019).

Llama la atención que esta iniciativa haya sido mencionada reiteradamente por el Gobierno para atender un fenómeno como la violencia electoral, pues no sólo se desconocen de tajo las reservas y consecuencias de dichos mecanismos, sino que, además, la experiencia previa parece indicar que este modelo de "control social" podrían replicar y aumentar riesgos, en este caso para distintos actores relacionados con el proceso electoral. Por demás, pareciera que estas redes también se articulan al sistema de información URIEL.

Finalmente, en términos de protección física y material, los resultados del Plan Ágora, de acuerdo con información de septiembre de 2019 del Ministerio del Interior, se materializaron en la creación del Comité de Coordinación y Recomendación de Medidas de Protección en el Proceso Electoral (Cormpe), por medio de la Resolución 1289 de 2019. El objetivo del Cormpe fue y será "analizar los casos concretos de solicitudes de protección de candidatos que se encuentren en una situación de riesgo extraordinario o extremo con ocasión de sus actividades políticas, y efectuar las recomendaciones a las entidades competentes sobre las medidas de prevención a implementar"[12] y funcionará en los tres meses anteriores a cualquier elección con una temporalidad no superior a un día posterior a la ocurrencia de los comicios. En cuanto a resultados, se sabe que para el 17 septiembre de 2019 a través del Cormpe fueron asignadas 480 de 496 solicitudes provenientes de 29 departamentos y Bogotá (Ministerio de Interior, 2019).

Así mismo, en el marco del fortalecimiento de URIEL se estableció una línea telefónica móvil para atender denuncias y los documentos institucionales mencionan que la Policía impartió 368 charlas de autoprotección y 1.130 recomendaciones básicas de seguridad y autoprotección, así como tramitaron 112 trámites ante la UNP (Ministerio de Interior, 2019).

PLAN DEMOCRACIA

Uno de los componentes más resonados del Plan Ágora fue el anuncio de la puesta en marcha del Plan Democracia, en cabeza del entonces ministro de Defensa, Guillermo Botero, cuyas posiciones acerca de los matices complejos de la violencia política en el país han sido criticadas por su simplismo, estigmatización a sectores sociales (Collazos, 2019) y su actitud militarista en torno a seguridad y protección.

El Plan Democracia es una estrategia de despliegue de pie de fuerza que a nivel nacional se ha venido implementando, por lo menos, durante 19 años (García, Lozada, & Muñoz, 2001) en el marco de distintos escenarios electorales[13] para asegurar el buen desarrollo de los comicios. En este sentido, desde hace tiempo ha

---

12 Resolución 1289 de 2019 (Ministerio del Interior, 2019), artículo 2. Objetivo del Comité CORMPE.
13 Incluido el plebiscito por la paz y las elecciones presidenciales.

sido la instancia máxima de coordinación y articulación estratégica-operacional del sector defensa para el seguimiento y la implementación de los lineamientos del gobierno nacional en el marco de los procesos electorales (Villarreal, 2019).

En esta ocasión, su ejecución fue liderada por la Policía Nacional y las Fuerzas Militares y en línea con los esfuerzos de integración interinstitucional del Plan Ágora, involucró también a los organismos electorales y los comités de seguimiento de garantías electorales –que aportaron los ámbitos local y departamental– y a la Fiscalía, entre otras entidades.

Para las elecciones regionales, según fuentes de la fuerza pública, el Plan Democracia concentró cerca de 166.000 uniformados en todas las regiones del país, quienes tuvieron como misión salvaguardar el desarrollo de las elecciones y hacer presencia en las 107.916 mesas de votación habilitadas en los 1.122 municipios colombianos (Colombia, 2019). De este total, 55.000 efectivos provenientes del Plan Horus pertenecían a las Fuerzas Militares (Comando General Fuerzas Militares de Colombia, 2019).

En términos de priorización geográfica, por su parte, se conoció que por medio del Centro Integrado de Información e Inteligencia Electoral (CI3E), para el desarrollo del Plan Democracia se analizaron 1.102 municipios con amenazas latentes. De estos, 17 municipios fueron categorizados con un riesgo de seguridad alto en las regiones de Catatumbo, Norte de Santander y Cauca; otros 97 fueron categorizados como municipios de atención prioritaria, 26 de riesgo moderado, 692 con niveles bajos de riesgo y 270 con un riesgo neutro.

De la mano del CI3E, el desarrollo del Plan involucró el diseño de mapas de riesgo regionales para la definición de estrategias y, producto de esta labor, según la fuerza pública, se definieron cuatro zonas estratégicas a nivel nacional donde se prestaría especial atención al desarrollo de las elecciones: la primera correspondió a Arauca, Catatumbo y La Guajira. La segunda a la baja Orinoquia y el noroeste amazónico. La tercera a la región pacífica y, finalmente, una cuarta reunió al Urabá y el Magdalena medio. Llama la atención el hecho de que, aunque las investigaciones del CI3E están articuladas al Plan Ágora, los resultados en materia de priorización son distintos. Basta remitirse a las nueve zonas priorizadas por este último para ver que la región suroriental del país, priorizada por el Plan Democracia, no se le dio prelación en las acciones del Plan Ágora.

BIBLIOGRAFÍA

Análisis Urbano. (22 de Mayo de 2019). *Balearon a Paula Andrea Rosero, personera de Samaniego, Nariño.* Obtenido de Análisis Urbano: https://analisisurbano.org/balearon-a-paula-andrea-rosero-personera-de-samaniego-narino/41281/

Andrade, H. W. (24 de Junio de 2019). *La Silla Vacía: Samaniego, Nariño: múltiples y lentas agonías.* Obtenido de La Silla Vacía: Samaniego, Nariño: múltiples y lentas agonías: https://lasillavacia.com/silla-llena/red-de-la-paz/samaniego-narino-multiples-y-lentas-agonias-71150

Ávila, A. (2017). ¿La competencia electoral procesa la violencia? En F. C. M, *La política en la violencia y lo político de la seguridad* (págs. 201-238). Quito: FLACSO.

Ávila, A. (29 de Diciembre de 2018). ¿Qué son las águilas negras? *Fundación Paz y Reconciliación.* Obtenido de https://pares.com.co/2018/12/29/que-son-las-aguilas-negras/

Ávila, A. (2019). Cuando se eligen bandidos, gobiernan bandidos. *Revista Semana.* Obtenido de https://www.semana.com/opinion/articulo/candidatos-cuestionados-por-corrupcion-columna-de-ariel-avila/636333

Ávila, A. (2019). *Detrás de la Guerra en Colombia.* Planeta: Bogotá.

Betancourt, J. S. (9 de Julio de 2019). Duque lanza plan para blindar las elecciones. *El Heraldo.* Obtenido de https://www.elheraldo.co/politica/duque-lanza-plan-para-blindar-las-elecciones-648126

Centro Democrático Comunidad Oficial. (8 de Julio de 2019). Plan de Transparencia y Seguridad para las Elecciones Territoriales 2019 - Ministerio de Interior. Bogotá, Colombia. Obtenido de https://www.youtube.com/watch?v=G49OiHjm0cQ

CMID. (2017). *Aspectos generales del municipio de Mallama.* Banco de Medios.

Collazos, M. (19 de Mayo de 2019). Mindefensa se disculpa por error en tuit que tildó de criminales a líderes sociales. *La FM.* Obtenido de https://www.lafm.com.co/politica/mindefensa-se-disculpa-por-error-en-tuit-que-tildo-de-criminales-lideres-sociales

Colombia, C. G. (9 de Julio de 2019). *Comando General Fuerzas Militares de Colombia: Mindefensa presentó estrategia de seguridad para comicios territoriales*. Obtenido de Comando General Fuerzas Militares de Colombia: Mindefensa presentó estrategia de seguridad para comicios territoriales: https://www.cgfm.mil.co/es/blog/mindefensa-presento-estrategia-de-seguridad-para-comicios-territoriales

Colprensa. (24 de Septiembre de 2019). Candidato a la Alcaldía de Potosí, Nariño, se autosecuestró y perdería el aval. *El País*. Obtenido de https://www.elpais.com.co/elecciones-2019/candidato-a-la-alcaldia-de-potosi-narino-se-autosecuestro-y-perderia-el-aval.html

Comando General Fuerzas Militares de Colombia. (24 de Octubre de 2019). *Comando General Fuerzas Militares de Colombia: Más de 50.000 efectivos de las Fuerzas Militares presentes en el 'Plan Democracia 2019'*. Obtenido de Comando General Fuerzas Militares de Colombia: Más de 50 mil efectivos de las Fuerzas Militares presentes en el 'Plan Democracia 2019': https://cgfm.mil.co/es/blog/mas-de-50-mil-efectivos-de-las-fuerzas-militares-presentes-en-el-plan-democracia-2019

Correa, B. V. (13 de Marzo de 2018). Elección de alcaldes, 30 años de una apertura democrática teñida de muerte. *El Espectador*. Obtenido de https://www.elespectador.com/colombia2020/verdad-y-memoria/eleccion-de-alcaldes-30-anos-de-una-apertura-democratica-tenida-de-muerte-articulo-856417

Defensoría del Pueblo. (2019). *Alerta Temprana 026 -18*. Defensoría del Pueblo. Obtenido de http://www.indepaz.org.co/wp-content/uploads/2019/08/INFORME-DE-SEGUIMIENTO-ALERTA-TEMPRANA-026-18-Defensor%C3%ADa-del-pueblo.pdf

Defensoría del Pueblo. (2019). *Alerta temprana 035-19 Riesgo Electoral 2019*. Bogotá: Defensoría del Pueblo. Obtenido de https://www.defensoria.gov.co/es/nube/destacados/8276/Informe-de-seguimiento-a-la-alerta-temprana-035-19.htm

Downs, A. (1957). *Una teoría económica de la democracia*. New York: Harper.

El Colombiano. (9 de Febrero de 2019). Cambian nombre a la red de cooperantes, pero es lo mismo. *El Colombiano*. Obtenido de https://www.elcolombiano.com/colombia/cambian-nombre-a-la-red-de-cooperantes-pero-es-lo-mismo-CI10188912

El Tiempo. (5 de Septiembre de 2019). Eln habría secuestrado a candidato a la Alcaldía de Alto Baudó, Chocó. *El Tiempo*. Obtenido de https://www.eltiempo.com/elecciones-colombia-2019/otras-ciudades/eln-habria-secuestrado-a-tulio-mosquera-candidato-a-alcaldia-de-alto-baudo-choco-407500

El Tiempo. (8 de Septiembre de 2019). Los últimos días de vida de la candidata Karina García Sierra. *El Tiempo*. Obtenido de https://www.eltiempo.com/elecciones-colombia-2019/otras-ciudades/ultimos-dias-de-vida-de-la-candidata-karina-garcia-sierra-409916

Fundación Paz y Reconciliación, Línea de Democracia y Gobernabilidad. (2019). *Informe Completo II «Candidatos Cuestionados 2019»*. Bogotá: PARES.

García, F., Lozada, R., & Muñoz, P. (2001). *Colombia, elecciones 2000*. Bogotá: Pontificia Universidad Javeriana.

Gibson, E. L. (2012). *Boundary Control: Subnational Authoritarianism in Democratic Countries*. Cambridge : Cambridge University Press.

Gil, J. R. (4 de Septiembre de 2019). Familia de Tulio Mosquera, candidato en Alto Baudó, pidió su liberación. *RCN Radio*. Obtenido de https://www.rcnradio.com/colombia/pacifico/familia-de-tulio-mosquera-candidato-en-alto-baudo-pidio-su-liberacion

INDEPAZ. (2018). *Informe especial: Cauca y Nariño. Crisis de seguridad en el posacuerdo*. Bogotá.

BIBLIOGRAFÍA

Instituto de Medicina Legal. (25 de Octubre de 2019). *Página Oficial de Estadíticas del Instituto de Medicina Legal*. Obtenido de Página Oficial de Estadíticas del Instituto de Medicina Legal: http://www.medicinalegal.gov.co/cifras-de-lesiones-de-causa-externa

Instituto de Medicina Legal Forensis. (25 de Octubre de 2019). *Instituto de Medicina Legal Forensis*. Obtenido de Instituto de Medicina Legal Forensis: http://www.medicinalegal.gov.co/cifras-de-lesiones-de-causa-externa

Justicia *El Tiempo*. (20 de Septiembre de 2019). En confusos hechos muere escolta de la UNP y protegida resulta herida. *El Tiempo*. Obtenido de https://www.eltiempo.com/justicia/conflicto-y-narcotrafico/muere-escolta-de-la-unp-y-protegida-resulta-herida-tras-disparos-de-militares-414500

La Opinión. (16 de Otubre de 2016). Disidencias de las Farc habrían asesinado a Bernardo Betancurt. *La opinión*. Obtenido de https://www.laopinion.com.co/politica/disidencias-de-las-farc-habrian-asesinado-bernardo-betancurt-185478#OP

La Opinión. (20 de Septiembre de 2019). Candidato a la Alcaldía de Potosí, que estaba secuestrado, fue dejado libre. *La Opinión*. Obtenido de https://www.laopinion.com.co/colombia/candidato-la-alcaldia-de-potosi-que-estaba-secuestrado-fue-dejado-libre-184077#OP

La Opinión. (20 de Septiembre de 2019). Escolta murió en confuso ataque del Ejército a dirigente política en Arauca. *La Opinión*. Obtenido de https://www.laopinion.com.co/colombia/escolta-murio-en-confuso-ataque-del-ejercito-dirigente-politica-en-arauca-184092#OP

Las2Orillas. (16 de Septiembre de 2019). *Las2Orillas: Las últimas horas de Bernardo Betancourt, el candidato asesinado en Tibú*. Obtenido de Las2Orillas: Las últimas horas de Bernardo Betancourt, el candidato asesinado en Tibú: https://www.las2orillas.co/las-ultimas-horas-de-bernardo-betancourt-el-candidato-asesinado-en-tibu/

Ministerio de Interior. (2019). *863 quejas han sido recibidas por el Ministerio del Interior*. Bogotá: Ministerio de Interior.

Ministerio de Interior. (2019). *Boletín Informativo 9 zonas priorizadas por el Plan Ágora*. Bogotá: Ministerio de Interior.

Ministerio de Interior. (8 de Julio de 2019). *Ministerio de Interior: Gobierno presentó Plan Ágora para garantizar de transparencia y seguridad en las elecciones de octubre*. Obtenido de Ministerio de Interior: Gobierno presentó Plan Ágora para garantizar de transparencia y seguridad en las elecciones de octubre: https://www.mininterior.gov.co/sala-de-prensa/noticias/gobierno-presento-plan-agora-para-garantizar-de-transparencia-y-seguridad-en-las-elecciones-de-octubre

Ministerio del Interior. (19 de Noviembre de 2018). Decreto 2137 .

Ministerio del Interior. (15 de Agosto de 2019). Resolución N°1289.

Noticias Caracol. (3 de Enero de 2019). Hombre llegó armado a establecimiento comercial y mató a su dueño, un líder comunitario. *Noticias Caracol*. Obtenido de https://noticias.caracoltv.com/valle/hombre-llego-armado-establecimiento-comercial-y-mato-su-dueno-un-lider-comunitario

Policía Nacional. (25 de Octubre de 2019). *Estadísticas Delictivas de la Policía Nacional de Colombia*. Obtenido de Estadísticas Delictivas de la Policía Nacional de Colombia: https://www.policia.gov.co/grupo-informaci%C3%B3n-criminalidad/estadistica-delictiva

Policía Nacional de Colombia. (25 de Octubre de 2019). *Estadísticas Delictivas de la Policía Nacional de Colombia*. Obtenido de Estadísticas Delictivas de la Policía Nacional de Colombia: https://www.policia.gov.co/grupo-informaci%C3%B3n-criminalidad/estadistica-delictiva

POLO Democratico Alternativo. (7 de Junio de 2019). POLO Democratico Alternativo. *El Polo rechaza agresión al secretario general del partido en Barrancabermeja*. Bogotá, Colombia. Obtenido de POLO Democratico Alternativo: https://polodemocratico.net/nuestras-noticias/103-nacionales/13419-el-polo-rechaza-agresion-al-secretario-general-del-partido-en-barran-cabermeja

Polo, G. G. (2 de Septiembre de 2019). El asesinato de la candidata Karina García Sierra estaba cantado. *El Espectador*. Obtenido de https://www.elespectador.com/elecciones2019/el-asesinato-de-la-candidata-karina-garcia-sierra-estaba-cantado-articulo-879161

Quilindo, C. (2 de Septiembre de 2019). Hombres armados asesinaron a Karina García, candidata a alcaldía de Suárez. *RCN Radio*. Obtenido de https://www.rcnradio.com/colombia/sur/hombres-armados-asesinaron-candidata-la-alcaldia-de-suarez-cauca

Redacción *BluRadio*. (20 de Septiembre de 2019). Líder social denuncia que Ejército la atacó y mató a su escolta. *BluRadio*. Obtenido de https://www.bluradio.com/nacion/lider-social-denuncia-que-ejercito-la-ataco-y-mato-su-escolta-227310-ie435

Redacción Digital. (24 de Septiembre de 2019). Se autosecuestró para obtener más votos: la sorpresiva confesión del candidato a la alcaldía de Potosí, Nariño. *Noticiero CM&*. Obtenido de https://noticias.canal1.com.co/nacional/se-autosecuestro-para-obtener-mas-votos-la-sorpresiva-confesion-del-candidato-a-la-alcaldia-de-potosi-narino/

Redacción Judicial. (21 de Enero de 2019). ¿Qué son las redes de participación cívica de las que habló el presidente Duque? *El Espectador*. Obtenido de https://www.elespectador.com/noticias/judicial/que-son-las-redes-de-participacion-civica-de-las-que-hablo-el-presidente-duque-articulo-834813

Redacción Judicial. (24 de Septiembre de 2019). Óscar Lombana, candidato a la alcaldía de Potosí, se autosecuestró: Policía. *El Espectador*. Obtenido de https://www.elespectador.com/noticias/judicial/oscar-lombana-candidato-la-alcaldia-de-potosi-se-autosecuestro-policia-articulo-882668

Redacción Nacional. (20 de Mayo de 2019). Personera de Samaniego, Nariño, fue asesinada. *El Espectador*. Obtenido de https://www.elespectador.com/noticias/nacional/personera-de-samaniego-narino-fue-asesinada-articulo-861766

Redacción Política. (15 de Septiembre de 2019). Asesinan a Bernardo Betancourt, candidato a la alcaldía de Tibú, en Norte de Santander. *El Espectador*. Obtenido de https://www.elespecta-dor.com/elecciones2019/asesinan-bernardo-betancourt-candidato-la-alcaldia-de-tibu-en-norte-de-santander-articulo-881212

Redacción Política. (8 de Julio de 2019). Plan Ágora: la estrategia estatal para blindar las elecciones de octubre. *El Espectador*. Obtenido de https://www.elespectador.com/noticias/politica/plan-agora-la-estrategia-estatal-para-blindar-las-elecciones-de-octubre-articulo-869939

Resvista *Semana*. (2019). No para la violencia política: asesinan candidato a Alcaldía de Tibú. *Revista Semana*. Obtenido de https://www.semana.com/nacion/articulo/elecciones-2019-asesinan-a-candidato-a-la-alcaldia-de-tibu-bernardo-betancourt/632094

Revista *Semana*. (2019). ¿Qué esta haciendo el Estado frente a la Violencia Política? *Revista Semana*. Obtenido de https://www.semana.com/nacion/articulo/que-esta-haciendo-el-estado-frente-a-la-violencia-politica/631793

Revista *Semana*. (2019). Asesinato de personera de Samaniego, Paula Rosero Ordóñez, conmociona al país. *Revista Semana*. Obtenido de https://www.semana.com/nacion/articulo/crimen-de-personera-de-samaniego-paula-rosero-ordonez-conmociona-al-pais/616292

BIBLIOGRAFÍA

Revista *Semana*. (2019). País escoltado: los costos de la violencia política en Colombia. *Revista Semana*. Obtenido de https://www.semana.com/nacion/articulo/elecciones-2019-seguridad-para-mas-de-500-candidatos-a-gobernaciones-y-alcaldias-amenazados/632761

Roa, M. C. (21 de Octubre de 2019). Hay alto riesgo electoral en todo el país: Fiscalía. *BluRadio*. Obtenido de https://www.bluradio.com/nacion/hay-alto-riesgo-electoral-en-todo-el-pais-fiscalia-230386-ie430

Rokkan, S., & Urwin, D. W. (1986). *Economy, Territory, Identity: Politics of West European Peripheries*. Londres: Sage Publications.

Villarreal, C. L. (11 de Octubre de 2019). Plan Democracia "Más Cerca del Ciudadano" II. *Diario del Huila*. Obtenido de https://diariodelhuila.com/plan-democracia-mas-cerca-del-ciudadano-ii

CAPÍTULO 3

¿QUÉ HACE EL ESTADO?

Lina Macías Montaño construyó una caja de herramientas para la Fundación Paz y Reconciliación. En ella recopiló el marco jurídico que se expone en el presente capítulo.

Dos ideas claras surgen tras los primeros dos capítulos de mi libro. La primera es que muchos sectores coinciden en señalar que en las muertes de líderes sociales existe complicidad entre criminales y agentes estatales. La segunda idea es que el Estado no ha hecho nada para prevenir los ataques. Al final, el Estado es responsable no sólo por lo que hace sino por lo que deja de hacer. Claro, cabría una tercera posibilidad, y es que el fenómeno es tan complejo, que el Estado no tiene capacidad suficiente para responder.

Sin embargo, durante la investigación realizada para examinar el fenómeno se concluye que estas tres posibilidades no son del todo claras. El panorama es mucho más confuso.

Es posible llegar a cuatro conclusiones iniciales, que serán demostradas en este capítulo. La primera es que el Estado ha hecho muchas cosas, varias de ellas con el apoyo y por recomendación de organizaciones sociales, pero el problema es que no han tenido impacto. Durante el segundo mandato de Juan Manuel Santos (2014-2018) y en el marco del proceso de paz, fue creada la Comisión Nacional de Garantías de Seguridad, que se convirtió en escenario importante para construir ideas colectivas encaminadas a mejorar la seguridad de los líderes sociales. Igual se puede decir del Cuerpo Élite de la Policía o la Unidad Especial en la Fiscalía.

Así que muchas cosas se hicieron, pero su impacto fue y ha sido muy bajo.

La segunda conclusión es más dramática que la primera: se refiere a que el Estado, analizado como instituciones públicas y funcionarios, tiene dos caras. En la primera, la que llamaría nacional, existe una preocupación genuina por la seguridad de los líderes sociales y realiza acciones institucionales para detener la masacre. En la segunda cara, la local, hay otro Estado, muy diferente, que se caracteriza por la indiferencia hacia las víctimas y la complacencia con los criminales. Los alcaldes consideran a los líderes sociales vagos, vividores y guerrilleros camuflados y muchas veces no les creen las denuncias. En otros casos, los líderes manifiestan que prefieren callar debido a la alianza entre agentes estatales y criminales, particularmente de fuerzas de seguridad del Estado. Más se tarda en denunciar que el criminal en enterarse. Urabá es buen ejemplo de esto.

En tercer lugar, en el cambio de mandato entre Juan Manuel Santos e Iván Duque, se produjo un fenómeno conocido como el **síndrome de Adán o creacionista. El Plan de Acción Oportuna de prevención y protección** (PAO), creado en este mandato, es más un retroceso que un avance frente a lo que ya se había logrado en cuanto a la protección de los líderes sociales. "Sólo como preámbulo, se puede decir que el PAO aparece como una versión reducida y simplista de la Comisión Nacional de Garantías de Seguridad, creada en el anterior gobierno tras las firma del Acuerdo de Paz con las Farc (Decreto ley 154 de 2017), cuyo objetivo era formular y evaluar el Plan de Acción Permanente Contra Organizaciones Criminales (PAPCOC), con el fin de diseñar estrategias para combatir organizaciones criminales que pusieran en riesgo la paz y para proteger a líderes sociales y dirigentes políticos" (Programa Somos Defensores, 2019, pág. 42).

Igualmente, la investigación arroja que el cuello de botella de esta masacre contra los líderes sociales está en la judicialización de los autores intelectuales o determinadores. Es ahí donde se debe mejorar y es posible hacer muchas cosas, como incrementar el presupuesto de la Unidad Nacional de Protección (UNP), disponer de más policías y hacer más robusto el aparato de investigación.

A continuación, presentamos un diagnóstico general de la oferta institucional en la política de prevención y protección a líderes y lideresas sociales en Colombia, principalmente de los avances realizados en los dos gobiernos de Juan Manuel Santos (2010-2018) y un análisis preliminar de los primeros 18 meses del gobierno de Iván Duque (2018-2022). A medida que se haga el diagnóstico se irá analizando el impacto.

Colombia se ha acogido institucionalmente a tres instrumentos internacionales que desarrollan los lineamientos centrales para la protección de los defensores y defensoras de los derechos humanos a nivel global: la Resolución 53/144/1998 de la asamblea general de las Naciones Unidas, la declaración sobre los defensores de derechos humanos, las disposiciones de la Comisión Interamericana de Derechos Humanos y los lineamientos de la oficina del Alto Comisionado de Naciones Unidas para los Derechos Humanos. Esta normatividad es clara: el Estado colombiano debe garantizar a líderes, lideresas sociales y defensores de derechos humanos, un marco jurídico que permita ejercer y materializar el goce efectivo de sus derechos.

En sentido estricto, al menos en el papel, todos los gobiernos han sido garantistas de estos derechos y ejercicios políticos, pero en la práctica hay diferencias. Si bien desde la consolidación de la Constitución política de 1991, el Estado colombiano ha ajustado sus disposiciones normativas para la defensa de los derechos humanos y ha adoptado las herramientas necesarias para reaccionar a las consecuencias de un conflicto armado interno prolongado, fue sólo en el período comprendido entre 1997 y 2004 cuando se empezó a crear el marco normativo específico para la protección de los derechos humanos.

Entre 2005 y 2016 se consolidaron normas asociadas al reconocimiento y la inclusión de la justicia transicional, y de 2016 a 2019, en el marco del proceso de paz, se instauró la normativa para la protección especial de lideresas y líderes defensores de derechos humanos.

Cabe anotar que una de las principales fallas de esas disposiciones legales es que no existe un bloque normativo frente al tema, sino, por el contrario, un conjunto de leyes, decretos y actos administrativos desarticulados que cada entidad responsable ejecuta de manera individual. Esta ecuación produce como resultado que no haya una respuesta coordinada y eficaz por parte del Estado (Vargas, 2018).

Para soportar dicha afirmación, a continuación, presentamos un análisis del desarrollo normativo y su despliegue institucional para la protección de los defensores de derechos humanos en los dos períodos del gobierno de Juan Manuel Santos y los avances del actual gobierno de Iván Duque, en los cuales han ascendido el asesinato y la amenaza sistemática de líderes sociales.

GOBIERNO DE JUAN MANUEL SANTOS (2010-2018)

PRIMER PERÍODO (2010-2014)

En el primer período de gobierno, que comprende de 2010 a 2014, se configuró un nuevo contexto de seguridad, marcado por tres cosas. Por un lado, el inicio de las negociaciones de paz con las Farc, que no sólo introdujo una nueva filosofía de diálogo dentro del Gobierno, sino que permitió la apertura al movimiento social en muchas regiones del país. Centenares de liderazgos lograron promover sus ideas, mostrarse públicamente y comenzar a ejercer sus derechos políticos de forma más tranquila. Fue notorio el resurgir de los movimientos sociales, con sus expresiones regionales, como lo demuestra la entrada en el panorama nacional de la Cumbre Agraria, la Marcha Patriótica, el Congreso de los Pueblos, entre otros.

En segundo lugar, durante ese primer mandato de Juan Manuel Santos se produjo una apertura política para las víctimas, con la expedición de la Ley 148 de 2011, o Ley de Víctimas y de Restitución de Tierras, que marcó un hito en el reconocimiento del conflicto armado interno y a la reparación a las víctimas, en un marco de justicia transicional. En lo fundamental, esta ley permitió que el movimiento de víctimas del conflicto colombiano lograra un claro respaldo político e institucional. Por ejemplo, el Partido Liberal asumió la bandera de las víctimas y la restitución de tierras. La nueva legislación fue suscrita en la región de Urabá, una de las zonas con mayor despojo y de mayor control criminal. Todo ello le dio un respiro al movimiento de víctimas del conflicto y organizaciones sociales.

Por último, ese primer gobierno de Santos dio los primeros pasos para la creación de un modelo nuevo de diálogo social de corte garantista, perfeccionado tras los paros agrario y de camioneros. Dicho modelo sirvió para que el Ministerio del Interior creara una estrategia de diálogo social con baja represión y altos niveles de concertación.

En este contexto, el avance normativo para la protección de defensores y defensoras de derechos humanos quedó establecido en trece documentos institucionales, entre ellos nueve decretos, un auto, un decreto ley y dos resoluciones. Esto fue posible por los acercamientos entre el Gobierno y las organizaciones defensoras de derechos humanos en el marco del proceso de convergencia iniciado en 2009 alrededor de la denominada Mesa Nacional de Garantías para la labor de defensores de derechos humanos y líderes sociales y comunales, que contó con el acompañamiento de la comunidad internacional.

Uno de esos desarrollos más notable fue el Decreto 2893 de 2011, que "redefinió el sector administrativo del interior, las funciones y objetivo del Ministerio del Interior, así como las entidades adscritas –donde se destaca la UNP y las vinculadas–" (CAPSTONE, 2018). Él estableció que una de las funciones centrales de la Dirección de Derechos Humanos del Ministerio del Interior es "Establecer los lineamientos generales para el diseño y la implementación de mecanismos de prevención y protección dirigidos a las personas que se encuentren en situación de riesgo extraordinario o extremo contra su vida, integridad, libertad y seguridad, por causas relacionadas con la violencia política o ideológica, o con el conflicto armado interno" (Decreto Ley 2893, 2011, Inciso 3).

En este período también fue expedido el Decreto 4065 de 2011 que creó la UNP, "con personería jurídica, autonomía administrativa y financiera y patrimonio propio, adscrita al Ministerio del Interior, hará parte del sector administrativo del interior y tendrá el carácter de organismo nacional de seguridad" (Art. 1). Esta entidad recogió gran parte del personal liquidado del Departamento Administrativo de Seguridad (DAS), vinculados en su mayoría como oficiales de protección. El artículo del mencionado decreto dice:

"El objetivo de la Unidad Nacional de Protección (UNP) es articular, coordinar y ejecutar la prestación del servicio de protección a quienes determine el gobierno nacional que por virtud de sus actividades, condiciones o situaciones políticas, públicas, sociales, humanitarias, culturales, étnicas, de género, de su calidad de víctima de la violencia, desplazado, activista de derechos humanos, se encuentren en situación de riesgo extraordinario o extremo de sufrir daños contra su vida, integridad, libertad y seguridad personal o en razón del ejercicio de un cargo público u otras actividades que puedan generar riesgo extraordinario, como el liderazgo sindical, de ONG y de grupos de personas desplazadas, y garantizar la oportunidad, eficiencia e idoneidad de las medidas que se otorgan".

No se debe olvidar que antes de la UNP existía la dirección de derechos humanos del Ministerio del Interior y era la encargada de prestar servicios de seguridad especiales a líderes sociales, defensores de derechos humanos y periodistas.

Para el propósito de este capítulo el artículo 4 señaló las siguientes funciones de la UNP:

- Articular y coordinar la prestación del servicio de protección con las entidades competentes en los niveles nacional y territorial.

- Definir, en coordinación con las entidades o instancias responsables, las medidas de protección que sean oportunas, eficaces e idóneas, y con enfoque diferencial, atendiendo a los niveles de riesgo identificados.

- Hacer seguimiento y evaluación a la oportunidad, la idoneidad y la eficacia de los programas y medidas de protección implementadas, así como al manejo que de las mismas hagan sus beneficiarios y proponer las mejoras a que haya lugar.

- Brindar, de manera especial, protección a las poblaciones en situación de riesgo que le señale el gobierno o se determine de acuerdo con los estudios de riesgo que realice la entidad.

- Realizar la evaluación del riesgo a las personas que soliciten protección, dentro del marco de los programas que determine el gobierno nacional, de competencia de la Unidad, en coordinación con los organismos o entidades competentes.

- Realizar diagnósticos de riesgo a grupos, comunidades y territorios, para la definición de medidas de protección, en coordinación con los organismos o entidades competentes.

- Apoyar y asesorar técnicamente a las entidades del nivel territorial que tienen competencia en la materia de protección, en el diseño y la implementación de estrategias para salvaguardar los derechos a la vida, a la libertad, a la integridad y a la seguridad de personas, grupos y comunidades, en especial, en situación de riesgo extraordinario o extremo.

- Aportar la información necesaria a la Dirección de Derechos Humanos del Ministerio del Interior para la formulación de los lineamientos generales, para el diseño y la implementación de la política en materia de prevención y protección a cargo del Ministerio del Interior.

- Apoyar al Ministerio del Interior, con recursos humanos, técnicos, logísticos y administrativos, en la implementación de las acciones de prevención, a fin de salvaguardar los derechos a la vida, a la libertad, a la integridad y a la seguridad de personas, grupos y comunidades que se encuentran sujetas a la jurisdicción del Estado colombiano, siguiendo las directrices que para tal efecto brinde el referido Ministerio.

- Administrar el sistema de información de protección.

Es importante señalar que, en su estructura, la UNP tiene una Subdirección de Evaluación del Riesgo y una Subdirección de Protección, encargadas de ponderar los factores de amenaza y de movilizar oportunamente los recursos para atender los casos. Sin embargo, la evidencia demostró posteriormente que no hubo tal eficiencia ni integralidad en las medidas asignadas, resultado, entre otros, ocasionado por problemas financieros y de denuncias de corrupción (Programa Somos Defensores, 2015, P.7).

El balance de la UNP en 2018 fue así: "Hoy la UNP tiene 7.400 protegidos, de los cuales 4.700 son líderes y lideresas sociales, 5.200 protegidos cuentan con escoltas, 1.200 son exintegrantes de las Farc. Pero, además, cuenta con un personal de 6.600 funcionarios, de los cuales apenas 260 son de planta. En esencia se trata de una entidad privatizada que contrata prácticamente toda su operación con terceros, con cinco zonas donde funcionan empresas rentadoras y cuatro uniones temporales" (Programa Somos Defensores, 2019, pág. 74).

Es una entidad que ha crecido en los últimos años y cuyos servicios son demandados cada vez más. "Durante 2018 su presupuesto general fue de $549.743.000.000 (Resolución 0001 de 2018, Unidad Nacional de Protección). Para el 2019 el presupuesto creció a $688.747.241.558 (Resolución 0001 de 209, Unidad Nacional de

Protección). Es decir, 20 % más y, de seguir la situación, como es la tendencia, la UNP también lo hará. De hecho, es previsible que la entidad sea fortalecida con importantes recursos, como se advierte tanto en el Pacto por la Vida como en el PAO" (Programa Somos Defensores, 2019, pág. 74).

Otro hito importante fue la promulgación del Decreto 4912 de 2011, que creó el "Programa de Prevención y Protección de los derechos a la vida, libertad, integridad y la seguridad de personas, grupos y comunidades", a cargo del Ministerio del Interior y de la UNP. La nueva norma definió las competencias de la UNP, la Policía Nacional y el Ministerio del Interior frente al Programa de Prevención y Protección en virtud del riesgo y en virtud del cargo.

Así mismo, definió las estrategias y medidas de prevención y protección, las poblaciones en riesgo objeto de protección, los esquemas de atención, junto con las entidades competentes frente a la estrategia de prevención, particularmente los Ministerios del Interior y de Defensa, y la Comisión Intersectorial de Alertas Tempranas (CIAT). Frente a la estrategia de protección, este decreto definió las funciones del Cuerpo Técnico de Recopilación y Análisis de Información (CTRAI), el Grupo de Valoración Preliminar (GVP) y el Comité de Evaluación de Riesgo y Recomendación de Medidas (CERREM).

Además, este decreto, en línea con lo establecido en la Ley 148 de 2011 de Víctimas y de Restitución de Tierras, y sus decretos reglamentarios –especialmente el decreto 4800 de 2011–, otorga una mayor responsabilidad a la UNP, junto con las gobernaciones y alcaldías, respecto de la protección colectiva de comunidades para dar conocer oportunamente los casos de amenazas y riesgos detectados en los territorios; la norma también ordena agilizar la actuación de las autoridades competentes ante las alertas tempranas emitidas por la Defensoría del Pueblo.

En 2011, el Decreto 3375 perfeccionó las normas de protección, así: "Para la evaluación de riesgo, así como para la recomendación y la adopción de las medidas de protección, deberán ser observadas las especificidades y vulnerabilidades por edad, etnia, género, discapacidad, orientación sexual y procedencia urbana o rural de las personas objeto de protección" (Decreto 3375 de 2011).

Dicha modificación fue fundamental para el tratamiento de los riesgos y amenazas contra líderes o lideresas. Acorde con los ajustes institucionales –y en este caso, internos–, el Ministerio del Interior expidió la Resolución 0805 de 2012, que adoptó un protocolo para la aplicación del programa de prevención y protección de los derechos a la vida, la integridad, la libertad y la seguridad de mujeres, grupos y comunidades conforme al enfoque diferencial. Define aquí la necesidad de sensibilizar y capacitar a funcionarios de las entidades competentes en los niveles nacional y territorial, así mismo que el CERREM estudie casos exclusivamente de mujeres en una sesión especial, para darles prelación a casos muy particulares, por su circunstancia y su impacto. También promueve la coordinación efectiva entre los niveles nacional y territorial, estableciendo un procedimiento para casos de mujeres amenazadas, tanto víctimas de desplazamiento forzado como no víctimas, reconociendo medidas de emergencia y medidas complementarias.

A través del Decreto 1225 de 2012 se ajustaron conceptos y procedimientos del programa de prevención y protección a cargo del Ministerio del Interior y la UNP. Ahora fueron adicionados otros grupos poblacionales objeto de riesgo, al tiempo que la UNP incorporó el enfoque diferencial de género en sus procedimientos como resultado de la participación de cuatro delegadas de organizaciones de mujeres, lideresas y defensoras de derechos humanos, justamente en la instancia donde se evalúa el riesgo y se orienta la recomendación de medidas.

Sobre este primer bloque normativo, cabe observar que varios sectores sociales señalaron que no se evidenció ningún avance porque las medidas son idénticas a las que contempla el Decreto 1740 de 2010. También llamaron la atención sobre los tiempos para la evaluación del riesgo (treinta días según el artículo 35), la participación con voz, pero sin voto, de delegados de las poblaciones objeto de protección en el CERREM, la superficialidad del enfoque diferencial desarrollado bajo el artículo 50 y sobre todo lo relacionado con la tercerización y la subcontratación con particulares de la prestación de un servicio que encarna una obligación del Estado. Esto último fue lo más criticado por varios sectores sociales.

SEGUNDO PERÍODO SANTOS (2014-2018)

En el segundo mandato de Juan Manuel Santos, el Ministerio del Interior expidió la Resolución 1085 del 21 de agosto de 2015, que estableció un protocolo para implementar la ruta de protección colectiva del programa de prevención y protección. La nueva hoja de ruta quedó bajo la coordinación de la Dirección de derechos humanos del Ministerio del Interior y de la UNP.

Es de resaltar que en este segundo período presidencial la normativa generada respecto de la protección de líderes, lideresas y defensores de derechos humanos desarrolló de manera novedosa el acuerdo de paz con las Farc. Todo esto, a través del Acto Legislativo 01 de 2017, que incorporó en la Constitución disposiciones transitorias para la terminación del conflicto armado mediante la aprobación de normas y reformas constitucionales necesarias para lograr la construcción de una paz estable y duradera. "En este sentido, decir que el Acuerdo también refuerza cambios (al menos en la teoría) en los mecanismos de prevención y protección de los cuales se derivarán las garantías para ejercicio de defensa de los derechos humanos en el posacuerdo. Estas nuevas disposiciones (al menos en el acuerdo) ampliarían el concepto básico de seguridad e incluirían temas como la protección colectiva y de comunidades, prevención e investigación prioritaria de agresiones contra activistas en derechos humanos, compilados en 22 nuevos espacios, protocolos, decretos y unidades especiales" (Programa Somos Defensores, 2018).

También hubo avances significativos no ligados al acuerdo de paz, como la creación del programa integral de garantías para las mujeres lideresas y defensoras de derechos humanos. Ya antes el Decreto 1214 de 2016 había creado la comisión intersectorial para garantizar la implementación del programa integral de garantías para mujeres lideresas y defensoras de derechos humanos, concretado mediante la Resolución 845 de 2018, referente a la protección, la prevención y las garantías de no repetición para las lideresas defensoras de derechos humanos.

Del período comprendido entre enero de 2017 y marzo de 2019, se destacan: la creación del Sistema Integral de Seguridad para el Ejercicio de la Política (SISEP); la Comisión Nacional de Garantías de Seguridad; el Programa Integral de Seguridad y Protección para Comunidades y Organizaciones en los Territorios; la Política Pública de Prevención de Violaciones a los derechos a la vida, integridad, libertad y seguridad de personas, grupos y comunidades; la Comisión Intersectorial para la Respuesta Rápida a las Alertas Tempranas

(CIPRAT), y la Ampliación de la Ruta de Protección Colectiva. Estos mecanismos no tenían un antecedente institucional antes de 2017. A continuación, una breve descripción de dichos instrumentos.

SISTEMA INTEGRAL DE SEGURIDAD PARA EL EJERCICIO DE LA POLÍTICA (SISEP)

Creado a través del Decreto 895 de 2017 en aplicación de lo estipulado en el punto 2 del acuerdo final "Participación política: apertura democrática para construir la paz". El artículo segundo estableció: "Contribuir a crear y garantizar una cultura de convivencia, tolerancia y solidaridad que dignifique el ejercicio de la política y brinde garantías para prevenir cualquier forma de estigmatización y persecución. Para ello se hará el diseño, el seguimiento, la coordinación intersectorial y la promoción en los niveles nacional y territorial de medidas de prevención, protección y seguridad donde se desarrolle un nuevo modelo de garantías de derechos ciudadanos para quienes hayan sido elegidos popularmente, quienes se declaren en oposición, líderes comunitarios, comunidades rurales, organizaciones sociales, de mujeres y/o defensoras de derechos humanos y sus miembros, líderes de los partidos y movimientos políticos con personería jurídica, movimientos sociales y el nuevo movimiento o partido político que surja del tránsito de las Farc-EP a la actividad política legal, así como de sus integrantes en proceso de reincorporación a la vida civil (Decreto 895 de 2017, Art. 2).

En esta disposición normativa es pertinente resaltar la intención de establecer los mecanismos necesarios para promover la permanencia de los líderes, lideresas y defensores de derechos humanos en el territorio, con base en un enfoque territorial, étnico y de género.

Así mismo establece la creación de una instancia de alto nivel y la revisión del marco normativo, orientada al fortalecimiento del sistema de alertas tempranas para la reacción rápida ante hechos y conductas criminales que pongan en riesgo a líderes comunitarios, comunidades rurales, organizaciones sociales, organizaciones de mujeres y/o defensoras de derechos humanos y sus miembros.

La norma también prevé la creación de una comisión para el seguimiento y la evaluación del desempeño del Sistema Integral de Protección, con el objetivo de verificar los avances en el desmantelamiento de organizaciones criminales y de todas aquellas estructuras ilegales que amenacen el ejercicio de la política. La Comisión contará con representación de partidos y movimientos políticos y tendrá acompañamiento permanente de organizaciones humanitarias de carácter internacional. Hasta el momento no se dispone de información clara sobre quiénes conforman dicha comisión y cuándo se inicia su implementación. Todo está en el papel, no en la realidad.

Por último, es forzoso decir que este decreto es un instrumento de gran alcance para la implementación del Acuerdo Final porque ofrece las medidas necesarias para la prevención, la promoción y la protección de la labor de defensa de los derechos humanos y el desmantelamiento de las estructuras criminales que amenazan la labor de quienes son promotores de paz en los territorios.

COMISIÓN NACIONAL DE GARANTÍAS DE SEGURIDAD (CNGS)

Constituida a partir del Decreto Ley 154 de 2017. Su función es hacer el debido seguimiento a la política pública en lo relacionado con el desmantelamiento de las organizaciones criminales, responsables de homicidios y masacres contra defensores de derechos humanos y otros. Hace un llamado a la articulación institucional de los Ministerios de Justicia, del Interior y de Defensa; la Defensoría del Pueblo, la Policía y la UNP, encargados de prevenir los hechos de violencia contra los defensores y defensoras de derechos humanos.

La nueva normatividad también involucró en su diseño las entidades que serían creadas para dar cumplimiento al Acuerdo de Paz, entre ellas la Unidad Especial de Investigación de la Fiscalía, dedicada al desmantelamiento de organizaciones criminales responsables de la violencia contra los defensores y defensoras de derechos humanos.

En 2018, distintas organizaciones y plataformas de derechos humanos intentaron definir la agenda de la comisión y los puntos clave para el desmantelamiento político y militar de los grupos sucesores del paramilitarismo, pero sólo se avanzó en el diagnóstico de la problemática y nunca dio pasos firmes en construir o adoptar un marco de política pública, fin último de dicha comisión (Chávez, 2019).

Ya en el gobierno de Iván Duque, la Comisión fue aislada y no la convocaron más, seguramente por el prejuicio de ser hija del Acuerdo de Paz y por la oposición del sector más radical del Centro Democrático. Su primera citación fue en enero de 2019, derivada de la presión de la sociedad civil y la comunidad internacional.

La solución que encontró el Gobierno fue unir de manera equivocada la Comisión Nacional de Garantías de Seguridad con escenarios como el PAO y los Consejos Territoriales de Paz, que tienen otra dinámica y otro propósito, menos el del crear una política para el desmonte del paramilitarismo (Chávez, 2019). En últimas, a la comisión se le engavetó en otro montón de escenarios institucionales para garantizar que no funcionara, aunque siguiera existiendo.

La situación que se ha presentado en el gobierno Duque deja un ambiente muy cuestionable, pues si para algo iba a servir la comisión era para desmantelar las organizaciones pos desmovilización paramilitar, muchas de ellas aún aliadas con políticos y empresarios. "Esta Comisión no se debe perder de vista y sigue siendo una oportunidad histórica para develar en un espacio institucional, la real cara del paramilitarismo en el país, aprovechando de entrada que la constitución de esta instancia se dio mediante un Decreto Ley (lo que le da mayor poder) y por ende, sus resultados, que esperamos sean política pública de calidad para combatir este fenómeno en Colombia, salgan adelante con la mirada, la opinión y la posición de los defensores de derechos humanos" (Programa Somos Defensores, 2018, pág. 20).

PROGRAMA INTEGRAL DE SEGURIDAD Y PROTECCIÓN PARA COMUNIDADES Y ORGANIZACIONES EN LOS TERRITORIOS

El Decreto 660 del 17 de abril de 2018 reafirmó la paz como un derecho constitucional en permanente búsqueda y dispuso la creación y la reglamentación del programa integral de seguridad y protección para las comunidades y organizaciones en los territorios. Su propósito es: Definir y adoptar medidas de protección integral para las mismas en los territorios, incluidos los líderes, lideresas, dirigentes, representantes y activistas de organizaciones sociales, populares, étnicas, de mujeres, de género, ambientales, comunales, de los sectores LGBTI y defensoras de derechos humanos en los territorios (Decreto 660, 2018).

Para ello contempla medidas integrales de prevención, seguridad y protección a partir de la elaboración de los planes integrales de prevención y su respectiva ruta metodológica, medidas de fuerza pública, evaluación de los planes integrales de prevención, el fomento de las condiciones para la convivencia en lo que respecta a garantía y protección de los derechos humanos, medidas para la prevención y la superación de la estigmatización y la discriminación, el despliegue preventivo de seguridad y la complementariedad y concurrencia de las entidades.

Si bien se pretendía avanzar en la propuesta de inclusión de distintas comunidades, allí no queda establecido cómo sería la participación de las comunidades en el diseño de estas políticas de prevención y protección. Así mismo, tampoco contempla dentro de sus instancias de dirección la participación de las comunidades y de las organizaciones más afectadas (Chávez, 2019). Respecto a los promotores comunitarios de paz y convivencia, el decreto revisa las definiciones, componentes, articulación con figuras de justicia comunitaria y resolución de conflictos, implementación del componente promotor comunitario de paz y convivencia, acompañamiento, tareas de dichos promotores comunitarios, estableciendo los protocolos de protección para los territorios, el componente de apoyo a la actividad de denuncia de las comunidades y organizaciones de derechos humanos en los territorios y garantías para su actividad de denuncia.

Cabe anotar que, según lo observan organizaciones de derechos humanos y centros de investigación como el Instituto Krock y Opción Legal (2019), las medidas son las mismas del Decreto 1066 de 2015, enfocadas en la seguridad física, de carácter individual sin un diálogo amplio que permita la articulación de las rutas establecidas con los mecanismos de autoprotección de las comunidades.

Para finalizar, el Decreto 660 de 2018 convoca a alcaldes y gobernadores a gestionar y hacer seguimiento a medidas de protección y prevención de organizaciones y comunidades, lo cual aún no se refleja en ningún tipo de actividad concreta de implementación. Así mismo, el Decreto 2252 de 2017 tiene como objetivo coordinar a los gobernadores y alcaldes como agentes del presidente de la República en relación con la protección individual y colectiva de líderes y liderezas de organizaciones y movimientos sociales y comunales, y defensores y defensoras de derechos humanos que se encuentren en situación de riesgo. Lo cuestionable es que estos decretos crean nuevas instancias y más trámites, en lugar de simplificar los procedimientos para otorgar medidas de protección.

PROGRAMA INTEGRAL DE GARANTÍAS PARA LAS MUJERES LIDERESAS Y DEFENSORAS DE DERECHOS HUMANOS

Apenas en 2016 fue expedido el decreto que estableció la Comisión Intersectorial para garantizar la implementación del Programa Integral de Garantías para Mujeres Lideresas y Defensoras de derechos humanos. Por fin fue tenido en cuenta el enfoque diferencial reclamado tanto por las organizaciones sociales y defensoras de derechos humanos como por la comunidad internacional en razón de las victimizaciones específicas hacia las mujeres en Colombia.

A partir de este marco normativo surgió la Resolución 845 de 2018, que creó el Programa Integral de Garantías para Mujeres Lideresas y Defensoras de derechos humanos, con el objetivo de "generar garantías para la protección de la vida y la integridad de las mujeres en el ejercicio libre y seguro de sus liderazgos sociales y políticos y en su derecho a defender los derechos humanos" (Consejería Presidencial para la Equidad de la mujer, 2018).

Está compuesto por tres ejes estratégicos que se reflejan en su plan de acción: I) Prevención, enfocado en fortalecer los liderazgos femeninos y las organizaciones de lideresas y defensoras de derechos humanos, como estrategia para disminuir las situaciones de vulnerabilidad a las cuales están expuestas las mujeres a causa de la labor que desempeñan; II) Protección, que busca incrementar la capacidad de respuesta institucional ante situaciones de riesgo inminente y adecuar las medidas de protección para incorporar el enfoque de género y derechos de las mujeres; y III) Garantías de No Repetición, dirigida a generar condiciones para que las violaciones no ocurran de nuevo, mediante la lucha contra la impunidad y la salvaguarda de la memoria histórica de las luchas de las mujeres (Consejería Presidencial para la Equidad de la mujer, 2018).

El programa es coordinado por la Dirección de Derechos Humanos del Ministerio del Interior, que hace las veces de Secretaría Técnica. Su ejecución quedó materializada a través del Plan de Acción para períodos de cuatro años a cargo, al igual que su seguimiento, de la Comisión Intersectorial de Garantías para las Mujeres Lideresas y Defensoras de los derechos humanos (Consejería Presidencial para la Equidad de la mujer, 2018).

POLÍTICA PÚBLICA DE PREVENCIÓN DE VIOLACIONES A LOS DERECHOS A LA VIDA, LA INTEGRIDAD, LA LIBERTAD Y LA SEGURIDAD DE PERSONAS, GRUPOS Y COMUNIDADES

Creada por el Decreto 1581 de 2017, establece el Comité Nacional de Política Pública de Prevención, integrado por los ministros del

Interior, Justicia y del Derecho, Defensa Nacional y de Minas y Energía; el director de la Unidad para la Atención y Reparación Integral a las Víctimas, y el alto consejero presidencial para el Posconflicto, ahora llamado alto consejero para la estabilización. Su objetivo es coordinar y articular la política de prevención de violaciones a la vida, la integridad, la libertad y la seguridad de personas, grupos y comunidades. Entre las funciones del comité se encuentra aprobar un plan estratégico que defina, entre otros, las metas en materia de prevención por sector, población y territorio; las responsabilidades institucionales; los tiempos de ejecución, y las formas de seguimiento del cumplimiento del plan, entre otros.

Frente a desarrollos normativos anteriores, este decreto contiene una clara definición sobre qué se entiende por defensor de derechos humanos: "Persona que individualmente o en asociación con otras desarrolla actividades a favor del impulso, la promoción, el respeto, la protección y la garantía efectiva de los derechos civiles, políticos, económicos, sociales, culturales, ambientales y de las libertades fundamentales en los planos nacional e internacional" (Decreto 1581 de 2017).

Esta definición permite delimitar el campo de acción de las entidades y la construcción de medidas de prevención y protección que apunten a garantizar la labor de dichos defensores dentro del territorio, evitando la posibilidad de una manipulación coyuntural sobre quiénes son los sujetos de este tipo de mecanismos.

Además, incorpora una estrategia concreta de prevención en los territorios, como la prevención temprana en los Consejos de Seguridad Territoriales en los que intervienen los Ministerios del Interior y Defensa Nacional, entidades del Ministerio Público junto con gobernadores y alcaldes, de acuerdo con sus competencias.

También dispone como instancias de coordinación el Comité Nacional de Política Pública de Prevención, el Comité Técnico para la Prevención, los Comités Territoriales de Prevención y sus instrumentos de coordinación interinstitucional para la prevención de violaciones a los derechos humanos. De ahí se derivan las acciones a cumplir a través de los Planes Integrales de Prevención, los Planes de Contingencia, los Planes de Acción contra minas antipersonal y los Planes de Prevención de Reclutamiento y Utilización de Niños, Niñas y Adolescentes.

La crítica de múltiples organizaciones sociales señalaba que había decretos y documentos de política que creaban comités e instancias sectoriales, pero de ahí no se pasaba. Para cada problema había un decreto, pero eso no reducía la victimización.

COMISIÓN INTERSECTORIAL PARA LA RESPUESTA RÁPIDA A LAS ALERTAS TEMPRANAS (CIPRAT)

A través del Decreto 2124 de 2017 fue establecido el Sistema de Prevención y Alerta para la Reacción Rápida a la presencia, acciones y/o actividades de las organizaciones, hechos y conductas criminales que pongan en riesgo los derechos de la población y la implementación del Acuerdo Final. En otras palabras, esta norma le revolvió la competencia y la autonomía a la Defensoría del Pueblo para emitir alertas tempranas a través de informes de riesgo y les otorgó nueve meses de vigencia, al cabo de los cuales se hace seguimiento a la aplicación de las recomendaciones y la mitigación o superación del riesgo advertido.

Hasta la expedición de esta norma, era muy difícil emitir una alerta, pues estaba supeditada a varios votos, entre ellos, el más fuerte, el de la Fuerzas Militares. En muchos consejos de seguridad municipal los defensores del pueblo eran vistos como enemigos.

La CIPRAT adelanta de manera ordinaria sesiones de seguimiento trimestrales y todas aquellas que de manera extraordinaria sean necesarias para efectos de atender una situación particular, a las cuales concurren de manera permanente los Ministerios de Defensa Nacional, del Interior, la UNP, el comandante de las Fuerzas Militares, el director de la Policía Nacional y la UARIV, y son invitados órganos de control como la Procuraduría, la propia Defensoría del Pueblo, la Fiscalía y los consejeros presidenciales para los derechos humanos y del posconflicto y la estabilización.

El nuevo decreto creó los Comités Territoriales de Prevención, cuya función principal es coordinar la respuesta rápida estatal frente a las Alertas Tempranas de la Defensoría del Pueblo. En esa misma perspectiva, y con ocasión del Acuerdo de Paz, fueron establecidos los Comités Territoriales para la Reacción Rápida en los 170 municipios PDET. El articulado define, en cabeza de la Defensoría del Pueblo y del Ministerio del Interior, la responsabilidad de prevenir y hacerle seguimiento a la respuesta institucional. De contera está incluida la obligación de advertir la ocurrencia de violaciones a la vida, a la integridad, a la libertad y a la seguridad de personas, grupos y comunidades a nivel nacional (Decreto 2124 de 2017).

Mención especial merece la Defensoría del Pueblo, entidad que recuperó la potestad de emitir Alertas Tempranas. "Pero quizás el aporte más significativo de la Defensoría del Pueblo durante 2018 fue la expedición de la Alerta Temprana 026 de marzo del mismo año (un año después de haberse publicado el Informe de Riesgo 010 de 2017), donde se advierte el alto riesgo y la vulnerabilidad de personas defensoras de derechos humanos y de sus organizaciones en prácticamente todo el país. Se trata de un documento de mucha valía, no sólo por su poder de advertencia y alerta per se, sino por su contenido (71 páginas), donde hay un verdadero despliegue de contextos nacional, regional y local, que, con un nivel de detalle en cada lugar, evidencia los actores amenazantes y, por ende, las posibilidades que tienen las autoridades nacionales y territoriales para luchar contra el crimen organizado. Pero también recoge y recuerda la cantidad de herramientas jurídicas, políticas y legales de las que dispone el Estado colombiano para prevenir ataques a los movimientos sociales y protegerlos" (Programa Somos Defensores, 2019, pág. 72).

Además del listado de líderes victimizados, dicha Alerta Temprana publicó un listado de 345 organizaciones sociales que se encontraban en riesgo de seguridad y refirió tres causas que explican los niveles de riesgo de los líderes sociales: 1. Reconfiguración de los dominios armados de las zonas donde antes operaban las Farc. 2. Permanencia de actores criminales que usufructúan economías legales o ilegales y que someten la población. 3. Avances en la implementación de los Acuerdos de Paz.

Lo cierto es que desde la llegada de Carlos Negret, la Defensoría del Pueblo adquirió otro papel. "Parece que volvimos a las épocas cuando teníamos funcionarios comprometidos con los líderes sociales y los sectores menos favorecidos de la población colombiana como en la administración de Eduardo Cifuentes. El actual defensor del Pueblo, Carlos Negret, demostró con creces en 2017 que su trabajo como el principal defensor de los derechos humanos desde el Estado colombiano no sería un trabajo cosmético. Con ahínco ha desarrollado una labor importante por posicionar la agenda de derechos humanos en el Gobierno y en las discusiones sobre paz, y también por propender acciones concretas por la protección del liderazgo social y la prevención de agresiones en su contra mediante uno de los instrumentos más subvalorados pero de mayor importancia de la institucionalidad colombiana: los Informes de Riesgo y el Sistema de Alertas Tempranas. Así, la Defensoría del Pueblo en los últimos años se convierte en la primera institución del Estado que documenta los casos de violencia contra defensores de derechos humanos y se la juega por emitir Informes de Riesgo nacionales y locales que advierten los peligros que enfrentan estos activistas. Por tanto, se hace incomprensible cómo el gobierno colombiano desconoce las cifras producidas por la misma institucionalidad y continúa eligiendo las cifras más "manejables"; ante esto, la respuesta del Ejecutivo es risible. Según el viceministro del Interior, Luis Ernesto Gómez, la razón para no asumir otras cifras es que "el Gobierno ha optado por no entregar una cifra oficial de líderes sociales asesinados. Esto, por un lado, debido a que quiere evitar opacar los esfuerzos de la sociedad civil por llevar sus propios conteos, pero también, por otro lado, debido a que la ONU, como órgano imparcial, se encarga de llevar un registro" (Programa Somos Defensores, 2018, pág. 40).

En últimas, una oportunidad que le dio el proceso de paz a la Defensoría al darle autonomía a la hora de emitir Alertas Tempranas y un defensor que supo aprovechar esa oportunidad.

AMPLIACIÓN DE LA RUTA DE PROTECCIÓN COLECTIVA

El Ministerio del Interior expidió el Decreto 2078 de 2017, una adición del Decreto 1066 de 2015 en lo que respecta a la ruta de protección colectiva de los derechos a la vida, la integridad, la libertad y la seguridad personal de grupos y comunidades. La norma tiene como objeto: "Adoptar la Ruta de Protección Colectiva del Programa de Prevención y Protección del Ministerio del Interior y la Unidad Nacional de Protección" (Decreto 2078, 2017, Art. 1).

Allí se establece, entre otros, que, frente al riesgo inminente y excepcional, la UNP efectuará una valoración inicial del riesgo que será comunicada al Ministerio del Interior, que a su vez adoptará medidas orientadas a contrarrestar factores de riesgo, vulnerabilidad y amenaza. Y determina como responsable de la implementación de la ruta de protección colectiva a la Dirección de Derechos Humanos del Ministerio del Interior, que tiene potestad de "dar traslado inmediato de las decisiones proferidas por el CERREM a las entidades responsables, efectuar seguimiento periódico sobre la implementación de las medidas y articular con la UNP" (Decreto 2078, 2017, Art. 1).

Hasta este punto, en su mayoría hay instancias colegiadas y decretos. En algunos casos se asignó presupuesto, se fortaleció la UNP, y sobre todo se les dio respaldo político a los líderes sociales, pero no pasó mucho más. En cambio, hubo otros tres aspectos que tuvieron un mayor impacto, al menos inicialmente.

CUERPO ÉLITE DE LA POLICÍA

La Policía Nacional creó el Cuerpo Élite, una estructura especializada en investigación y operatividad para proteger defensores de derechos humanos y desmantelar organizaciones criminales y sucesoras del paramilitarismo. Su nacimiento deriva de los acuerdos de La Habana, donde hubo un gran debate con diversas posturas.

Por un lado, las Farc decían que dejarían las armas, pero sus enemigos no y por eso los iban a matar junto a sus bases sociales.

Por otro lado, el Gobierno manifestaba que no existían grupos paramilitares, es decir, que no había política pública para tener estructuras ilegales paralelas; en otras palabras, que el Estado no ordenaba asesinatos de líderes sociales o personas cercanas a la oposición.

Al final hubo acuerdo en crear una estructura de seguridad especial para abordar ese tema. El pulso lo ganó el Gobierno al dejar la Fuerza Élite anclada a la Policía Nacional; las Farc ganaron el pulso en cuanto a la existencia de una categoría referida a las organizaciones sucesoras del paramilitarismo. De ahí surgieron las garantías de seguridad en cabeza de dicho cuerpo investigativo. El acuerdo decía lo siguiente: "Unidad Especial de investigación para el desmantelamiento de las organizaciones criminales responsables de homicidios y masacres o que atentan contra defensores/as de derechos humanos, movimientos sociales o movimientos políticos, incluidas las organizaciones criminales que hayan sido denominadas como sucesoras del paramilitarismo y sus redes de apoyo, y para la persecución de las conductas criminales que amenacen la implementación de los acuerdos y la construcción de la paz" (Presidente de Colombia; Comandante del Estado Mayor Central de las FARC-EP, 2016).

Luego fue expedida la Directiva operativa transitoria 013 de la Policía Nacional, que asignó cuatro funciones básicas al Cuerpo Élite: 1. Investigación de amenazas y homicidios contra líderes sociales, excombatientes y familiares de excombatientes. 2. Desmantelamiento de estructuras criminales responsables. 3. Trabajo conjunto con la Fiscalía General de la Nación. 4. Articulación con instituciones encargadas de prestar seguridad para hacer eficientes los recursos.

Inicialmente, la nueva esta estructura contó con un reducido número de personas, pero debió crecer a medida que el problema aumentaba. Actualmente tiene 111 funcionarios en el nivel central, 19 de los cuales son oficiales, 16 más en el nivel ejecutivo y 76 patrulleros. A nivel territorial son 39 del nivel ejecutivo y ochenta patrulleros, para un total de 119. Al final, el Cuerpo Élite llevó en comisión a personal de carabineros, de la Dirección de Inteligencia (Dipol) y de antinarcóticos.

Es forzoso precisar que esta estructura no estaba dedicada a la protección de líderes sociales sino a investigar lo relativo a la victimización a líderes sociales y excombatientes, así como el desmantelamiento de estructuras criminales. No es un cuerpo de choque y ahí no puede haber confusión. En todo caso, en situaciones de emergencia articula con comandantes de policía de municipios para la protección inmediata en caso de alguna amenaza contra un líder social.

Entre el primero de enero de 2016 y el 3 de septiembre de 2019, el Cuerpo Élite investigaba 308 homicidios de líderes sociales. Son los mismos datos que hasta ese momento llevaba Naciones Unidas y es la línea base que utiliza el gobierno nacional. En todo caso, la cifra era mucho más alta si se tienen en cuenta las denuncias que llegan a sus oficinas. De tal forma que, aun si una víctima no aparece en el listado oficial, el caso debe ser investigado y se debe proceder al protocolo de protección. También se hace seguimiento a las más de 2.000 investigaciones por amenaza.

Tal vez el principal avance de este cuerpo especial es la articulación con la Fiscalía. La garantía de que la Fiscalía y la Policía vayan juntas a los territorios elimina la denominada "tirada de pelota" entre una y otra entidad. Así, a nivel territorial el Cuerpo

Élite tiene comisiones investigativas, con fiscal propio, en Valle del Cauca, Cauca, Meta, Nariño, Putumayo, Norte de Santander, Antioquia y Caquetá.

Por ejemplo, hasta el 7 de septiembre de 2019 en Nariño eran investigados 109 casos, 17 de los cuales eran homicidios a líderes sociales y sesenta amenazas. Lo demás eran investigaciones por victimización a excombatientes de las Farc. La estructura territorial allí a esa fecha era la siguiente:

NARIÑO	
Fiscales	DR. FRANCO ROJAS (ONU-FGN) - DR. ZULAMI LUCIO PORRAS (OACP-FGN)
Asistente fiscal	MANUEL (ONU-FGN) – YIMI (OACP-FGN)
Investigador nivel central	PT. PÁEZ GARCÍA JOHN ÁLVARO (ONU-FGN) PT. BOTINA SUAREZ CLAUDIO DANILO (ONU-FGN) SI. MARTÍN LEONARDO DÍAZ BOLAÑOS (OACP-FGN) PT. MILLER AICARDO MUÑOZ BOLAÑOS (OACP-FGN) PT. HENRY BURBANO (OACP-FGN) PT JONATHAN PAZ LÓPEZ (OACP-FGN) PT. PANTOJA ACOSTA WÍLMER GABRIEL (AMENAZAS)
Investigador nivel desconcentrado	SI .JHON ROSALES (ONU-FGN) PT. DIDIER REYES LARRAHONDO (ONU-FGN) PT. JIMMY ALEXÁNDER GARCÍA QUIROZ (ONU-FGN) PT. JONATHAN PAZ LÓPEZ (OACP-FGN) IT. LEONEL ORTEGA MUÑOZ (AMENAZAS) PT. IMBACUÁN QUINAYAS (AMENAZAS) PT. ARLEX DE JESÚS CORTÍNEZ PEÑA (AMENAZAS)
Investigador CTI	3 INVESTIGADORES

Durante la administración de Iván Duque el Cuerpo Élite ha perdido capacidad de interlocución, si bien sigue existiendo. Aunque ha mejorado en capacidades, ha perdido centralidad. La explicación es exactamente la misma: todo lo que huela a proceso de paz es desechado por la administración Duque.

UNIDAD ESPECIALIZADA DE LA FISCALÍA

Adicional al Cuerpo Élite de la Policía, la Fiscalía creó la Unidad Especial de Investigación, dedicada al desmantelamiento de las organizaciones criminales responsables de homicidios y masacres de defensores de derechos humanos, movimientos sociales o movimientos políticos.

Es de resaltar que la Fiscalía dividió sus funciones. Por un lado, la Unidad Especializada asumió las investigaciones de victimización a excombatientes. No se debe olvidar que, hasta el 3 de enero de 2020, al menos 173 excombatientes de las Farc habían sido asesinados. La demanda de trabajo era muy grande. Así que, por lo complejo del asunto, la victimización a líderes sociales quedó en manos de la Fiscalía delegada para la seguridad ciudadana.

El informe anual de Somos Defensores de 2017 manifestó: "Ante este escenario, la Unidad especial se encargará de centralizar las investigaciones que han estado dispersas por diferentes secciones y oficinas de la Fiscalía y que hasta la fecha han carecido de doliente al interior de la entidad. La Unidad ya fue creada en septiembre de 2016 y fue incluida en el acuerdo pese a varios intentos de torpedear el desarrollo de la Unidad por parte del mismo fiscal; actualmente está bajo la tutela de Martha Cuéllar. No obstante, a pesar de que la dependencia aún está 'en pañales', es un avance importante la concentración en un único despacho las investigaciones sobre ataques contra defensores, lo cual evitará lo ocurrido en otros momentos de la historia reciente entre Fiscalía-Defensores donde los avances dependían de la voluntad política del fiscal de turno o, peor aún, del incremento de homicidios" (Programa Somos Defensores, 2018).

Entre 2016 y el 31 de diciembre de 2019, la ONU había reportado 364 asesinatos de líderes sociales; de ellos, 11 casos pasaron a la jurisdicción especial indígena, seis a la penal militar y 341 a la Fiscalía. De esos 341 casos, a la fecha de corte había avance investigativo en 182: preclusión dos, sentencias 47, en juicio setenta, homicidios con imputación de cargos 27 e indagación con orden de captura 36. La Fiscalía sostuvo que en el 53 % de los procesos hubo avances.

En este punto surgen dos debates interesantes. Por un lado, la Fiscalía utiliza el concepto de esclarecimiento, un concepto que en términos jurídicos es cuestionable. Las organizaciones sociales dicen que dicho concepto es engañoso y que lo único que se puede considerar como no impunidad son las sentencias. La metáfora del esclarecimiento tiene nombre propio: el ahora exfiscal Néstor Humberto Martínez. "Con la llegada del fiscal Martínez se inició la era del 'esclarecimiento histórico de investigaciones', donde, a partir de un giro mediático y distorsionado del concepto de esclarecimiento, se da por hecho que un caso ya tiene esclarecimiento a partir de avances en la investigación, por ejemplo, que haya imputación, pero faltando aún importantes avances en el proceso, el juzgamiento y finalmente la sentencia y la sanción. Este giro dista de la concepción jurídica que considera el esclarecimiento como la etapa final de una investigación e implica una sentencia definitiva (condenatoria o absolutoria)" (Programa Somos Defensores, 2019, pág. 60).

El otro debate oscila en torno al número de casos. La Fiscalía, al igual que el Gobierno, toma la cifra de Naciones Unidas y sobre esa base saca el porcentaje de avances, pero la Defensoría del Pueblo y Somos Defensores consideran que la impunidad es más alta. En consecuencia, para gran parte del movimiento social existe maquillaje de datos. Para la Fiscalía, todos los casos son investigados, pero en la realidad los casos son objeto de priorización.

De este segundo debate se debe tener en cuenta que "(...) en julio de 2016 asumió como fiscal general Néstor Humberto Martínez, y el proceso de interlocución se paralizó". Desde entonces también la Fiscalía decidió tomar como fuente válida para las cifras de casos a investigar y priorizar las publicadas por la OACNUDH, a pesar de que para entonces ya existían sistemas como el SIADDHH38, que entre 2009 y 2015 registró al menos 538 asesinatos de personas defensoras de derechos humanos, y entre 2016 y 2018 registró al menos 341. Es decir, 879 asesinatos en nueve años. Pero pocos meses después de haber asumido, el fiscal entregó resultados de investigaciones, advirtiendo, eso sí, que no había sistematicidad en los mismos: "Hay una multicausalidad en el origen de las amenazas, de los asesinatos y de las afectaciones a la integridad de estos líderes sociales (...) Por el momento no hay una sistematicidad en las afectaciones..." (Programa Somos Defensores, 2019, pág. 60).

GOBIERNO DE IVÁN DUQUE (2018-2022)

El actual gobierno de Iván Duque, elegido bajo el paraguas del partido Centro Democrático, se ha caracterizado, al menos en sus primeros 18 meses, por cuatro elementos.

Por un lado, ha denostado en distintas ocasiones del Acuerdo de Paz, lo que ha llevado a que varias instancias creadas en el marco de dicho Acuerdo queden marginadas y pareciera como si en la labor de proteger a los líderes sociales se comenzara de cero. En segundo lugar, varios de sus ministros no reconocen la sistematicidad de los asesinatos y amenazas hacia los líderes sociales y defensores de derechos humanos y por ello es notable que la implementación de los mecanismos de protección y prevención ha sido lenta y poco efectiva. En tercer lugar, según datos de la ONU, en 2019, frente a 2018, se dio una reducción de los homicidios. El Gobierno canta victoria con esos índices, pero en los últimos días de diciembre de 2019 y los primeros de enero de 2020 fueron asesinados más de una decena de líderes sociales. En todo caso, el Gobierno se aferra a los datos y no rinde cuentas públicas sobre sus acciones. Por último, ante la presión internacional y la de organizaciones sociales y de derechos humanos, a finales de agosto de 2018 el presidente participó en la firma del "Pacto por la Vida y la Protección de los Líderes sociales y las personas defensoras de derechos humanos", en el que se comprometió con el procurador, con la vicefiscal general y con el defensor del Pueblo, a desarrollar cuatro puntos:

- El diseño participativo de una política pública de prevención y protección integral, con enfoque diferencial, de equidad, técnico y territorial.
- Acelerar el programa de medidas colectivas de seguridad, así como de protección integral de lideresas.
- La reingeniería del programa de protección de la UNP, que se modernizará y fortalecerá con recursos para dar cumplimiento a las múltiples demandas de protección en los territorios.
- La garantía del funcionamiento de la CNGS.

En respuesta a esta coyuntura el Gobierno anunció en noviembre de 2018 la creación del Plan de Acción Oportuna (PAO), una norma que reconoció que "la normatividad e instancias existentes creadas por el gobierno anterior eran desarticuladas y poco efectivas" (Sánchez, 2019). El PAO busca garantizar medidas de seguridad a líderes sociales, defensores de derechos humanos y a la población, priorizando las ocho zonas más afectadas por el conflicto armado (CINEP/ PPP, CERAC, 2018).

El decreto que dio vida a la PAO como instancia de alto nivel tiene como objetivo central: Articular, orientar y coordinar los diferentes programas de protección y recursos de las distintas entidades del Gobierno involucradas en la prevención y la protección individual y colectiva de los derechos a la vida, la libertad, la integridad y la seguridad de defensores de derechos humanos, líderes sociales, comunales y periodistas.

En otras palabras, el PAO previó el fortalecimiento de la institucionalidad con la creación de la Subdirección especializada de la UNP y la CNGS, entre otras. Pero también contempló la disposición de esquemas de protección, como vehículos blindados y convencionales, motos y acompañamiento, entre otros, para brindar herramientas idóneas, oportunas y eficaces para la protección de defensores de derechos humanos, líderes sociales, comunales y periodistas, y la prevención de agresiones en su contra (Ministerio del Interior, 2018).

Se sabe que en 2019 el PAO ha sesionado en el municipio de Riosucio, en Chocó, y en Cartagena, capital de Bolívar. Además, el PAO ha sido socializado en Ricaurte, Nariño; Montería, Córdoba; San Vicente del Caguán, Caquetá; Caucasia, Antioquia; María La Baja, Carmen de Bolívar y El Salado, Bolívar, y Buenaventura y Bolívar, Valle del Cauca.

Según distintas plataformas de Derechos Humanos y otras organizaciones sociales del país, no hay claridad en los resultados y la efectividad del PAO. La Coordinación Colombia Europa Estados Unidos (CCEEU); la Cumbre Agraria, Campesina, Étnica y Popular; la Plataforma Colombiana de Derechos Humanos, Democracia y Desarrollo; la Alianza de Organizaciones sociales, y el Grupo de Trabajo Gpaz expresaron en un comunicado que si bien reconocen "la voluntad del Gobierno de reestructurar y articular la política pública existente en materia de garantías de seguridad para líderes y defensores de derechos humanos, este aún se muestra corto para la magnitud de la problemática" (Verdad Abierta, 2018).

En relación con lo anterior, Camilo González Posso, director del Instituto de Estudios para el desarrollo y la Paz (Indepaz), considera que al "decreto por sí solo le falta fuerza. Si el decreto es sólo para tener control territorial militar, si no hay una política de presencia social del Estado, se quedará como una norma más con una comisión más" (El Tiempo, 2018).

Uno de los principales reparos que identificaron distintos especialistas en la política de protección es que se excluye a la sociedad civil porque no hubo diálogo ni concertación con las comunidades y mantuvo la centralización de las medidas de protección para evitar la participación de los afectados en la construcción de la política pública de la cual serían beneficiarios. El director de Indepaz asegura que el decreto sólo contempla planes en general y acciones contra organizaciones criminales que, aunados a la falta de iniciativas fuertes de alianzas sociales, no resolverá los problemas existentes (*El Tiempo*, 2018).

Otra de las críticas más fuertes señala que el decreto es coercitivo y policivo porque el Gobierno busca definir los territorios donde está el problema, denominarlos Zonas Especiales de Intervención (ZEI) y enviar policía y ejército sin generar mayores desarrollos en cuanto a medidas de protección (*Verdad Abierta*, 2018).

No se debe olvidar que a principio de 2018 el Gobierno lanzó la Política de Defensa y Seguridad Nacional, que dividió el país en tres regiones, a saber:

a. Zonas estratégicas de intervención integral. Son las zonas con mayor complejidad en materia de seguridad.

b. Zonas de construcción de legalidad. En estas zonas existe un mínimo de seguridad y se requieren instituciones civiles. A esto se le denomina Acción Integral del Estado, donde la policía irá asumiendo mayores niveles de importancia.

c. Zonas de legalidad, emprendimiento y equidad. La amenaza en esas zonas es la delincuencia común y la responsabilidad está en manos de la policía. Aquí caben las áreas urbanas y las grandes ciudades.

En lo fundamental, este es el mismo Plan Consolidación de la época de Álvaro Uribe. Para concluir, se denota que el decreto tiene un enfoque reactivo, se centra en las medidas de seguridad física e individual y deja de lado los avances en la consolidación de medidas que busquen mitigar los riesgos generados por las estructuras paramilitares y delincuenciales. También se señala que la norma propende por la desarticulación decidida de los marcos normativos anteriores y sobre todo de los avances del Acuerdo de Paz. Al respecto, Somos Defensores dice: "Aunque a primera vista esta estrategia mostraría la voluntad del Gobierno de hacerle frente a la situación de violencia selectiva, la realidad es que es un plan insuficiente, pues no considera el desmantelamiento de los grupos armados en los territorios, la lucha estructural contra el crimen organizado y el mejoramiento del bienestar de las comunidades, que son situaciones que alimentan el círculo de las violencias; por el contrario, el PAO utiliza viejas fórmulas desde un enfoque coercitivo" (Programa Somos Defensores, 2019).

BIBLIOGRAFÍA

CINEP. (2018). ¿Cualés son los Patrones? Asesinatos de Líderes Sociales en el Post Acuerdo. Bogotá: CINEP.

Consejería Presidencial para la Equidad de la Mujer. (2018). *Programa Integral de Garantías para las Mujeres Lideresas y Defensoras de Derechos Humanos*. Bogotá. Obtenido de http://www.equidadmujer.gov.co/ejes/publicaciones/programa-integral-garantias.pdf

Consejería Presidencial para la Seguridad. (2018). *Garantías para la Seguridad*. Obtenido de http://www.garantiasdeseguridad.gov.co/publicacionesdocumentos/Informe-equipo-garantias-seguridad-2018.pdf

El Tiempo. (21 de Noviembre de 2018). ¿Qué piensan los sectores sociales de decreto para proteger a líderes? *El Tiempo*. Obtenido de https://www.eltiempo.com/justicia/investigacion/respuesta-de-sectores-sociales-a-decreto-para-proteger-a-lideres-sociales-295918

Kroc Institute for International Peace Studies. (2018). *Segundo Informe sobre el estado efectivo de implementación del Acuerdo de Paz en Colombia diciembre 2016-mayo 2018*. University of Notredame. Obtenido de https://kroc.nd.edu/assets/284864/informe_2_instituto_kroc_final_with_logos.pdf

Laverde, A. C. (2018). La protección de los defensores(as) de derechos humanos: un tema carente de integralidad en Colombia. *Universidad Católica de Colombia*. Obtenido de https://repository.ucatolica.edu.co/bitstream/10983/15900/1/Art%C3%ADculo%20Protecci%C3%B3n%20de%20Defensores%20de%20DDHH%20_%20ACVL.pdf

Ministerio de Interior. (26 de Julio de 2019). *Ministerio de Interior*. Obtenido de Ministerio de Interior: https://www.mininterior.gov.co/durante-la-sesion-del-plan-de-accion-oportuna-pao-en-territorio-que-se-llevo-cabo-en-cartagena-la-ministra-del-interior-nancy-patricia-gutierrez-retomo-la-definicion-de-naciones-unidas-y-con-base-en-este-concepto-reitero-que

Ministerio de Interior. (23 de Mayo de 2019). *Ministerio de Interior*. Obtenido de Ministerio de Interior: https://www.mininterior.gov.co/sala-de-prensa/noticias/uno-de-los-ejes-del-pao-es-lograr-que-no-se-estigmatice-la-labor-de-los-lideres-sociales-mininterior

Ministerio de Interior. (7 de Febrero de 2019). *Ministerio de Interior*. Obtenido de Ministerio de Interior: https://www.mininterior.gov.co/la-ministra-del-interior-nancy-patricia-gutierrez-afirmo-que-el-gobierno-ha-atendido-30-de-las-31-alertas-tempranas-emitidas-por-la-defensoria-del-pueblo-y-en-el-marco-del-plan-de-accion-oportuna-pao-ha-liderado-nueve-sesion

Presidente de Colombia; Comandante del Estado Mayor Central de las FARC-EP. (24 de Noviembre de 2016). Acuerdo Final para la Terminación del Conflicto y la Construcción de una Paz Estable y Duradera. Obtenido de http://www.altocomisionadoparalapaz.gov.co/procesos-y-conversaciones/Documentos%20compartidos/24-11-2016NuevoAcuerdoFinal.pdf

Programa Somos Defensores. (2018). *Piedra en el Zapato - Informe Anueal 2017 Sistema de Informació sobre Agresiones contra Defensores y Defensoras de DD.HH. en Colombia SIADDHH*. Bogotá: Carlos A. Guevara y Diana Sánchez Lara.

Programa Somos Defensores. (2019). *La Naranja Mecanica - Informe Anual 2018 Sistema de Información sobre Agresiones contra Personas Defensoras de Derechos Humanos en Colombia - SIADDHH*. Bogotá: Diana Sánchez Lara y Sirley Muñoz Murillo.

CAPÍTULO 4

AUTORITARISMOS COMPETITIVOS Y ESTADOS MAFIOSOS DE FACTO

En los tres capítulos anteriores examinamos las dinámicas de la violencia contra líderes sociales, analizamos la violencia política que azotó el país durante las elecciones locales de 2019 y en general la respuesta institucional a esos fenómenos. En fin, quedaron resueltas las preguntas que muchos se hacen: ¿Quién los mata? ¿Por qué los matan?

Este capítulo busca ir más allá de la inmediatez y se centra en responder qué pasa en los territoritos donde asesinaron, amedrentaron, desplazaron y atentaron contra líderes sociales.

Para empezar, es importante recordar dos conclusiones:

En primer lugar, las victimizaciones a los líderes sociales son producto de al menos cinco fenómenos: A. Reorganización criminal en zonas de posconflicto. B. Oposición de líderes sociales a economías ilegales, tales como cultivos de coca o minería ilegal. C. Resistencia a la democratización de Colombia por parte de élites locales y regionales. D. Reclamación de verdad o tierra, es decir, por afectar órdenes sociales y políticos que dejó el conflicto armado. E. Otras.

En segundo lugar, en 2018 hubo regiones muy violentas, pero en 2019 se produjo un leve descenso de esas violencias. El Gobierno argumenta que ello fue producto de su política consignada en el PAO; no obstante, la investigación encontró que existe la posibilidad de que dicha reducción sea producto de que algún actor criminal ganó un territorio y tiene a la mayoría de la población sometida. Incluso, la contracción puede ser producto del sometimiento de gran parte del liderazgo social local. Son órdenes autoritarios en lo local.

Lo que el presente capítulo va a demostrar es que el asesinato de líderes sociales termina consolidando autoritarismos subnacionales, los cuales funcionan en medio de una democracia nacional bajo la figura de autoritarismos competitivos.

Estos enclaves autoritarios no surgen de la noche a la mañana y se desarrollan en diferentes estadios. Habría al menos tres. 1. Uno de violencia masiva y generalizada como en el Bajo Cauca antioqueño, donde disparan de todos los lados y a todo tipo de población. 2. Otro donde la violencia general ya pasó y ahora hay una violencia selectiva; son territorios con bajos índices de violencia homicida y donde todo aparenta estar tranquilo. El mejor ejemplo es Urabá. En estos casos hay una transición de consolidación de estructuras políticas. 3. Un escenario donde ya funciona el autoritarismo competitivo. En estas zonas la violencia generalizada pasó hace un buen tiempo y la violencia selectiva es ya prácticamente inexistente. El problema es que una estructura política lo controla todo. Los mejores ejemplos son los departamentos de Atlántico, Cesar y Valle del Cauca. En una buena cantidad de casos el poder político y económico consolidado en esas regiones no fue responsable de las masacres y homicidios selectivos.

Aparte de estos tres escenarios encontramos excepciones, como el departamento de Cauca, donde los autoritarismos no se han consolidado por la fortaleza de organizaciones como el CRIC, ACIN o CIMA, pero ha sufrido una intensa ola de violencia contra el movimiento social.

Para profundizar en esta posibilidad pondremos algunos ejemplos y analizaremos las zonas de mayor concentración de violencia contra líderes sociales. Como se sabe, Antioquia y Cauca son los departamentos que concentran el mayor número de victimizaciones. En Antioquia tal vez la zona de mayor violencia en los últimos años es el Bajo Cauca. El panorama es el siguiente.

BAJO CAUCA ANTIOQUEÑO

El Bajo Cauca se ubica en el norte del departamento de Antioquia (entre Córdoba y Bolívar) y está compuesto por los municipios de Cáceres, Caucasia, El Bagre, Nechí, Tarazá y Zaragoza.

La subregión abarca una extensión territorial de 8.485 km², que representa el 13,5 % del área total del departamento; según estimaciones del DANE para 2017, en sus seis municipios, 38 corregimientos, siete centros poblados y trescientas veredas, habitaban 312.331 personas en una diversa y amplia composición demográfica caracterizada por la presencia de comunidades indígenas (pueblo zenú y embera eyábida), afrodescendientes, campesinas y mineras.

Municipio	Mujeres	Hombres	Total	%
Cáceres	19.967	19.951	39.918	13%
Caucasia	60.666	57.004	117.670	38%
El Bagre	23.571	26.671	50.242	16%
Nechí	14.394	13.521	27.915	9%
Tarazá	22.548	22.535	45.083	14%
Zaragoza	14.777	16.726	31.503	10%
Total Bajo Cauca	155.923	156.408	312.331	100%

Fuente: Elaboración propia con datos del Anuario estadístico, Gobernación de Antioquia: Recuperado de: http://www.antioquiadatos.gov.co/index.php/3-2-2-proyecciones-de-poblacion-segun-sexo-en-los-municipios-de- antioquia-anos-2015-2016

El Bajo Cauca limita las subregiones del norte (Ituango, Campamento, Briceño y Valdivia) y el nordeste (Segovia y Remedios), territorios donde actualmente se adelantan dinámicas asociadas a la implementación del Acuerdo de Paz como el Programa de Desarrollo con Enfoque Territorial (PDET), el Programa Nacional Integral de Sustitución de Cultivos de Uso Ilícito (PNIS) y reincorporación de exguerrilleros de las Farc-EP en los Espacios Territoriales de Capacitación y Reincorporación (ETCR) de Santa Lucía, en Ituango, y Carrizal en Remedios. Tanto el norte como el nordeste son zonas que en los últimos dos años han presentado un repunte en los índices de violencia.

Esta región ha sido importante para la implementación del Acuerdo Final del proceso de Paz porque tiene prioridad en la Reforma Rural Integral (RRI) –todos sus municipios integran el circuito del PDET norte, nordeste y bajo Cauca– y el PNIS hace presencia en los municipios de Tarazá y Cáceres; así mismo, los seis municipios están clasificados como ZOMAC, es decir, se consideran como Zonas Más Afectadas por el Conflicto Armado.

El enorme grado de victimización que ha azotado la subregión queda confirmado en un dato alarmante: en 2017 cerca del 22 % de la población (68.726 personas) estaba registrada en el Registro Único de Víctimas (RUV) de la UARIV como víctima del conflicto armado. Desde el 2017 las confrontaciones se han intensificado al punto de que el exgobernador Luis Pérez Gutiérrez (2016-1019) le manifestó en una carta pública al presidente Duque que el Bajo Cauca era una "zona de guerra".

El 23 de diciembre de 2019, en el municipio de Zaragoza sobre el río Nechí, apareció la cabeza de una persona clavada en una estaca y al lado un letrero del bloque Virgilio Peralta. Días antes, un campesino había sido cortado vivo por la espalda con una motosierra. Sin embargo, a nivel estadístico la violencia de 2019 era mucho menor a la de 2018. A continuación, los datos:

Homicidios Bajo Cauca antioqueño 2018 vs. 2019 a noviembre

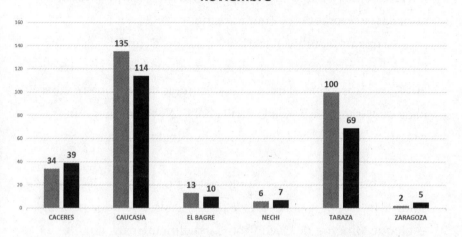

En el subregional total, los datos serían los siguientes:

Homicidios Bajo Cauca antioqueño 2018 vs. 2019 a noviembre

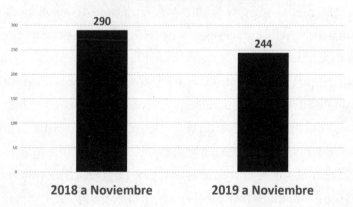

Lo que sucede en el Bajo Cauca es una mezcla de alta presencia de cultivos ilícitos y severos problemas ambientales, sociales y laborales relacionados con la minería (criminal, artesanal, ancestral e informal), que derivaron en el enfrentamiento entre el Clan del Golfo y los Caparros o bloque Virgilio Peralta (anteriormente conocidos como Caparrapos y antiguos socios del Clan), estructuras armadas sucesoras del paramilitarismo.

Así mismo, confluyen las disidencias del Grupo Armado Posfarc del extinto frente 18 (en alianza confirmada hasta finales de 2019 con Caparros) y el frente 36 –del que se dice no quiere saber nada de paramilitares–, la guerrilla del ELN y el crimen transnacional en cabeza de carteles mexicanos (Sinaloa y el Jalisco Nueva Generación) y brasileños.

Por otro lado, a esta disputa por las economías ilegales se suma la lucha por la tierra. Desde hace décadas, cuando operaron el bloque Mineros, de Cuco Vanoy, actualmente extraditado, y el bloque central Bolívar, se produjo un notable proceso de despojo de predios. Ahora, con la nueva ola de violencia, sucede lo mismo, es decir, centenares de familias campesinas han dejado sus tierras.

En medio de estos conflictos se empiezan a consolidar algunas estructuras políticas. Un ejemplo es el José Arabia, exalcalde de Caucasia, capital del Bajo Cauca antioqueño, quien ha sido mencionado por grupos paramilitares y se le acusa de relaciones con grupos criminales. Es uno de los poderes políticos más importantes de la zona.

En el Bajo Cauca hay un auténtico coctel de actores generadores de violencia, debido en parte a su posición geográfica, que lo eleva a la condición de corredor estratégico para las economías ilícitas. El siguiente mapa muestra la presencia de los actores armados, así como la intensidad de cultivos de hoja de coca:

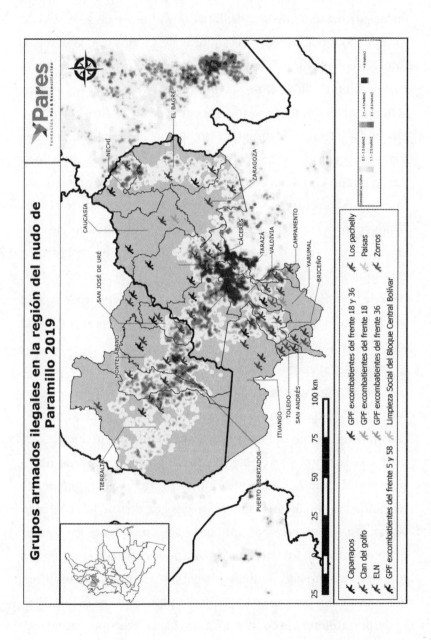

Grupos armados ilegales en la región del nudo de Paramillo 2019

Territorialmente, el Bajo Cauca es estratégico porque se ubica en las estribaciones de la cordillera Central, entre las serranías de Ayapel y San Lucas, sobre las cuencas de los ríos Cauca y Nechí. Conecta con el Nudo del Paramillo, el Urabá antioqueño y con la costa Caribe. Debido a que está ubicado entre treinta y 125 metros sobre el nivel del mar y que gran parte de su territorio rural se encuentra en zonas de difícil acceso, son propicias las condiciones para el cultivo de la hoja de coca de la variedad Erythroxylum Coca Var, también conocida como peruana, Tingo María o boliviana, que se cultiva entre 0 y 2.000 msnm (Oficina de las Naciones Unidas contra la Droga y el Delito, s.f.). El resultado más evidente es que el 80 % de la coca cultivada en Antioquia se concentra en esta subregión. Tan solo entre 2015 y 2017, en el marco del proceso de dejación de armas de las Farc y el inicio del programa de sustitución, el incremento fue superior al 500 %, al pasar de 2.402 a 13.402 hectáreas.

Sumada al cultivo de coca, la minería criminal, que no es la minería artesanal, ancestral o informal, se ha convertido en otro factor de confrontación entre los grupos armados ilegales que operan en el territorio. Del Bajo Cauca, según una fuente local, salen el 60 % del oro y el 30 % de la plata que se procesa en Antioquia. La minería se ha configurado como uno de los principales renglones de las rentas criminales en la subregión y, según dice un líder cercano a una zona de extracción, "quienes hacen minería ilegal son los grupos armados... los barequeros, campesinos mineros, mineros a menor escala, no hacen minería ilegal sino informal. Las multinacionales tienen permiso para explotar, pero también es ilegal por el desplazamiento, la connivencia con algunos grupos armados y la degradación del medio ambiente".

Así las cosas, el Bajo Cauca es un territorio de altísimo interés en la fase de implementación del Acuerdo de Paz. Con el retiro de las Farc de esa subregión, se perdió la capacidad de control hegemónico sobre ciertos territorios y la llegada de nuevos actores ha complicado la situación, a tal punto que no hay claridad en ciertos lugares en torno a cuál es el actor que manda. Así se puede ver en la Alerta Temprana No. 009 de 2018 de la Defensoría del Pueblo:

"Anterior al proceso de dejación de armas y reincorporación, las Farc-EP como grupo en armas tuvo un control significativo en los territorios muy cercanos a la zona advertida desde Vijagual hasta San Pablo y el límite de Zaragoza, y en el vecino corregimiento de Tarazá de Barro Blanco. El retiro de las Farc-EP del escenario bélico, el avance de las AGC y del ELN sobre estos territorios, las capturas y muertes de los cuadros de las GAIP AUC que han provocado divisiones en su interior, han hecho que en los dos últimos años el control hegemónico de este territorio sea inestable y que los actores ilegales –además de la movilidad– tengan interés en el control sobre las rentas ilícitas como los cultivos de coca y la extorsión a la minería no formalizada" (Defensoría del Pueblo, 2018, pág. 3).

Esta es una situación que se torna crítica por la presión y la extorsión de los actores armados a las familias beneficiarias de diferentes programas del gobierno, entre ellas las del PNIS. Los líderes también se ven expuestos a asumir a las malas las prácticas criminales de los actores (especialmente Caparrapos) porque son presionados a recoger un porcentaje del dinero que les llega a las familias integradas al PNIS. A propósito, un líder cercano al proceso de sustitución en zona rural de Tarazá, expresó: "A uno lo obligan a hacer cosas que pa uno salvarles el pellejo a los demás líderes y el de uno tiene que hacerlo, a mí me ha tocado recoger la plata...

o sea la extorsión que ellos les quitan a los de sustitución, porque ellos nos dicen, si no nos ayuda con eso, entonces le vamos a matar cuatro o cinco líderes pa que usted vea que la cosa es seria".

Lo dramático del asunto es que esta violencia generalizada producto de las economías ilegales esconde unas profundas motivaciones políticas. Un ejemplo que confirma esta realidad es lo que sucedió con el ganador de las elecciones en el municipio de Caucasia, Leiderman Ortiz, un periodista víctima de múltiples amenazas y atentados. Durante años, él denunció a numerosos dirigentes políticos que tenían relaciones con organizaciones criminales, muchos de los cuales terminaron en la cárcel. Sin embargo, producto de una oscura estrategia jurídica, al menos hasta el mes de febrero, cuando se terminó de escribir este libro, no se había posesionado.

Igual sucedió en el municipio de Cáceres. En enero de 2018, el entonces alcalde de Cáceres, José Mercedes Berrío, fue capturado por concierto para delinquir agravado, pues tendría nexos con el Clan del Golfo, en un proceso judicial que también involucró al cuestionado congresista Julián Bedoya, del Partido Liberal. En las siguientes fotos se ve al parlamentario durante la audiencia de legalización de captura de Berrío.

Foto 1: El congresista liberal Julián Bedoya Pulgarín (izquierda de cuadros) y el exdiputado y exsecretario de hacienda Adolfo León Palacio Ramírez. Foto 2: Julián Bedoya en las afueras de los juzgados en Caucasia.

Igualmente, en la siguiente foto aparece la primera dama del municipio de Cáceres con Julián Bedoya. La información recogida en terreno indica que la Administración municipal trabajaba para el congresista. No se debe olvidar que al menos en Cáceres y Tarazá nadie puede ejercer la política sin la bendición del Clan del Golfo.

Como se ve, en medio de lo que muchos consideran una guerra por las economías ilegales, existe un proceso de consolidación de élites políticas aliadas con organizaciones criminales y en medio de ese proceso los líderes sociales son asesinados, amenazados y obligados a desplazarse.

DINÁMICAS DE SEGURIDAD

En 2016 se produjo la salida de los frentes 36 y 18 de las Farc, que ejercían control y autoridad sobre algunas comunidades en los territorios rurales. Producto de ello, el Clan del Golfo, los Caparros y el ELN coparon esos territorios, pero dos años después, entre mediados y finales de 2018, hombres del antiguo frente 36, al mando de alias "Cabuyo", regresaron a la zona. Al mismo tiempo nació la disidencia del extinto frente 18, que se concentró en los municipios del norte en alianza con Caparros.

En 2018, Los Caparrapos suscribieron un pacto de no agresión con el ELN, aunque algunas versiones señalan que se trata de una alianza para combatir de manera conjunta al Clan del Golfo. En contraste, un panfleto atribuido a las Autodefensas Gaitanistas de Colombia y dado a conocer en áreas de influencia de Caparros entre Cáceres y Tarazá, invitó a los integrantes de esa organización a unirse de forma individual o colectiva a las AGC para "ponerle fin" a la confrontación.

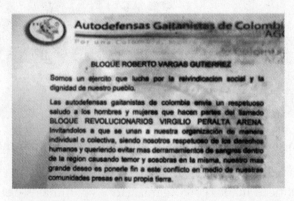

Panfleto repartido en áreas de influencia de Caparros

280

El conflicto entre Caparros y AGC, conocidos indistintamente por la población como las "águilas", ha incrementado los niveles de victimización en Tarazá, Cáceres, El Bagre y Caucasia. Ambas estructuras difieren en sus prácticas y relacionamiento con las comunidades. Por un lado, los Caparros, más reconocidos por la extorsión y la victimización a los liderazgos, no han sufrido una disminución significativa de sus hombres y por ello no se puede concluir que las AGC van "ganando" la guerra en el Bajo Cauca.

Un ejemplo claro de las mutaciones en la guerra del Bajo Cauca se puede observar en el sector de La Caucana, en Tarazá, tal vez uno de los territorios más afectados por la confrontación en el país, según la Alerta Temprana de Incidencia No. 020 de 2019:

"Desde la última semana de febrero del presente año se difundió un rumor entre la población civil sobre el interés de las AGC por recuperar los territorios perdidos desde 2018, en el marco de sus disputas con los Caparrapos en el Bajo Cauca. Para tal efecto, se presume que durante el mes de marzo, las AGC habrían movilizado efectivos desde el departamento de Chocó y la región del Urabá, con el fin de reforzar a los frentes Rubén Darío Ávila y Julio César Vargas. Este último opera en la zona sur de Tarazá, específicamente en los corregimientos de El Doce y Barro Blanco. Esta información tiene soporte en los ataques perpetrados por el frente Rubén Darío Ávila de las AGC en territorios bajo control de los Caparrapos, expandiéndose desde zona rural de San José de Uré hacia las veredas que comprenden el corregimiento de La Caucana, bajo control ilegal de Los Caparrapos. Sin embargo, el refuerzo de la capacidad ofensiva de las AGC no parece limitarse al control de algunas veredas; sus propósitos se expandirían hacia el centro poblado del corregimiento de La Caucana, razón por la cual estarían en alta situación de riesgo aproximadamente 4.000 personas" (Defensoría del Pueblo, 2019, pág. 4).

El 3 de septiembre de 2019, en la vereda El Toro, zona rural de Cáceres y Tarazá, se registró una emboscada de hombres del Clan del Golfo contra militares adscritos a la VII División del Ejército, que dejó como resultado cuatro soldados muertos y dos heridos. Este episodio permite concluir que la eventual connivencia entre miembros de la fuerza pública y estructuras integradas al Clan del Golfo no es generalizada y se reduce a ciertas zonas. Así ha sido denunciado en inmediaciones de la zona rural de Tarazá, en límites con el municipio cordobés de San José de Uré.

Otro hecho delicado de orden público ocurrió el 11 de septiembre de 2019 en Puerto Valdivia –corregimiento de Valdivia–, cuando campesinos adscritos al programa de sustitución de cultivos ilícitos iniciaron una manifestación pacífica en la que reclamaban por los incumplimientos en el programa. De repente, la protesta se tornó violenta y se registraron enfrentamientos entre la fuerza pública y el ELN.

VICTIMIZACIÓN DE LÍDERES Y LIDERESAS

La victimización a líderes sociales, defensores y defensoras de derechos humanos, líderes ambientales, indígenas e integrantes de la población LGTBI es una constante en la subregión, especialmente en los municipios de El Bagre, Tarazá, Cáceres y Caucasia. La victimización se ve reflejada especialmente en hostigamientos, amenazas, desplazamientos y asesinatos. A pesar de estas dificultades, agudizadas por la persistencia y la profundización del conflicto armado, la subregión se caracteriza por sólidos e históricos procesos de organización social. Sin embargo, asumir la vocería de las organizaciones en territorios de confrontación armada representa un altísimo riesgo de seguridad. Líderes promotores del PNIS (primer eslabón en la cadena de socialización del programa) e integrantes de mesas diversas han sido particularmente victimizados en el último año.

En ese caso pasan dos cosas. La primera es que muchos liderazgos prefieren dejar de representar JAC u organizaciones sociales. En otros casos, se apartan poco a poco. Igualmente, la victimización a personas LGTBI en los municipios del Bajo Cauca es preocupante porque se ha concentrado en los liderazgos que promueven Mesas Diversas o propuestas de inclusión. Una situación especialmente crítica se registró en Caucasia, donde el 29 de febrero fue asesinada Liliana Holguín, mujer trans reconocida por su participación en la Mesa Diversa del municipio, donde promovía actividades de seguridad y autoprotección para integrantes de la población LGTBI con apoyo de la ONG Caribe Afirmativo.

El mayor grado de victimización se ha registrado con el desplazamiento forzado, circunstancia que conlleva al abandono del liderazgo. Así lo manifiesta un líder de la población LGTBI que adelantaba el proceso de conformación de una Mesa Diversa en Tarazá y que por ese motivo fue obligado a desplazarse a otro lugar. Según el líder, que prefiere no revelar su identidad por motivos de seguridad, "un día como cualquiera llegó una persona a mi casa y me mostró un arma y me dijo que tenía hasta el viernes para irme... y pues, uno no puede hacer nada más que irse".

Otra fuente importante de victimización en el territorio se relaciona con el avance y las dificultades generadas en la implementación del PNIS. A las tensiones generadas por el incumplimiento, el cambio en la visión del programa por parte del Gobierno y la amenaza que se cierne sobre las familias que voluntariamente se acogieron a la sustitución voluntaria y que se ven hostigadas, extorsionadas y desplazadas por los grupos armados, se suma el asesinato de líderes promotores, técnicos y campesinos adscritos al programa.

En asamblea comunitaria presidida por la Asociación de Campesinos del Bajo Cauca a principios de septiembre de 2019, fueron presentados los siguientes datos: En Tarazá hay 16 líderes PNIS asesinados: seis líderes sociales comunales, siete familiares de líderes y tres líderes que prestaban asistencia técnica[1].

Con el objeto de visibilizar la profunda crisis humanitaria que se vive en algunos territorios del Bajo Cauca y resaltar la victimización a los liderazgos locales, entre el 25 y el 28 de agosto de 2019 se desarrolló una Caravana Humanitaria por la paz del Bajo Cauca. La iniciativa contó con el acompañamiento de defensores de derechos humanos, líderes de movimientos sociales como Ríos Vivos y varias ONG de Medellín que recorrieron los municipios de Valdivia, Tarazá, Cáceres y Caucasia y el corregimiento de Puerto Valdivia. Además de oportunidad para llevar actividades culturales a estos territorios, la Caravana también permitió que muchos líderes desplazados o amenazados pudieran retornar a sus territorios. Las actividades se concentraron en zonas de alta presencia de estructuras armadas ilegales, como el corregimiento La Caucana (Tarazá), donde confluyen los Caparros y las AGC, y las veredas de Tigre y Alto de Tigre (Cáceres), con presencia del ELN.

---

1   Comunicado público sobre el PNIS en Tarazá – Documento facilitado por ASOCBAC.

Aviso ubicado por la comunidad cerca de la Escuela de la vereda Altos de Tigre en Cáceres. (Foto propia)

Recibimiento de la Caravana Humanitaria por la paz del Bajo Cauca en la vereda Altos de Tigre (Fotografía propia)

Al configurarse como un corredor estratégico para la criminalidad, el Bajo Cauca se ha convertido en una subregión de altísimo valor para las estructuras armadas que se lucran del narcotráfico y la minería ilegal. El control territorial por el dominio de las rentas ilegales ha agudizado la confrontación y aumentado los niveles de homicidio.

Según un comunicado institucional expedido por Jhon Jairo González, encargado de la Defensoría del Pueblo en Antioquia, durante 2018 se registraron 396 homicidios, lo que representa un incremento del 200 % con respecto a 2017 (Teleantioquia, 2019). Para consolidar el control territorial las estructuras armadas han desplazado cientos de familias en veredas y barrios enteros. El desplazamiento se ha convertido en uno de los principales rostros de la crisis humanitaria que atraviesa la subregión porque se encuentra en el nivel más alto registrado en la última década. En 2018, cerca de 8.983 personas fueron expulsadas de la subregión. En Cáceres tres barrios están deshabitados tras la circulación de panfletos amenazantes atribuidos a grupos paramilitares.

Así las cosas, en el Bajo Cauca, en 2018, sucedió lo peor de la guerra porque asesinaron líderes sociales, desplazaron población y sometieron a quienes se quedaron. Allí se dio un escenario de dictadura criminal de facto en el que nadie puede denunciar, disentir o ejercer algún liderazgo independiente. Nótese en la siguiente gráfica la dinámica del homicidio en Caucasia, capital del Bajo Cauca.

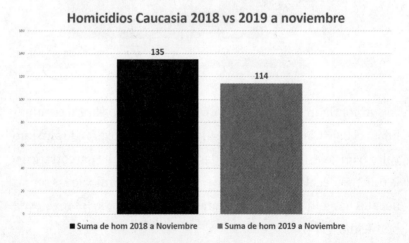

Homicidios Caucasia 2018 vs 2019 a noviembre

■ Suma de hom 2018 a Noviembre   ■ Suma de hom 2019 a Noviembre

Datos Instituto de Medicina Legal. Procesado por fundación Paz y Reconciliación. 2020.

El homicidio en 2019 se redujo porque el Clan del Golfo y Los Caparrapos llegaron a un acuerdo, como se ve a continuación.

Homicidios Tarazá 2018 vs 2019 a noviembre

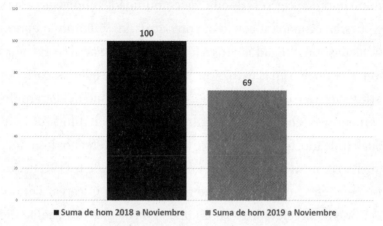

Datos Instituto de Medicina Legal. Procesado por fundación Paz y Reconciliación. 2020.

En Cáceres, se incrementó la violencia en 2019, por la reactivación de la disputa entre el Clan del Golfo y Los Caparrapos:

Homicidios Cáceres 2018 vs 2019 a noviembre

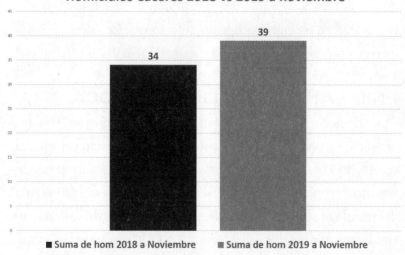

Datos Instituto de Medicina Legal. Procesado por fundación Paz y Reconciliación. 2020.

El reclutamiento de menores y el uso de niñas como esclavas sexuales en toda la zona han sido denunciados por diferentes entidades y ONG. Es particularmente grave la situación rural del municipio de Cáceres, donde las comunidades indígenas están expuestas a cohabitar con los actores armados y algunos menores indígenas son obligados a insertarse en esas estructuras armadas donde se inician en la extorsión. En el Cañón de Iglesias, corredor estratégico que conecta el Bajo Cauca con el Nudo del Paramillo, los menores reclutados serían entrenados, según denuncia de Jesús Elean Galeano, uno de los pocos defensores de derechos humanos que han denunciado esa situación y quien preside la ONG Redes, con sede en Caucasia. Pero eso no es todo. En Cáceres, algunos menores son reclutados a la salida de los colegios (Caracol Radio Medellin, 2019). Abordar esas denuncias en Bajo Cauca implica un riesgo tan alto, que Elean dispone de un esquema de seguridad de la UNP, pero con una camioneta convencional y por ello no se siente seguro.

Esta situación obviamente ha transformado el mapa político de los municipios no sólo por la cantidad de desplazados que ya no votarán en esa circunscripción, sino porque los líderes dejan de ejercer sus derechos políticos. Al final, silencio y nadie denuncia.

PNIS – ANTIOQUIA LIBRE DE COCA

Una característica que comparten Cáceres y Tarazá es que son municipios con alta presencia de cultivos ilícitos y están priorizados en el PNIS. Los Caparros y el Clan del Golfo han encontrado allí territorio fértil para el cultivo de coca, especialmente en la zona rural del municipio de Tarazá, donde, según la Oficina de las Naciones Unidas contra la Droga y el Delito (UNODC), se presenta la más alta concentración de cultivos ilícitos, con más de diez hectáreas por kilómetro cuadrado (Delgado, 2019). A diciembre de 2015 se contabilizaban 2.402 hectáreas y en el mismo mes de 2018 se llegó a la alarmante cifra de 13.403 hectáreas.

Aunque con la implementación del PNIS se esperaba que la sustitución voluntaria concluyera en la rápida erradicación de las hectáreas cultivadas, permitiendo la integración de las familias inscritas a los circuitos regionales de economía lícita, con el cambio de visión en la lógica del programa por parte del Gobierno, la sustitución y el PNIS en sentido estricto se han convertido en uno de los factores de desestabilización social en esos dos municipios.

Uno de los principales cambios en el programa tiene que ver con la reestructuración de los canales de comunicación construidos durante el gobierno Santos, en los cuales delegados de Farc y de la Asociación Nacional de Zonas de Reserva Campesina (ANZORC) jugaban papeles importantes tanto en la etapa de socialización como en el monitoreo.

Así mismo, según Luis Fernando Pineda, quien desde 2017 se desempeñaba como director del PNIS regional Antioquia, el Gobierno paralizó la suscripción de acuerdos colectivos con familias de Nechí y El Bagre (Castro, 2019). Con esa decisión se impidió que toda la subregión quedara incluida en el programa, a la vez que profundizó la desconfianza en las intenciones de un gobierno más proclive a priorizar la erradicación forzada sobre la sustitución voluntaria.

El 27 de septiembre de 2018 la Asociación de Campesinos del Bajo Cauca (ASOCBAC) convocó una asamblea comunitaria para evaluar los avances y retrocesos del PNIS en Tarazá y Cáceres, dos años después de la firma del acuerdo colectivo. A la audiencia fueron convocadas las entidades con algún grado de participación en el programa, pero sólo asistió la MAPP-OEA. Los organizadores de la audiencia manifestaron que el desinterés del Gobierno por participar en estos espacios comunitarios evidencia el profundo cambio de perspectiva en el programa.

Según el balance presentado en la asamblea, de 4.113 familias inscritas en Tarazá, 411 están al borde de ser excluidas y 320 no están ubicadas[2]; con estas familias se plantea la hipótesis de desplazamiento por parte de los actores armados que ejercen control en veredas de influencia del PNIS. Este es un aspecto que, sin lugar a duda, complica la estabilidad del programa porque muchas familias sólo realizan un levantamiento parcial de la mata debido al temor a agresiones de grupos armados si lo hacen completamente. Así lo establece la Alerta Temprana No. 009 de 2018, emitida por La Defensoría del Pueblo para el municipio de Cáceres:

"Los intereses sobre los cultivos ilícitos y las rutas del narcotráfico parecen ser una de las principales motivaciones respecto a la actual dinámica de los GAIP AUC; hay testimonios que indican que personas extranjeras estarían comprando tierras en la zona con este propósito. Esta situación también pone en riesgo campesinos, en especial líderes que promueven la sustitución voluntaria de cultivos ilícitos en el marco de la implementación de los acuerdos de paz, ya que esta actividad podría ser contraria a los intereses económicos de estas estructuras" (Defensoría del Pueblo, 2018, pág. 3).

El incumplimiento y el cambio en la estrategia de comunicación del PNIS generan que los liderazgos que promovieron los acuerdos colectivos en sus veredas vean reducida y cuestionada

---

2   Comunicado público sobre el PNIS en Tarazá – Documento facilitado por ASOCBAC.

su legitimidad. En efecto, las familias suscritas al programa les reclaman a los líderes por el incumplimiento del Gobierno, lo que a mediano plazo puede afectar las dinámicas organizativas construidas históricamente en esos territorios. Por ejemplo, en Tarazá, la responsabilidad del PNIS recae sobre ASOCBAC, ASOCOMUNAL, ASOCURN y la oficina de agricultura en la alcaldía municipal, y es a ellos a quienes recurren los campesinos en busca de respuesta. Ante la falta de orientación del Gobierno y su nula participación en las asambleas comunitarias, los líderes no cuentan con los elementos para resolver sus inquietudes, lo que contribuye a fortalecer la desconfianza en el programa y en las instituciones.

ANTIOQUIA LIBRE DE COCA

A la par que se avanzaba en la implementación del PNIS en el norte, el nordeste y el Bajo Cauca, la Gobernación de Antioquia inició un programa autónomo de sustitución denominado Antioquia libre de coca. Fue creado mediante la Ordenanza 39 de 2017, que definió su implementación como un "modelo integral, conjunto, combinado, coordinado, interinstitucional y del sector empresarial con la finalidad de recuperar el orden público, la seguridad ciudadana y la gobernabilidad en el departamento de Antioquia (Ordenanza 39, 2017).

Con esta propuesta, el gobernador Luis Pérez pretendió diseñar un modelo de sustitución sin relación con el acordado en La Habana, con prioridad en la erradicación forzada, con presencia de fuerza pública e impulsando una fracasada estrategia de drones para asperjar con glifosato. La finalidad de Antioquia libre de coca era acabar con los cultivos en un plazo de dos años. Pues bien, terminado el plazo, la coca sigue creciendo en Antioquia y con un fenómeno de resiembra.

En fin, si bien hubo dos programas, lo cierto es que la siembra de coca no se detuvo y las disputas se trasladaron a toda la región. Uno de los casos más complejos en los últimos meses ha sido Zaragoza, donde se produjo la decapitación de una persona y los niveles de intimidación son escalofriantes. Sin embargo, en términos estadísticos, aunque el homicidio aumentó en 2019 comparado con 2018, las cifras con menores. A continuación, los datos para dicho municipio.

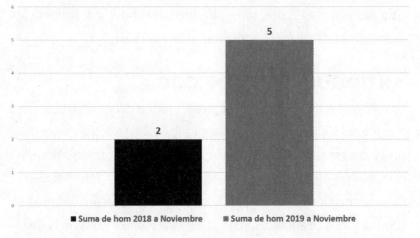

Homicidios Zaragoza 2018 vs 2019 a noviembre

■ Suma de hom 2018 a Noviembre   ■ Suma de hom 2019 a Noviembre

Datos Instituto de Medicina Legal. Procesado por fundación Paz y Reconciliación. 2020.

De tal forma que en la zona de Bajo Cauca antioqueño se podría estar dando el fenómeno de los homicidios ejemplarizantes. Significa que ya no se asesina de forma generalizada, sino que se mata una persona con altos grados de sevicia para dar "ejemplo" a la comunidad con la intención de someterla y callarla. En un contexto como este la reducción del asesinato de líderes sociales es más producto de la creación de un estado de terror que una victoria de la política pública.

CAUCA: UN NUEVO CICLO DE VIOLENCIA

El otro departamento que suma las mayores victimizaciones a líderes sociales es Cauca. Durante años, allí se ha dado un verdadero etnocidio porque decenas de líderes indígenas, negros y campesinos han sido asesinados. Pero, en todo caso, el fuerte movimiento social con capacidad de renovación ha permitido amortiguar la masacre. En esa región no se ha dado un autoritarismo político y el movimiento social no ha sido doblegado.

Actualmente en Cauca se viven tres guerras diferentes. Una en el sur, que cubre los municipios de Argelia, Balboa y Bolívar, que comunica con los municipios de la sierra en Nariño. Una segunda, en el norte, que cobija municipios como Caldono, Caloto y Toribío. La tercera ocurre en la costa pacífica, en los municipios de Guapi, López de Micay y Timbiquí, que se desangran en una cruenta guerra entre varias organizaciones criminales y grupos armados ilegales.

Las formas de resistencia que han caracterizado a los pueblos indígenas y afrodescendientes de Cauca han articulado potentes procesos organizativos en función de la defensa de la autonomía y la soberanía del territorio. Tal es el caso del Consejo Regional Indígena del Cauca (CRIC), creado en 1971. Es una organización pionera del movimiento indígena que surgió en respuesta, en gran medida, a la modernización agraria impulsada desde finales de los años 1970 y que implicaba modificaciones en la estructura de la tenencia de la tierra. Esta etapa de movilización social estuvo caracterizada por la violencia sistemática contra los dirigentes comunitarios de los pueblos indígenas.

Durante la segunda mitad del siglo XX, este territorio estuvo inmerso en tensiones entre modelos de desarrollo estatales y los indígenas locales, pero a su vez, en medio de conflictos entre las demandas de colonos campesinos por la propiedad de la tierra y también de afrodescendientes que reclamaban una deuda histórica con sus comunidades por parte del Estado. El convulsionado escenario social y cultural del departamento, especialmente en el norte, estuvo atravesado por la violencia de grupos insurgentes como las Farc, el M-19, el Movimiento Armado Indigenista Quintín Lame, el ELN, y también por la fuerza pública y el Bloque Calima de las AUC, estructuras armadas que utilizaron la violencia como estrategia para deteriorar los procesos organizativos y hacerse al control territorial.

La presencia de estructuras armadas legales e ilegales en el departamento ha sido también producto de la importancia geoestratégica de ese territorio, expresada en la presencia de minería a gran escala, cultivos de uso ilícito, corredores hacia el Pacífico y el sur del país y grandes monocultivos cuyos propietarios también han consolidado gran parte del poder político.

Tras la firma del Acuerdo de Paz con las Farc en noviembre de 2016, el movimiento indígena y diversos líderes y lideresas veían con escepticismo la aplicación de lo pactado por parte del Estado, pues los reiterados incumplimientos previos con organizaciones y comunidades, así como el accionar de la fuerza pública, habían minado la legitimidad de las instituciones del Estado.

En efecto, una vez las Farc se replegaron hacia las Zonas Veredales Transitorias de Normalización (ZVTN), numerosas estructuras armadas ilegales iniciaron una disputa por hacerse al control territorial dejado por la extinta guerrilla. Así, fue notoria la aparición de grupos armados posfarc o disidencias, compuestos por miembros provenientes de los otrora frentes 6, 3, 30 y las columnas móviles

Miller Perdomo y Jacobo Arenas, que abandonaron el compromiso de reincorporación y no quisieron sumarse a la decisión colectiva de la organización.

Así mismo, el ELN, el EPL y las AGC o Clan del Golfo entraron a disputarse el control de las economías ilegales sin que hubiera una respuesta eficiente por parte de la institucionalidad. Los compromisos pactados en el Acuerdo para la sustitución de cultivos ilícitos, la implementación de los Planes de Acción para la Transformación Territorial (PATR) y el capítulo étnico del Acuerdo no se han hecho realidad en parte por las debilidades estructurales del Estado y en parte por el ascenso al poder ejecutivo de un sector abiertamente opuesto a los acuerdos suscritos durante el gobierno de Juan Manuel Santos.

Es así como, en la actualidad, el departamento del Cauca atraviesa un nuevo ciclo de violencia caracterizado por cientos de amenazas y asesinatos en contra de líderes y lideresas sociales indígenas, afrodescendientes y campesinos, y también a miembros de las guardias indígenas.

A su vez, la violencia en el período de elecciones locales (27 de octubre de 2018-27 de octubre de 2019) tuvo múltiples expresiones en ese departamento, entre ellas el asesinato en septiembre de la candidata a la alcaldía del municipio de Suárez, Karina García, acribillada junto con su madre, dos líderes de JAC, un candidato al Concejo y un líder rural.

DINÁMICAS DE SEGURIDAD

El siguiente mapa muestra la ubicación de estructuras armadas ilegales en Cauca. Nótese que prácticamente todo el departamento tiene presencia de ilegales.

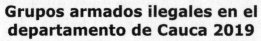

Grupos armados ilegales en el departamento de Cauca 2019

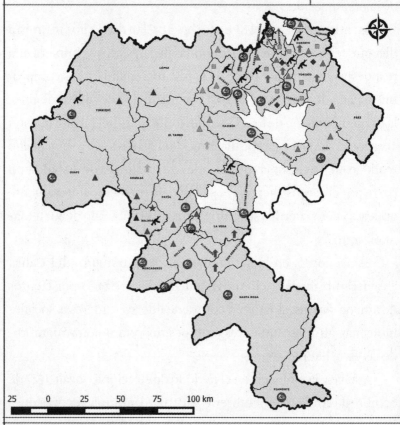

25   0   25   50   75   100 km

⚔ AGC-Clan del Golfo Cauca	▲ GAPF (Frente Carlos Patiño)
⊕ ELN	▲ GAPF (Frente Dagoberto Ramos)
⬆ ELN (Compañía Milton Hernández)	▲ GAPF (Frente Estiven González)
⬆ ELN (Frente José María Becerra)	▲ GAPF (Frente Oliver Sinisterra-La Gente de Guacho-Frente 30)
⬆ ELN (Frente Manuel Vásquez Castaño)	▲ GAPF (Jaime Martínez)
▦ EPL	★ Héroes de la Cordillera
	◆ Los Sinaloa

El 21 de diciembre de 2019, el CRIC denunció en un comunicado la existencia del que denominó "genocidio indígena", sucedido ese año en el departamento, con mayor intensidad en diciembre. En el texto de su pronunciamiento, manifestó preocupación por el hallazgo el 16 de diciembre de un cadáver dentro de una camioneta, en el Resguardo de Toez, en Caloto. El 18, un campesino comunicó a las autoridades tradicionales del Resguardo de Tálaga, municipio de Páez, la aparición de otro cuerpo con numerosos impactos de bala, a la orilla del río Páez. Posteriormente, las autoridades identificaron a la víctima como proveniente de Huila. En el mismo municipio encontraron dos cuerpos en una fosa, correspondientes a personas que habían sido reportadas como desaparecidas por medio de redes sociales.

El 22 de diciembre asesinaron a un miembro de la guardia indígena en el municipio de Íquira, Huila, en límites con el municipio de Páez, Cauca. El homicidio fue denunciado por el Consejo Regional Indígena del Huila (CRIHU), que también denunció hostigamientos contra el Resguardo de Rionegro. Según la asociación de autoridades, el guardia indígena asesinado había reportado amenazas por parte de las disidencias de las Farc que operan en la zona.

El año 2018 estuvo caracterizado en Cauca por el aumento vertiginoso en la tasa de homicidios frente a los seis años anteriores e, incluso, con respecto a la tasa nacional. Pasó de 21,58 por cada 100.000 habitantes en 2017 a 37,57 en 2018, es decir, un incremento de 16 puntos en un año. Al comparar esta cifra con la tasa nacional se puede observar que en Cauca supera en poco más de 13 puntos este valor. Una de las hipótesis más fuertes frente a este fenómeno puede ser la reconfiguración territorial y la disputa entre actores legales e ilegales que tuvieron presencia allí.

Homicidios Cauca 2012-2019*

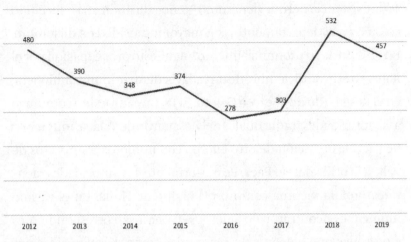

Fuente: Instituto Nacional de Medicina Legal y Ciencias Forenses. Elaboración: propia. *Los datos de 2019 comprenden el período entre el 01 de enero y el 30 de septiembre.

Tasa de homicidios Cauca 2012 – 2019*

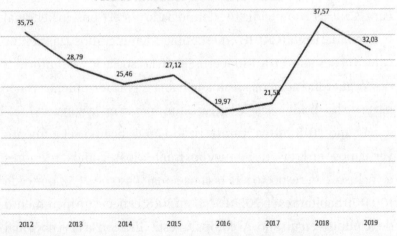

Fuente: Instituto Nacional de Medicina Legal y Ciencias Forenses. Elaboración: propia. *Los datos de 2019 comprenden el período entre el 01 de enero y el 30 de septiembre.

Para el caso de víctimas de minas antipersonal y municiones sin explotar, el Acuerdo de Paz tuvo grandes impactos en la disminución de este tipo de victimización; sin embargo, aunque se presentó una constante en 2017 y 2018, en los primeros diez meses de 2019 se ha presentado un caso más, por lo cual es fácilmente previsible que este valor pueda aumentar.

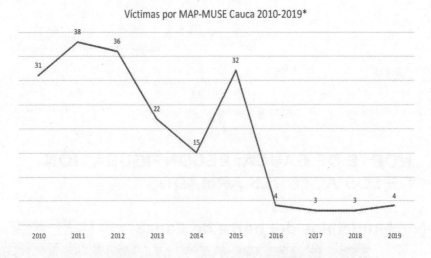

Víctimas por MAP-MUSE Cauca 2010-2019*

Fuente: Dirección para la Acción Integral contra Minas Antipersonal-DAICMA. Elaboración: propia.
*Los datos de 2019 comprenden el período entre el 01 de enero y el 31 de octubre.

Para el caso del desplazamiento forzado, las cifras oficiales presentan una disminución constante desde 2017 hasta 2019 que no parece en concordancia con las otras cifras señaladas. No obstante, como ya se ha mencionado anteriormente, la estructura organizativa de las comunidades de Cauca es particularmente fuerte, por lo cual puede ser probable que la última decisión sea desplazarse a otros territorios a pesar de que sus vidas puedan estar en riesgo.

Desplazamiento forzado Cauca 2010 – 2019*

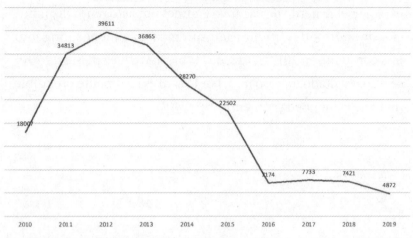

Fuente: Unidad para las Víctimas. Elaboración: propia. *Los datos de 2019 comprenden el período entre el 01 de enero y el 31 de octubre.

NORTE DE CAUCA: RECONFIGURACIÓN DE LOS ACTORES ARMADOS

Las dinámicas de seguridad no son homogéneas en el departamento. Para el caso de la subregión del norte, conformada por los municipios de Buenos Aires, Caloto, Corinto, Guachené, Miranda, Padilla, Puerto Tejada, Santander de Quilichao, Suárez, Villarrica, Jambaló, Caldono y Toribío, la situación de violencia ha sido más aguda desde la salida de las Farc como actor armado. En estos municipios, con excepción de Guachené y Villarrica, las Farc fueron el actor armado hegemónico, por lo cual desde el inicio de la fase pública de negociaciones, esa subregión registró una disminución paulatina en su tasa de homicidios y llegó en 2016 a 33,11. Sin embargo, la violencia homicida se mantenía invariable, por encima del promedio nacional, que para el mismo año estaba en 23,65 por cada 100.000 habitantes.

Tasa de homicidios norte de Cauca 2012 – 2019

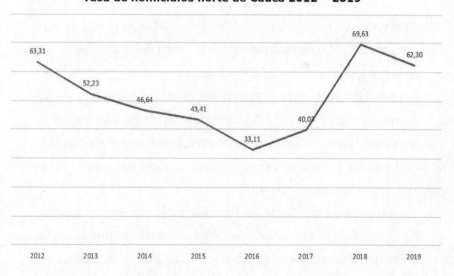

Fuente: Instituto Nacional de Medicina Legal y Ciencias Forenses. Elaboración: propia. *Los datos de 2019 comprenden el período entre el 01 de enero y el 30 de septiembre.

Homicidios norte de Cauca 2012 – 2019*

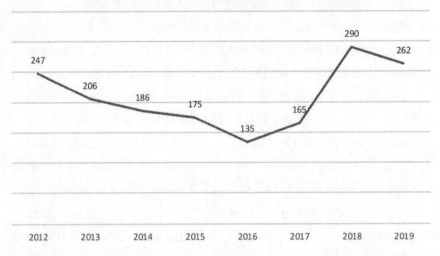

Fuente: Instituto Nacional de Medicina Legal y Ciencias Forenses. Elaboración: propia. *Los datos de 2019 comprenden el período entre el 01 de enero y el 30 de septiembre.

En 2018, el norte de Cauca experimentó, al igual que el departamento, un repunte en el nivel de violencia homicida, debido, en gran medida, a la reconfiguración territorial del poder ilegal liderado por las llamadas disidencias o grupos armados posfarc de los frentes 6, 30 y de las columnas móviles Miller Perdomo y Jacobo Arenas. Si bien el ELN y el EPL incursionaron y se establecieron en el territorio, la consolidación de los grupos armados posfarc mantuvo replegadas estas estructuras armadas con acciones esporádicas en algunos municipios de la subregión.

En 2019 la Defensoría del Pueblo emitió dos Alertas Tempranas que señalaron el riesgo de violencia contra comunidades del norte del departamento. La advertencia 033 de 2019 identificó el municipio de Buenos Aires con alto riesgo de violencia, en particular los habitantes de la zona rural del Resguardo Indígena Cerro

Tijeras, la Asociación de Consejos Comunitarios del Norte del Cauca (ACONC), líderes y lideresas de JAC y también excombatientes de las Farc que desarrollaron actividades de reincorporación en el ETCR la Elvira, en el municipio de Buenos Aires.

El riesgo para estas comunidades se ha dado por la expansión del ELN a través de la compañía Milton Hernández, la llegada del EPL o Pelusos a través del Frente Andrey Peñaranda Ramírez y el acelerado crecimiento de los grupos armados posfarc. Por supuesto, esta reconfiguración armada obedece a distintos factores, entre ellos la importancia geoestratégica del corredor hacia el Pacífico del Norte de Cauca que colinda con el Valle del Cauca. En ese escenario el río Naya tiene un lugar central por el desarrollo de actividades de narcotráfico, transporte de armas, abastecimiento de estructuras armadas ilegales y actividades de minería en las riberas. Sumado a lo anterior, todas las cadenas de producción del clorhidrato de cocaína, desde el cultivo de coca hasta el cristalizadero y la ruta para el narcotráfico internacional.

A comienzos de 2019, las llamadas disidencias de las Farc se habían consolidado como el grupo armado dominante del departamento. Incluso, hicieron circular un panfleto en el que distribuían el territorio de la siguiente manera: la cordillera Central estaría a cargo de la Columna Móvil Dagoberto Ramos y la zona del Naya a cargo de la Columna Móvil Jaime Martínez, que recoge miembros de los extintos frentes 30 y 6 y también de las Columnas Móviles Miller Perdomo y Jacobo Arenas (Alerta Temprana 033-19, 2019).

Según la Defensoría del Pueblo, este grupo ha repelido las acciones de otros actores armados, como el ELN y el EPL, y los ha obligado a replegarse a otros municipios y ha emprendido acciones bélicas contra el Batallón Pichincha y el Batallón de operaciones terrestre 109, ubicado en Timba. Se puede afirmar que este grupo armado posfarc tiene un proyecto de expansión que se expresa en el incremento del reclutamiento forzado, la integración de otros excombatientes que por distintas razones regresan a las actividades ilegales, entre ellas por la intimidación y la amenaza del mismo grupo, y por la inclusión de miembros de otras estructuras armadas ilegales debido a ofrecimientos económicos.

Así mismo, en la Alerta Temprana 035-19 fueron señalados cinco municipios del norte de Cauca con riesgo extremo de violencia electoral: Suárez, Corinto, Santander de Quilichao y Miranda. También Argelia, ubicado en la zona sur del departamento. El riesgo se asocia principalmente a la presencia de múltiples estructuras armadas ilegales, a la debilidad en materia de implementación del Acuerdo de Paz y a la falta de efectividad de las Fuerzas Militares a pesar del incremento significativo de su pie de fuerza en la macrorregión suroccidental, compuesta por los departamentos de Nariño, Cauca y Valle del Cauca (Alerta Temprana 035-19, 2019).

La confrontación en el norte de Cauca se asocia, por un lado, con la disputa de la ruta del Naya y, por el otro, a los conflictos entre narcotraficantes que operan en Jamundí, Valle del Cauca, y en el norte de este departamento.

ARGELIA Y EL TAMBO: EL PASO AL SUR DEL PAÍS

Los municipios de Argelia y el Tambo tuvieron históricamente presencia de las Farc y del ELN. Luego de la firma del Acuerdo Final y el posterior desarme de las Farc, el ELN consolidó su dominio sobre el territorio, pero aparecieron pequeños grupos al servicio de narcotraficantes colombianos y mexicanos y se mantuvieron con un perfil bajo en ambos municipios.

Tasa de homicidios nacional, departamento de Cauca, El Tambo y Argelia 2012 – 2019*

Fuente: Instituto Nacional de Medicina Legal y Ciencias Forenses. Elaboración: propia. *Los datos de 2019 comprenden el período entre el 01 de enero y el 30 de septiembre.

Como se observa en la gráfica, entre 2014 y 2017 el número de homicidios en los dos municipios se mantuvo por debajo de las tasas nacional y departamental. No obstante, en 2018 experimentaron un incremento vertiginoso, especialmente en el municipio de Argelia, que en 2017 pasó de tener una tasa de homicidios de 7,35 a 87,42 en 2018 y se mantuvo en 86 hasta septiembre de 2019.

Durante 2019, la situación de seguridad se vio alterada por la entrada del grupo armado posfarc frente Carlos Patiño, que, a diferencia de las estructuras que operan en el norte del departamento, provenía desde Nariño del extinto frente 29 de las Farc. Según fuentes en territorio, la oleada de violencia homicida empezó en marzo, cuando este grupo se presentó ante las comunidades del corregimiento de El Diviso, en Argelia, con brazaletes de las extintas Farc y posteriormente reclutó, según las comunidades, a ocho jóvenes.

Luego, el grupo llegó al corregimiento de El Plateado, donde fue notable su poderío con armamento de guerra, uniformes y camionetas de alta gama. Allí anunciaron la llegada de más hombres provenientes del municipio de Patía, que también limita con El Tambo. En respuesta, el ELN, a través del Frente José María Becerra, arremetió el 29 de marzo y sostuvieron un enfrentamiento que tuvo como resultado la muerte del comandante del grupo posfarc.

Tras el golpe recibido, el frente Carlos Patiño se replegó hacia la vereda La Playa, cerca al corregimiento de Sinaí, pero el 7 de abril llegó a esa zona un grupo élite del ELN para confrontarlos. Se produjo entonces otro combate en el que varios miembros del ELN cayeron muertos, lo que llevó a esa guerrilla a replegarse. Esta debilidad fue aprovechada por el grupo posfarc, que llegó al corregimiento de Puerto Rico e instaló un retén en la vía. Desde mediados de abril han ocurrido asesinatos selectivos cometidos por estas dos estructuras armadas contra personas que señalan como colaboradoras de uno u otro grupo, o de la fuerza pública.

Para 2018, según la UNODC, el departamento de Cauca contaba con 17.117 hectáreas de coca sembradas de las 169.018 del país, es decir, el 10 %. A su vez, más del 80 % de los cultivos en ese departamento están concentrados en cinco municipios: Argelia, López de Micay, Piamonte, Timbiquí y El Tambo. Este último representa el 42 % del total de hectáreas cultivadas en el departamento. Es importante destacar que en los centros poblados de Sinaí y El Plateado (Argelia), Uribe (El Tambo) y Santa Cruz de Sagún (López de Micay) se concentra buena parte de la coca.

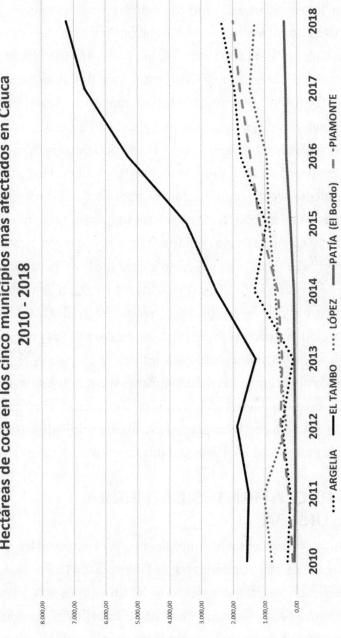

Hectáreas de coca en los cinco municipios más afectados en Cauca 2010 - 2018

Fuente: Oficina de las Naciones Unidas contra la Droga y el Delito-UNODC. Elaboración: propia.

Los campesinos e indígenas propietarios de los terrenos no sólo son los encargados de sembrar, abonar y fumigar, sino que en algunos casos también "raspan" o "desmoñan", es decir, deshojan las plantas de coca y marihuana, particularmente en Argelia y El Tambo. Se tiene conocimiento de que en los municipios de Caloto, Corinto y Miranda existen laboratorios de procesamiento de estas plantas. Los propietarios de estos laboratorios contratan algunas mujeres de la zona para que les cocinen, pero su relación estrecha la tienen con miembros del ELN, aunque otrora las Farc tenían el negocio.

En medio de esta confrontación es imposible no tener riesgo en el liderazgo y en muchos casos los líderes son amenazados porque entran y salen de una zona debido a las labores de reivindicación de derechos. A veces, incluso, salen a citas médicas, pero el solo hecho de entrar o salir del territorio los convierte en objetivo de las estructuras ilegales porque los ven como infiltrados que sacan información. Por ello, también, los docentes de escuelas y colegios son vistos como agentes perturbadores.

La actual victimización del movimiento social es una de las más intensas que se hubiesen vivido en la región, apenas comparable con la época de la guerra sucia que llevó al exterminio de la UP. La pregunta es si el movimiento aguantará esta arremetida tan intensa.

LOS RECLAMANTES DE TIERRA Y EL URABÁ

Antioquia es el epicentro de múltiples escenarios criminales. Una de las regiones más golpeadas por la violencia fue Urabá, donde fue masacrado todo el movimiento social. En los años 1980 y 1990 allí fueron asesinados centenares de sindicalistas, líderes sociales y políticos. Literalmente, sindicatos enteros y partidos políticos como la UP fueron destruidos (Avila, 2019). Desde 2000 hubo un dominio homogeneizante de los paramilitares y como lo dominaban todo, los niveles de homicidio bajaron.

Una vez ocurrió la desmovilización paramilitar entre 2003 y 2006, se produjo una apertura para los reclamantes de tierra. No se debe olvidar que en Urabá hubo una estrategia planeada entre paramilitares y empresarios para despojar tierra y sembrarla de palma africana. "Una masacre perpetrada el 6 de octubre de 1996 por un grupo paramilitar en el caserío Brisas, situado en territorio colectivo de Curvaradó, bajo Atrato chocoano, fue el preludio de una época de terror que afectó a la población civil por varios años y la obligó a desplazarse y a dejar su territorio a merced de diversos intereses, entre ellos los de inversionistas en palma africana y ganadería. Masacres, homicidios selectivos, descuartizamientos, torturas, desapariciones y desplazamientos forzados hacen parte del espectro criminal que rodeó el proyecto de siembra de palma de aceite a finales de la década de 1990 en esta región chocoana, que impulsó el jefe paramilitar Vicente Castaño Gil y se concretó en predios protegidos por leyes colombianas. Así lo estableció la Comisión Intereclesial de Justicia y Paz, que acompaña a las víctimas de las cuencas de los ríos Jiguamiandó y Curvaradó en el proceso que, por los delitos de concierto para delinquir agravado, desplazamiento forzado e invasión de áreas de especial importancia ecológica, se les sigue a 21 personas, entre intermediarios, abogados y empresarios" (Verdad Abierta, 2013).

Fue tal el nivel de violencia y el despojo, que hasta sembraron los cementerios de palma. Un reportaje de la revista *Semana* de 2005 dijo lo siguiente: "El Gobierno debe pronunciarse en pocos días sobre el litigio de tierras. Es necesario que se esclarezca si ha habido un posible vínculo entre paramilitarismo y algunos empresarios de la palma en esta región, sobre todo después de que se conocieron las declaraciones del jefe de las AUC, Vicente Castaño, a esta revista, que dejan tantas preguntas: 'En Urabá tenemos cultivo de palma. Yo mismo conseguí los empresarios para invertir en esos proyectos que son duraderos y productivos. La idea es llevar a los ricos a invertir en ese tipo de proyectos en diferentes zonas del país. Al llevar a los ricos a estas zonas, llegan las instituciones del Estado'" (Revista *Semana*, 2005).

Cuando los reclamantes comenzaron a pedir sus tierras, se produjeron los asesinatos selectivos. En el capítulo primero de este libro ya se analizó el tema y se vieron casos particulares como los de Ana Fabricia Córdoba y Yolanda Izquierdo. La siguiente gráfica muestra el número de víctimas reclamantes de tierra por departamento, según el Centro Nacional de Memoria Histórica.

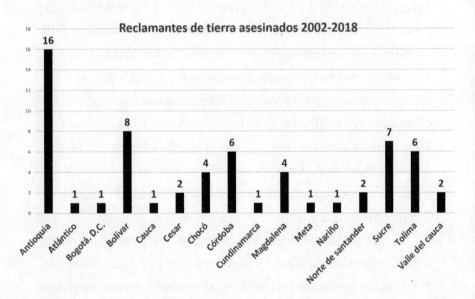

Reclamantes de tierra asesinados 2002-2018

Centro de Memoria Histórica

310

Nótese que Antioquia y Córdoba eran los departamentos con más altos índices de homicidios de líderes. En la siguiente gráfica se ve el tipo de líder asesinado entre 2002 y 2018.

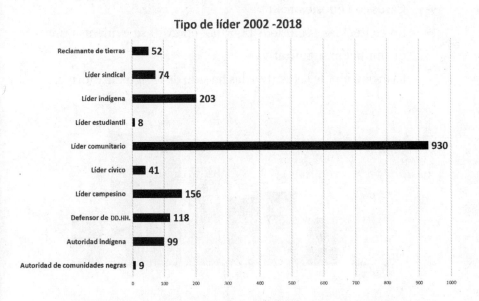

Tipo de líder 2002 -2018

Algo importante del despojo de tierras en el Urabá, pero en general en todo el país, es que la tierra robada terminó en manos de lo que en Colombia se llaman terceros, es decir, civiles, ya sea políticos o empresarios, que manifiestan haber adquirido la tierra de buena fe. Esta figura es bastante cuestionable, pues muchos de estos terceros habrían sido cómplices de los grupos armados ilegales.

En un seguimiento a las 5.160 sentencias judiciales de restitución, la Fundación Forjando Futuros ha obtenido datos impresionantes, como estos:

Casos resueltos judicialmente: 8.698

- Representan: 7 %
- Total hectáreas restituidas: 364.264 (Seis millones de hectáreas fueron desojadas).

- Número de predios restituidos: 7.709
- Títulos de propiedad de hombres: 8.574
- Títulos de propiedad de mujeres: 8.777
- Casos con oposición: 31%
- En sentencias proferidas por año, en 2019 se evidencia una disminución significativa.

La evolución de las sentencias ha sido de la siguiente forma:

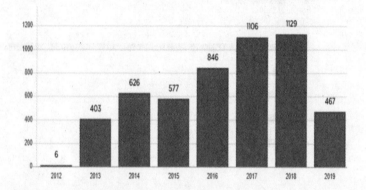

Pero tal vez los datos más llamativos tienen que ver con el responsable del desplazamiento y el abandono de los predios.

- **Abandono Forzado/Despojo**

Organización victimaria

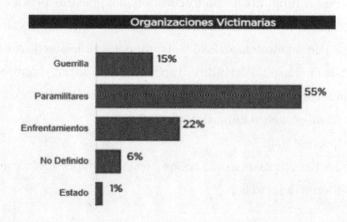

Por otro lado, al analizar el año de los desplazamientos es claro que la mayoría se dio durante la primera ofensiva paramilitar, es decir, entre 1997 y 2000. Luego de la desmovilización paramilitar las cifras se vinieron al suelo. A continuación se ven los datos discriminados por año según sentencias judiciales.

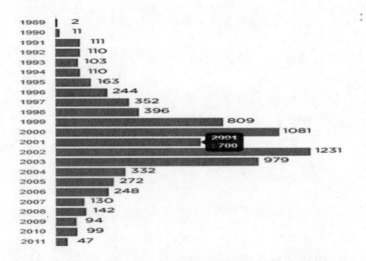

Desde el punto de vista de las solicitudes de restitución, al discriminarlas por departamento los resultados son más que sorprendentes. Llaman la atención los casos de Antioquia, Córdoba y Chocó.

Cumplimiento por departamento

	Solicitudes	Casos resueltos	Cumplimiento
Amazonas	26	0	0 %
Antioquia	21272	1457	6,85 %
Arauca	1061	0	0 %
Archipiélago de San Andrés PSC	2	0	0 %
Atlántico	583	17	2,92 %
Bogotá D. C.	333	236	70,87 %

	Solicitudes	Casos resueltos	Cumplimiento
Bolívar	7733	553	7,15 %
Boyacá	741	0	0,00 %
Caldas	2174	148	6,81 %
Caquetá	4161	8	0,19 %
Casanare	1347	2	0,15 %
Cauca	4390	180	4,10 %
Cesar	7779	470	6,04 %
Chocó	2828	8	0,28 %
Córdoba	4164	972	23,34 %
Cundinamarca	3028	236	7,79 %
Guainía	57	0	0,00 %
Guaviare	1925	0	0,00 %
Huila	1588	3	0,19 %
La Guajira	1088	1	0,09 %
Magdalena	7194	554	7,70 %
Meta	8595	281	3,27 %
Nariño	7209	1059	14,69 %
Norte de Santander	4887	285	5,83 %
Putumayo	6416	667	10,40 %
Quindío	153	0	0,00 %
Risaralda	1014	40	3,94 %
Santander	4243	217	5,11 %
Sucre	3172	368	11,6 %
Tolima	7739	620	8,01 %
Valle del Cauca	4376	524	11,97 %
Vaupés	91	0	0,00 %
Vichada	1064	1	0,09 %

Ahora bien, al mirar quiénes han sido los afectados por las sentencias, es decir, quiénes han sido obligados a regresar la tierra, los resultados son igualmente impresionantes. El listado de grandes empresas se ve a continuación:

Empresas condenadas a devolver tierra

	Empresa	Sentencias
1	Cementos Argos	12
2	Sociedad Agropecuaria Carmen de Bolívar	10
3	Sociedad Jorge Herrera e Hijos S. C. S.	7
4	Banco Agrario de Colombia	5
5	Bancolombia S. A.	2
6	Sociedad Agroservicios San Simons S. A.	2
7	Sociedad Inversiones Y&R S.A.S S. A.	2
8	Palmeras de la Costa S. A.	2
9	Sociedad Agropecuaria Tacaloa S.A.S.	1
10	La Pradera de María S. A.	1
11	Titoide S. A.	1
12	AngloGold Ashanti Colombia S. A.	1
13	Continental Gold Limited	1
14	Exploraciones Chocó Colombia S.A.S.	1
15	Reforestadora del Sinú Sucursal Colombia	1
16	Inmobiliaria Vizcaya S. A.	1
17	Palmas de Bajira S. A.	1
18	Palmagan S.A.S.	1
19	Todo Tiempo S. A.	1
20	C. I. Carib Banana S. A.	1
21	Inversiones Surrumbay Limitada	1
22	A. Palacios y CÍA	1
23	Jota Uribe CE Cía SCA	1
24	Fondo Ganadero de Córdoba	1
25	Plantaciones del Darién S. A.	1
26	Inversiones Jaipera S.A.S.	1
27	Ecopetrol S. A.	1
28	Inversiones Futuro Verde S. A.	1
29	Sociedad Agropecuaria W2 S.A.S.	1
30	Urballanos LTDA.	1
31	Sociedad Agroindustrias Payoa S.A.S.	1

	Empresa	Sentencias
32	Sociedad Las Palmas LTDA.	1
33	Sociedad Montecarmelo S. A.	1
34	Sociedad E Suárez y CIA S en C	1
35	Reforestadora Andina S. A.	1
36	Agropecuaria Lactycar S.A.S.	1
37	Banco Davivienda S. A.	1
38	Inversiones Agropecuarias Charris Pérez Ltda.	1
39	Ruiz Cárdenas y Cía SCS	1
40	Crescendo S. A.	1
41	Soc Aceites S. A.	1
42	Banco Davivienda S. A.	1
43	Sociedad Cantillo Sanchez & CIA SCS	1
44	Inverdima SAS	1
45	Agropecuaria Caña Flecha S. A.	1
46	La Francisca S.A.S.	1
47	Sociedad Inversiones Rodríguez Fuentes	1
48	BBVA Colombia S. A.	1
49	Constructora Inmobiliaria Gutiérrez Asociados y Cía ltda.	1
50	Carbones del Caribe LTDA.	1
51	Constructora Made S. A.	1
52	Compañía Agrícola de la Sierra	1
53	Pacific Mines S.A.S.	1
54	Ruiz Cárdenas y Cía SCS	1
55	Inversiones Ariza Quintero	1
56	Varix Center S.A.S	1
57	Agroindustrias Villa Claudia	1
58	Sociedad Agropecuaria Montes de María S. A.	1

Reclamar tierra o buscar la verdad es llevar una marca de tiro al blanco en la frente. Los matan por reclamar tierras, eso ya es claro. ¿Quién? Es la pregunta. La respuesta obvia es los despojadores. A pesar de esta situación, a simple vista Urabá es un remanso de paz.

Los niveles de homicidios son bastante bajos, tal como se ve en la siguiente gráfica. Sin embargo, los líderes viven amedrentados y asfixiados.

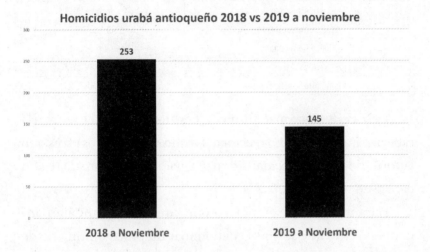

Homicidios urabá antioqueño 2018 vs 2019 a noviembre

El siguiente cuadro muestra el total de líderes reclamantes de tierra asesinados en Urabá según la Fundación Forjando Futuros.

LISTADO DE RECLAMANTES ASESINADOS EN EL URABÁ	
Reclamantes de tierra	Fecha de homicidio
Juan Agustín Jiménez Vertel	20 de julio de 2008
Alexánder Gómez	25 de julio de 2008
Valdiris Padrón	julio de 2008
Benigno Antonio Gil Valencia	22 de noviembre de 2008
Jaime Antonio Gaviria	5 de diciembre de 2008
Argénito Díaz	14 de enero de 2010
Albeiro Valdez Martínez	11 de mayo de 2010
Hernando Pérez Hoyos	19 de septiembre de 2010
Germán Marmolejo	septiembre de 2010
David de Jesús Góez	3 de marzo de 2011
Alejandro Antonio Padilla Morelos	17 de noviembre de 2011

Leoncio Manuel Mendoza Mejía	26 de noviembre de 2011
Manuel Ruiz	24 de marzo de 2012
Samir de Jesús Ruiz Gallo	24 de marzo de 2012
Reinaldo Domicó	1 de enero de 2013
Arlenis Reyes	1 de agosto de 2013
Adán Bernardo Quinto	9 de abril de 2014
José Cartagena	10 de enero de 2017
Porfirio Jaramillo	29 de enero de 2017
Jesús Alberto Sánchez Correa	19 de agosto de 2017

Desde el 2017 no matan a nadie, pero tampoco nadie levanta la cabeza para denunciar o reclamar. Lo que se vive allá es un estado autoritario de facto. Nadie dice nada, nadie denuncia, y la región parece un remanso de paz.

Falta un último ejemplo. Lo que vimos del Bajo Cauca antioqueño es lo que se podría denominar un proceso primario de formación de autoritarismos, donde se dio el proceso inicial de homogeneización política, es decir, la destrucción de cualquier tipo de disenso.

Lo de Urabá es un proceso medio, donde la etapa de violencia ya pasó y ahora se vive una violencia selectiva silenciosa donde diferentes clanes políticos se consolidan poco a poco.

Pero hay un caso avanzado de autoritarismo regional donde ya no hay violencia, tampoco organizaciones criminales y la violencia selectiva es bastante baja, pero no hay disenso, no hay oposición, no hay democracia. Hay once casos en Colombia cuyos ejemplos más visibles son Atlántico y Cesar.

Allí hubo una violencia atroz, asesinaron políticos, empresarios, docentes universitarios y líderes sociales. Barrieron con todo. Tal vez uno de los hechos más recordados es el asesinato en Barranquilla del profesor Alfredo Correa de Andreis, acribillado en 2004 por comandos paramilitares en pleno cese unilateral de las AUC. El DAS sirvió como eje de información para que los paramilitares cometieran el homicidio. No se debe olvidar que durante el primer gobierno Uribe la entidad fue permeada por el bloque Norte de las AUC. La siguiente gráfica muestra el historial de líderes sociales asesinados en el departamento de Atlántico.

Gráfica líderes sociales departamento de Atlántico. (1980-2017)

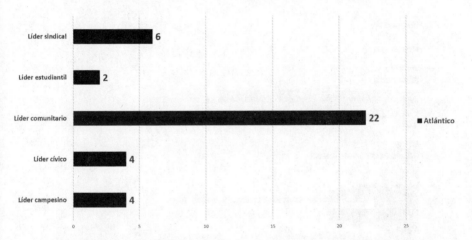

Base de Datos Víctimas Asesinatos Selectivos. Gráfica Líderes Sociales Departamento de Atlántico (1980-2017). Recuperado de Centro de Memoria Histórica, http://centrodememoriahistorica.gov.co/observatorio/ , 2017.

La siguiente gráfica muestra la evolución del homicidio a líderes sociales en tres departamentos: Córdoba, Cesar y Bolívar: Tal vez Cesar sea el autoritarismo más fuerte, donde gobierna la familia Gnecco.

Asesinatos selectivos de defensores de derechos humanos y líderes sociales
CNMH

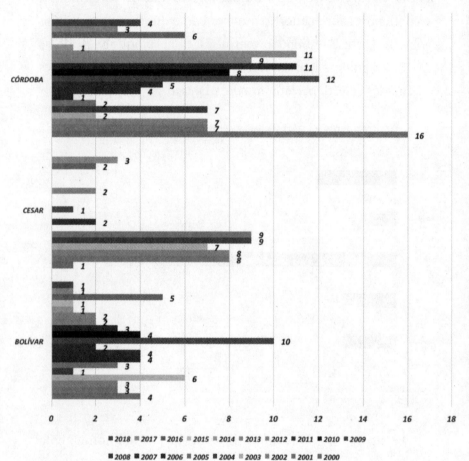

La siguiente gráfica muestra el número de candidatos y servidores públicos elegidos popularmente, asesinados en los departamentos de Atlántico, Cesar, Bolívar y Córdoba. Nótese la intensidad entre 1999 y 2005, donde el predominio paramilitar era apabullante. Se incluyen departamentos donde actualmente funcionan estos autoritarismos.

320

Asesinato de candidatos y políticos en ejercicio de elección popular 1980-2017

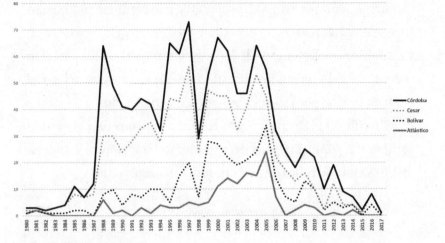

Gráfico general alcaldes (1980 -2017).

Base de Datos Víctimas Asesinatos Selectivos. Gráfico General Alcaldes (1980-2017). Recuperado de Centro de Memoria Histórica, http://centrodememoriahistorica.gov.co/observatorio/ , 2017.

Para los mismos cuatro departamentos se muestra en la siguiente gráfica la cantidad de masacres por año. No se debe olvidar que los crímenes masivos causan desplazamiento forzado que modifica sustancialmente el censo electoral.

Gráfico general masacres (1980 - 2015)

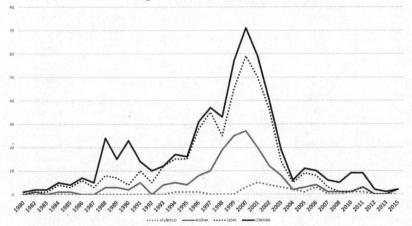

Base de Datos - Casos masacres. Gráfico general masacres (1980-2017). Recuperado de Centro de Memoria Histórica, http:// centrodememoriahistorica.gov.co/observatorio/ , 2017.

Este baño de sangre, sumado a otros factores, terminó en un autoritarismo competitivo. Las casas políticas lo dominan todo, como sucede en Atlántico con la casa Char, en Cesar con la casa Gnneco y en Bolívar con herederos de la parapolítica que hoy lo controlan todo. No se está diciendo que estas familias son responsables del baño de sangre, pero son claramente los beneficiados.

Una última gráfica que se ve a continuación se refiere al desplazamiento forzado. En estos departamentos la violencia comenzó en 1997, cuando miles de personas fueron desplazadas.

Desplazamiento expulsión RUV

	BOLIVAR	CESAR	CORDOBA
2000	105238	34262	23917
2001	82198	44636	27240
2002	65497	62276	24135
2003	32180	44575	8653
2004	31224	38425	9521
2005	42740	35036	14549
2006	41859	23854	14981
2007	32638	20700	15889
2008	20857	13737	23151
2009	9602	6148	19992
2010	7517	3248	23177
2011	8019	2656	26300
2012	6197	2945	10893
2013	9570	3332	14351
2014	10052	4774	12158
2015	7493	4118	7557
2016	5279	1834	5921
2017	7559	1887	6022
2018	7805	1255	7346

Estas masacres, los desplazamientos y los homicidios selectivos provocaron un proceso de homogeneización política, derivada de la alianza entre las élites políticas y económicas locales y regionales con grupos paramilitares, narcotraficantes y sectores importantes de la fuerza pública. Esa maléfica unión destruyó la democracia en varias regiones y municipios del país. Esos autoritarismos regionales parecían dictaduras que castigaban el disenso político con la muerte. Municipios y departamentos enteros presentaban atipicidad por alta participación electoral y votaciones con más del 90 % de total de los votos emitidos por un candidato.

Luego de la desmovilización paramilitar, estos autoritarismos lograron sobrevivir y, basados en la corrupción, el clientelismo y la violencia selectiva están consolidados en al menos once regiones del país. La homogeneización política es el proceso en el cual se extermina el disenso y la oposición. Inicialmente se utiliza la violencia, luego la corrupción y luego nuevamente la violencia selectiva.

En el caso de Atlántico, por ejemplo, el poder del clan Char creció a medida que había violencia política. Además, al estilo de las mafias tradicionales, tomaron como aliados a todo tipo de políticos cuestionados. Además, su estructura homogeneizante hace que sea imposible hacerle oposición, pues controlan varias alcaldías, la gobernación, tienen curules en el Congreso y la oposición que no fue eliminada se debe aliar con ellos o irse a la marginalidad política para sobrevivir. Actualmente en el Concejo de Barranquilla sólo hay un concejal que les hace oposición. En tercer lugar, no sólo tiene poder en el Congreso, sino que ha logrado poner sus fichas en instituciones del orden nacional. Con ello garantizan recursos para inversión social, lo que se traduce en votos, muchos votos. A esta ecuación se suma su inmenso poder económico.

Así, en una zona donde eliminaron físicamente los liderazgos, donde un clan político controla todos los factores de distribución del poder y donde no hay oposición política, es casi imposible ejercer el liderazgo social y político. Otro ejemplo es Cesar, con la familia Gnecco, que se ha visto envuelta en múltiples escándalos de corrupción y clientelismo, pero lo domina todo. Cesar es hoy un departamento con bajos índices de violencia, pero no existe la oposición.

Como éstos, hay muchos ejemplos de clanes en todo el país. Caracterizados por olas de violencia previas a su consolidación como autoritarismos competitivos.

Lo dramático del asunto es que estos autoritarismos no son visibles pues viven en medio de una democracia que permite la realización de elecciones, obviamente con altísimos grados de asimetría.

Por último, vale la pena aclarar que estos autoritarismos no son cleptocracias y, por el contrario, tienen una envidiable capacidad de reclutamiento de liderazgos políticos. En otras palabras, los líderes que no son desplazados o asesinados son reclutados bajo el mecanismo de dejarlos participar en elecciones con cargos de diferente nivel. Algunos son puestos en alcaldías, o concejos municipales, se les financian las campañas, y al cabo de un tiempo son parte orgánica de esa estructura. En fin, durante las últimas décadas se produjo el más grande proceso de homogeneización política en el país, y dentro de la élite gobernante se dio un proceso de reclutamiento, el más grande que se haya presentado desde la década de los 1970. La élite emergente local y regional se impuso sobre buena parte de la élite nacional.